Jim Morrow
St John's University
Jamaica L.I.
Ax 5-3160

Padre nuestro que estas en los cielos
santificalo saya el tu nombre, venga q nos el
tu reyno. Hagase tu voluntad hací en la tierra
como en el cielo. El pan nuestro de cada dia donosle
hoy y perdonamos nuestras deudas hací como
nosotros perdonamos a nuestros deudores y no
nos dejes caer en la tentación mas libranos del
mal, Amen.

Dios te salve Maria el Señor llena eres de gracia
el Señor es contigo, bendita tu eres entre todas
las mujeres y bendita es el fruto de tu
vientre Jesus.
Santa Maria, Madre de Dios, ruega por
nosotros pecadores ahora y en la hora
de nuestra muerte, Amen.

O maria, sine pecavo conocida ruega por
nosotros que corremos a vos

NUEVAS LECTURAS

NUEVAS
LECTURAS

EDITED WITH NOTES AND VOCABULARY BY

CARLOS GARCÍA–PRADA AND WILLIAM E. WILSON

University of Washington

BOSTON: D. C. HEATH AND COMPANY

Illustrated by

ESTEBAN VICENTE

OFFICES

Boston   *New York*   *Chicago*   *Atlanta*   *Dallas*
San Francisco   *London*

To the Teacher

THIS text, intended for intermediate students in colleges and high schools, consists of highly diversified reading material. In it will be found anecdotes, folklore, and mystery stories, as well as ten essays which deal with the historical, political, and social background of Hispanic America. Most of the material, original in part and in part freely adapted from outstanding writers of Hispanic America and Spain, has not been available before in a reading text.

An attempt has been made to grade the stories according to the order of difficulty, and at the same time to present a variety of reading material. Since the first few essays (pages 17, 30, etc.) are more difficult than the other selections in the beginning of the book, some teachers may prefer to omit them for the time being, and read them as a group when more of the other material has been covered. Mindful of the student who has been away from the study of Spanish for several weeks, the authors have purposely made the first three selections very easy. There is likewise an occasional selection of the plateau-level type, in order to ease up on the necessary but at times laborious task of acquiring a mastery of new words. Words and idioms which are not found in Keniston's "A Standard List of Spanish Words and Idioms" (D. C. Heath and Company, 1941), are translated in the footnotes when they first appear.

The exercises have been planned to further the conversational approach to Spanish. For each selection there are questions to be answered in Spanish, and for most of the selections there is a list of true and false statements based on the text. Each selection also has an exercise on vocabulary

v

building. Derivatives are studied and the function of the
most common prefixes and suffixes is explained and repeated
sufficiently to allow for mastery of their use. Three of the
stories — *La suerte de un gaucho*, *Lo decía Micaela*, and *En
esos tiempos* — have an exercise which presents a preview
of the derivatives, prefixes, and suffixes found in the ten
or twelve selections which follow. A careful study of these
exercises will do much to increase the student's ability to
read Spanish. For variety, there are exercises which deal with
the grouping of related words and the selection of synonyms
and antonyms.

C. G. P.

W. E. W.

University of Washington

Contents

NUEVAS LECTURAS

AL ESTUDIANTE DE ESPAÑOL

El idioma español se llama también castellano. Es un idioma muy importante, que crece y se difunde [1] sin cesar. Su vitalidad es asombrosa: nació hace unos diez siglos en el corazón de España, y hoy se habla y estudia en muchos lugares del mundo. 5

El español nació en tiempos medievales. En el siglo trece fué declarado lengua oficial del reino de Castilla. Era entonces un dialecto duro e imperfecto, que hablaban los cien mil o más habitantes de Castilla. Tres siglos más tarde era ya un idioma rico, culto y hermoso, y lo hablaban varios 10 millones de españoles, dentro y fuera de Castilla. Pasó luego a la América, al Asia y al África. Ahora lo hablan más de cien millones de personas, y es la lengua oficial de diez y nueve países independientes. De ningún otro idioma podría decirse lo mismo. 15

1. spreads.

3

El español es el idioma oficial de España y sus colonias. Es también el idioma oficial de Cuba, la República Dominicana, Méjico, Guatemala, Honduras, el Salvador, Nicaragua, Costa Rica, Panamá, Colombia, el Ecuador, el Perú, Bolivia,
5 Chile, la Argentina, el Paraguay, el Uruguay y Venezuela.

El español se habla en Puerto Rico, en las Canarias, en las Baleares,[2] en las Filipinas y en otras islas, y en algunas colonias españolas del África.

Dos o más millones de personas de origen hispano [3] hablan
10 español en los estados de Nuevo Méjico, Tejas, Arizona y Colorado, y en las ciudades de Nueva York y Los Ángeles. Más de medio millón lo hablan en las ciudades brasileñas de Río de Janeiro y San Pablo.

La historia del español es variada y compleja.[4] No nació
15 acabado ni perfecto. Como todas las lenguas romances, se deriva del latín, pero en el curso de los siglos se ha transformado y enriquecido,[5] en contacto con otros idiomas y dialectos antiguos y modernos.

En el español hay palabras de origen latino, griego,[6] árabe
20 y hebreo.[7] Hay también palabras de origen gótico, italiano, francés, portugués e inglés. Y las hay también de origen americano.

Al venir a la América los españoles tuvieron que adoptar miles de palabras indias, que indican objetos que no existían
25 en Europa. Son nombres de plantas, de animales, de utensilios. Muchas de ellas han pasado no sólo al español sino a otros idiomas. Son ya casi universales *tabaco, maíz, chocolate, puma, jaguar, canoa* y muchas otras. Éstas son palabras de origen indio.

30 El español adopta palabras y giros de otros idiomas, pero a menudo les cambia la forma para asimilarlas por completo. El idioma se mantiene fiel a su propio genio y a su propia tradición. Es cierto que existen pequeñas diferencias locales

2. Balearic Islands.   3. Hispanic, Spanish.   4. complex.   5. enriched.
6. Greek.   7. Hebrew.

4

en el uso del español, y que el pueblo no habla exactamente de la misma manera en Méjico que en la Argentina y en España. Sin embargo esto no rompe la unidad esencial del español, porque las clases educadas de todo el mundo hispano lo hablan y lo escriben según las mismas normas. 5

Un idioma cualquiera es la expresión más perfecta del pueblo que lo habla: en sus palabras, sus giros, su gramática [8] y su literatura se hallan las maneras de ser y de vivir de ese pueblo, sus ideas, sus ensueños,[9] sus aspiraciones... Por esta razón estudiar un idioma es entrar en contacto directo 10 e íntimo con el pueblo que lo habla.

Estudiar el español es entrar en contacto no sólo con los hijos de España, sino con sus descendientes de las antiguas colonias, y con todos los demás pueblos que se han incorporado al mundo hispano, y que forman parte de él gracias a la acción 15 vital, sutil y poderosa del idioma.

Esto se nota aun en este libro que le ofrecemos al estudiante de español con el doble deseo de ayudarlo y de entretenerlo.

El libro se compone de pequeños ensayos [10] y de cuentos 20 muy variados. Los ensayos dicen algo de la América hispana, su historia y sus instituciones, pero dicen muy poco de España. En cambio los cuentos revelan muchos aspectos de la vida y las costumbres de España y de la América.

Estos cuentos son adaptaciones más o menos libres de 25 cuentos originales de autores de España y América, y sin embargo se ve en ellos cierta unidad interna, de carácter esencialmente hispano. No le pertenece ninguno de estos cuentos sólo a España, con exclusión de la América. Ninguno le pertenece a la América, con exclusión de España. Todos le 30 pertenecen al mundo hispano en general. Por eso los presentamos aquí, y recomendamos que se estudien con cuidado.

8. grammar.   9. dreams.   10. essays.

UNA LUNA DE MIEL

—¡**A**y, don Pepe! —gritó la criada. — Se
han escapado, don Pepe, ¡ se han escapado, y tan temprano!
— ¿ Pero quiénes ?
— Su hija Finita y Curro, el hijo de doña Marcela.
5 — ¿ Qué dices ?
— Lo que oye, don Pepe. Yo los vi en un coche. Iban
hacia la Estación del Norte.
— ¡ Santo Dios ! ¡ Hay que salvarlos ! — exclamó don
Pepe, y poniéndose el sombrero, salió de la casa.

UNA LUNA DE MIEL

Los amores de Curro y Finita habían comenzado hacía
una semana.

Una tarde, en la escuela, Curro notó que Finita llevaba
un álbum de sellos, y como a él le gustaban tanto, se puso a
examinarlos, y le dijo al ver uno muy raro: 5

— ¿ Me lo das, Finita ?

— Sí, tómalo, si quieres.

— Gracias. ¿ Sabes que quiero decirte algo ?

— ¿ Qué ? . . . ¡ A ver, dímelo !

— Ahora no, mañana. 10

Al día siguiente Curro le llevó a Finita unos sellos muy
hermosos. Ella los aceptó sonriendo, y luego le ordenó con
misterio:

— Curro, dime lo que querías decirme.

— No, Finita, si no era nada . . . 15

— ¡ Cómo que [1] nada ! — gritó ella poniéndose furiosa.

Curro se le acercó entonces, y, tembloroso, le dijo al oído:

— Quiero decirte que . . . ¡ eres muy linda !

Y sin esperarse a nada, echó a correr.

Por una semana Curro no pensó sino en Finita, y ella, 20
naturalmente, no pensó sino en su Curro. Y por eso decidieron escaparse.

— Dos billetes de primera, para París — le ordenó Finita
al empleado del despacho de billetes de la Estación del Norte.

— ¿ Sencillos, o de ida y vuelta ? [2] — preguntó el em- 25
pleado, un poco sorprendido.

— No importa. Los billetes ¡ pronto !

— De ida y vuelta son trescientas pesetas.

— Aquí está el dinero — dijo Finita abriendo la bolsa.

— No es bastante — comentó el empleado. 30

— Ahí hay quince duros.

— No es bastante. Si no lo creen, pregúntenles a sus
papás . . .

1. What do you mean?   2. round-trip.

7

Curro se puso rojo, y Finita, dando una patada[3] en el suelo, gritó:

— En ese caso, déme dos billetes más baratos.

— ¿A una estación más cercana? ¿A Ávila, por ejemplo?

5 — Sí, a Ávila ... ¡Ay, qué romántico!

El empleado vaciló un momento, y le entregó a Finita los billetes.

Los novios subieron al tren y comenzaron a bailar de alegría al verse libres, pero cuando llegaron a Ávila su sor-
10 presa fué muy grande: en la estación estaban esperándolos don Pepe y doña Marcela.

— ¡Pero, Finita!— exclamó don Pepe, cogiéndola de la mano. — ¿Qué significa esto?

— Nada, papá ... Sólo que Curro y yo vamos a Ávila a
15 pasar nuestra luna de miel ...

— ¡De veras!— exclamó doña Marcela, que también tenía ya a su Curro de la mano. — ¡Qué interesante!... Sólo que, para eso tendrán que esperar todavía mucho tiempo.

Doña Marcela tenía razón, porque su hijo Curro tenía
20 apenas once años, y Finita no tenía ni diez.

[TEMA DE *Emilia Pardo Bazán*]

EJERCICIOS

I. *Contéstense en español:* 1. ¿Por qué estaba la criada tan agitada? 2. ¿Por qué se puso el sombrero don Pepe? 3. ¿Le gustaban a Curro los sellos? 4. ¿Le dió Finita el sello raro a Curro? 5. ¿Qué le llevó Curro a Finita al día siguiente? 6. ¿Por qué se puso ella furiosa? 7. ¿Qué le dijo Curro al oído? 8. ¿Qué hizo entonces el muchacho? 9. ¿Qué pidió Finita en el despacho de billetes? 10. ¿Cuánto valían los billetes? 11. ¿A dónde decidieron ir los novios? 12. ¿Quiénes esperaban a los novios en Ávila? 13. ¿Cuántos años tenía Curro? 14. ¿Tenía Finita más o menos años que Curro?

II. *Verdad o mentira que:* 1. Los niños del cuento se llaman Juan y María. 2. Los dos estaban enamorados desde hacía mucho

3. kick.

8

tiempo. 3. Finita le dió a Curro un sello muy raro. 4. El mismo día Curro le dijo a Finita que ella era muy linda. 5. Los novios fueron a la estación a comprar los billetes para ir a París. 6. No tenían bastante dinero para comprarlos. 7. Tuvieron que comprar billetes para una estación más cercana. 8. En Ávila los esperaban el padre de Finita y la madre de Curro. 9. Curro tenía sólo once años. 10. Los novios tenían la misma edad.

III. *Estudio de palabras.* En inglés y español hay muchas palabras de forma y sentido idénticos, que no se incluyen en el vocabulario de este libro. *Ejemplos:* álbum, capital, cruel, era, idea, medieval.

*   *   *

BETINA Y SU PAPÁ

A las nueve subí al buque. Observé a los pasajeros, pero como ninguno me llamó la atención, me dirigí al salón de música y me senté a leer.

A media noche noté en un rincón a un caballero vestido de negro, y junto a él una niña. «¡Ah, qué interesante!» 5 — me dije — y me puse a contemplarla. Era rubia, blanca y muy bonita. Tenía los ojos azules, la boca pequeña, y el cuello un poco rígido.

— ¿Tienes sueño, Betina? — oí que le preguntaba el caballero. 10

— No, papá — respondió ella.

— Mañana llegaremos a Montevideo. ¿Quieres ir a la playa?

— No, papá. Me da miedo.

— No seas tonta, Betina. 15

— Bueno, papá, no seré tonta.

Era un diálogo curioso. Las palabras de la niña me parecían absurdas. Sin duda era muy tímida. ¡Pobrecita!...
¿O estaría enferma?...

— ¡ Papá! — exclamó de pronto.

5 — ¿ Qué, Betina?

— ¿ Hay tigres en la playa?

— No, no hay tigres.

— ¿ Hay lobos,[1] papá?

— No, no hay sino bañistas.[2]

10 — ¿ Qué son bañistas, papá?

— Unos animales inofensivos, Betina.

— ¡ Ay, papá, me da miedo!

— Entonces te encierro otra vez en mi valija[3]...

Betina guardó silencio,[4] y luego volvió a decir:

15 — ¡ Papá!

— ¿ Qué, Betina?

— Ese joven me está mirando. ¿ Lo miro, papá?

— Si te mira con buenos ojos...

— Me mira con buenos ojos, y me sonríe...

20 — En ese caso, vamos a dormir — sentenció[5] el caballero, echándome una mirada siniestra. Yo me puse a leer...

Poco después vi que el caballero salía solo. ¡ Su hija había desaparecido! Sin duda la había puesto en su valija, que era muy grande. Lo seguí. Al extremo de un pasillo abrió una

25 cabina, entró y la cerró violentamente.

Esa noche no pude dormir. La idea de que ese hombre fuese tan cruel con su hija me parecía monstruosa, pero...
Y comprendí entonces por qué Betina tenía el cuello tan rígido.

30 A las siete de la mañana llegamos a Montevideo. Observé a todos los pasajeros, y un sudor frío me corrió por todo el cuerpo: ¡ el misterioso caballero iba solo, con su valija en la mano! Comprendí que era necesario obrar de prisa, y le grité al capitán:

1. wolves.　2. bathers.　3. valise.　4. became silent.　5. concluded.

10

— Señor capitán, ¡ detenga a ese hombre, por favor !

— ¿ Qué dice usted ? — preguntó sorprendido el capitán.

— ¡ Que detenga a ese hombre, antes de bajar ! Es un criminal. ¡ En la valija lleva a su hija !

— ¡ A su hija ! ¡ Eso no puede ser !   5

— Sí, capitán. Deténgalo usted. En la valija lleva a su hija. ¡ Pobrecita !... ¡ Estará ya muerta, créamelo usted !

El capitán se le acercó al hombre, lo detuvo y le ordenó que abriese la valija.

— ¿ Por qué ?... Eso se hace en la aduana.[6]   10

6. customhouse.

— ¡ Que abra la valija, digo yo !

El hombre, que me había reconocido, me miró con odio pero la abrió.

— ¡ Santo Dios ! ¿ Qué es eso ?

5 — Betina, mi hija.

El capitán y yo nos inclinamos a verla. Ahí estaba: el cuerpo doblado, los cabellos rubios . . .

El capitán cogió al hombre del brazo, y éste soltó una carcajada [7] que nos llenó de sorpresa:

10 — ¿ Pero . . . no ven ustedes ? . . . Miren: ¡ Betina es una muñeca ! [8]

Y lo era, como pudimos verlo cuando el misterioso caballero nos mostró los tres resortes [9] y los tres botones que tenía en la espalda.

15 Por supuesto. Betina era una muñeca, y su « papá » un excelente ventrílocuo que la iba a presentar en un teatro de Montevideo.

[TEMA DE *Juan Carlos Moreno*]

EJERCICIOS

I. *Contéstense en español:* 1. ¿ A qué horas subió el joven al buque ? 2. ¿ Qué hizo en el salón de música ? 3. ¿ A quiénes notó allí a media noche ? 4. ¿ Cómo era la niña ? 5. ¿ Por qué no quería Betina ir a la playa ? 6. ¿ Cómo miraba el joven a la niña ? 7. ¿ Qué le echó el caballero al joven antes de salir ? 8. ¿ Durmió bien el joven ? 9. ¿ A qué hora llegó el buque a Montevideo ? 10. ¿ Por qué comprendió el joven que era preciso obrar de prisa ? 11. ¿ Qué le gritó al capitán ? 12. ¿ Dónde se abren las valijas, según decía el caballero ? 13. ¿ Qué vieron el joven y el capitán en la valija ? 14. ¿ Qué era Betina ? 15. ¿ Cómo se ganaba la vida el papá de Betina ?

II. *Verdad o mentira que:* 1. El joven subió al buque a las ocho y media. 2. Fué a bailar al salón de música. 3. En un rincón vió

7. laughed boisterously. 8. puppet. 9. springs.

a un caballero con una niña. 4. Betina era una niña muy valiente. 5. Según su padre, en la playa no hay ni tigres ni lobos. 6. A la mañana siguiente el caballero y su hija bajaron del buque. 7. El capitán le ordenó al caballero que abriese la valija. 8. En la valija había una muñeca.

III. *Estudio de palabras.* Muchas palabras relacionadas del inglés y el español varían un poco de forma, pero el estudiante, sin dificultad, puede adivinar su sentido. *Ejemplos:* asesinar, asesino, asimilar, aventura, carrera, catedral, ciencia, coqueta, costa, curso, enorme, entero, explotar, héroe, historia, importar, indio, intérprete, íntimo, inundar, objeto, ordenar, pálido, promesa, raza, teatro, tímido.

* * *

NEPO Y SU AMIGO

Esa tarde llegamos al rancho de Nepo, situado en el corazón de las montañas. Íbamos a llamar a la puerta cuando de repente exclamó Luis, dando un salto:

— ¡ Virgen Santísima ! ¡ Un oso ![1]

En efecto, ahí estaba, cerca, demasiado cerca: era un oso 5 negro, enorme . . . Llenos de terror, comenzamos a gritar:

— ¡ Nepo, Nepo ! ¡ Socorro ![2]

— ¿ Qué pasa ? — nos preguntó el montañés[3] desde la puerta.

— ¡ El oso, Nepo, el oso ! . . . 10

— ¿ *Nono* ? . . . No le tengan miedo, que es mi amigo.

— ¿ Su amigo ? . . .

— Sí, señores, y muy bueno. Es mi único compañero. Lo hallé solo en el bosque. Tenía entonces sólo tres meses, y

1. bear. 2. Help! 3. mountaineer, highlander.

13

andaba perdido y triste. Yo resolví traerlo a mi rancho y criarlo a mi lado. Es inteligente y agradecido. Sabe jugar y bailar, y me ayuda en el trabajo. *Nono* es una maravilla.

(Hay que) verlo cuando viene del bosque, con su carga de leña.[4]

5 — ¿ Y por qué la cinta ? . . . ¿ Tiene novia ? — le pre-guntamos al notar que *Nono* llevaba una cinta al cuello.

— ¡ Oh, no ! . . . *Nono* no anda en esa clase de aventuras.

— ¿ Entonces por qué ?

Nepo se rascó [5] la cabeza, soltó una carcajada y continuó:

4. firewood.   5. scratched.

14

— Porque la merece, como lo verán. Una tarde *Nono* y yo fuimos al bosque. Cuando yo había cortado la leña, se la fuí a poner encima, pero él había desaparecido. « Paciencia », me dije, y me la eché al hombro, seguro de que nos habríamos de encontrar. Y así sucedió: apenas había andado yo unas cien varas [6] cuando vi a *Nono* en una loma,[7] comiendo frutas. « ¡ *Nono*, ven acá ! » le ordené con cariño, pero él no me hizo caso. « ¡ *Nono*! . . . ¿ Qué te pasa, glotón ? ¡ Ven acá ! » le volví a gritar en vano.

Nono es caprichoso. Yo lo sabía, y sin embargo, solté la leña, cogí un garrote [8] y me le acerqué, resuelto a darle una lección. Pero él no estaba de buen humor y me recibió con un gruñido [9] sordo y amenazador,[10] que me hizo temblar. « ¿ Qué es eso, *Nono*? » le pregunté, y levantando el garrote le di un golpe. *Nono* gruñó [11] otra vez, se lanzó sobre mí y me dió un manotazo [12] tan formidable que me hizo rodar loma abajo, por fortuna.

Rodé unas cincuenta varas. ¿ Y quién creen ustedes que estaba abajo? . . . ¡ *Nono*!

— ¿ Su amigo, que quería matarlo ? . . .

— *Nono*, sí, pero listo a defenderme.

— ¡ A defenderlo ! ¿ Pero cómo es eso ?

— Como lo oyen, señores . . . Y ahí está lo interesante de mi cuento . . . ¿ No ven que no fué *Nono* quien me dió el manotazo ? . . . No, señores, fué el « otro », un oso enorme que, en esos momentos, venía loma abajo gruñendo como un demonio . . . *Nono* se le enfrentó [13] a mi enemigo, y lo venció después de una lucha corta y dramática, que yo miré desde un árbol.

— ¡ Ah ! . . . Entonces el oso a quien usted quería darle una lección no era *Nono* . . .

— Precisamente. Y como *Nono* es el campeón, le puse su cinta, que bien se merece, y que a mí me sirve de mucho.

6. yards.   7. slope.   8. club.   9. growl.   10. threatening.   11. growled.
12. cuff.   13. faced.

15

Por la cinta sé yo quién es quién entre los osos del bosque.
Porque, como debo confesarles, desde esa tarde no he vuelto
a tratar de darle una lección a ninguno de los « otros » ...
¡ Oh, no !... A los « otros » yo no les dirijo la palabra siquiera. Y así andamos todos contentos en estas soledades [14]:
yo con mi *Nono*, y ellos con Dios ...

EJERCICIOS

I. *Contéstense en español:* 1. ¿ Dónde estaba el rancho de Nepo ?
2. ¿ Por qué comenzaron a gritar Luis y su amigo ? 3. ¿ Era Nono
un oso muy malo ? 4. ¿ Dónde lo había hallado Nepo ? 5. ¿ Qué
sabía hacer el oso ? 6. ¿ Qué llevaba al cuello el animal ? 7. Según
Nepo, ¿ merecía el oso la cinta ? 8. ¿ Por qué fueron Nepo y Nono
al bosque una tarde ? 9. ¿ Por qué tuvo Nepo que echarse al
hombro la carga de leña ? 10. ¿ Qué vió Nepo en una loma ?
11. ¿ Qué pasó cuando Nepo le dió al oso un golpe ? 12. ¿ Dónde
estaba Nono ? 13. ¿ Qué le hizo Nono al otro oso ? 14. ¿ Para
qué era la cinta que Nono llevaba al cuello ?

II. *Verdad o mentira que:* 1. Luis y su compañero vieron un
lobo junto a la casa de Nepo. 2. El oso era buen amigo de Nepo.
3. Nono no era un oso muy inteligente. 4. El oso ayudaba a su
amo. 5. Cierta tarde Nono desapareció en el bosque. 6. Nepo
cogió un garrote para darle a Nono una lección. 7. El oso se lanzó
sobre él y lo hizo rodar cuesta abajo. 8. Nono defendió a su amo.
9. Nepo miró la lucha desde el suelo. 10. La cinta servía para
identificar a Nono.

III. *Estudio de palabras.* Algunas palabras relacionadas en las
dos lenguas varían mucho de forma. El estudiante que aprende
a reconocerlas no tiene que consultar tanto el vocabulario. *Ejemplos:* aliviar, angustia, audaz, aumentar, botón, brisa, campeón,
confianza, difunto, eco, enterrar, feroz, follaje, fundar, glotón,
granja, guía, habitante, impuesto, indígena, músculo, navegante,
norte, número, odio, precio, prejuicio, ruta, silueta, temblar, tenaz,
título, tribu.

14. lonely places.

LOS DESCUBRIDORES[1]

A fines del [2] siglo xv apareció en España un viajero por demás [3] interesante y misterioso, a quien la humanidad debe grandes beneficios: Don Cristóbal Colón.

Era alto, de rostro largo, blanco y pecoso,[4] nariz aguileña,[5] ojos azules y cabellos canos,[6] que habían sido rubios en la juventud. Tenía aspecto noble y majestuoso, modales [7] distinguidos, costumbres casi ascéticas, y buenos conocimientos de astronomía y de humanidades.

Hombre complejo y contradictorio, a veces humilde y liberal y otras arrogante y codicioso,[8] Colón hizo muchos amigos y enemigos, y pasó por el mundo como un meteoro de luz y de sombra porque, a pesar de sus hazañas [9] inmortales, no dejó huellas [10] claras y precisas ni de su origen ni de su fin.

1. discoverers. 2. Toward the end of. 3. exceedingly. 4. freckled.
5. aquiline. 6. gray. 7. manners. 8. greedy. 9. heroic deeds. 10. traces.

17

Su vida se ha investigado y discutido tanto, que ya parece personaje de leyenda.[11] Unos dicen que era italiano, otros que gallego,[12] otros que catalán,[13] y algunos sugieren[14] que pertenecía a una familia de judíos[15] convertidos al cristia-
5 nismo, y emigrada de España a Italia.

A España vino Colón después de pasar varios años en Portugal, en busca de ayuda para una empresa que a todos les parecía fantástica: ir a la India y al Japón por las rutas del mar, navegando de Europa hacia el occidente... Aun
10 las gentes educadas de entonces, apoyándose en la autoridad de la Biblia, creían que eso era imposible, pero él insistía en sus planes, y hablaba de ellos con fe y entusiasmo impresio-nantes.

Después de muchas luchas y sufrimientos, Colón logró al
15 fin hablar con la Reina Isabel la Católica, quien se interesó en sus planes, poniéndolo en contacto con Martín Alonso Pinzón, marino[16] y armador[17] español sin cuya ayuda aquél no habría podido emprender ni realizar su viaje memorable. Colón era buen astrónomo y buen navegante, pero no tenía
20 recursos para el viaje, ni capacidad para dirigir y gobernar a los demás. En cambio, Martín Alonso Pinzón era un marino entre marinos, un hombre en quien todos podían confiar, debido a su experiencia y autoridad.

Para el viaje memorable, Colón aportó[18] el genio, Pinzón
25 el dinero y la habilidad, y el pueblo su fe candorosa[19] y el valor. Todos ellos fueron los descubridores de América.

El 3 de agosto de 1492, Colón y su hábil piloto salieron en tres carabelas,[20] la *Santa María*, la *Pinta* y la *Niña*, tripula-das[21] por ciento veinte marineros españoles. Después de
30 setenta días de navegación por mares desconocidos, llegaron el 12 de octubre a la isla de Guanahaní, recorrieron las costas

11. legendary. 12. Galician (from northwest Spain). 13. Catalonian (from northeast Spain). 14. suggest. 15. Jews. 16. mariner. 17. builder and equipper of ships. 18. provided. 19. candid. 20. caravels (sailing vessels). 21. manned.

de Cuba y otras islas, y regresaron a España llevando consigo
aves y frutas tropicales, y también oro, perlas y algunos
nativos « tímidos y cobardes »[22] a quienes se podía convertir
al cristianismo, « por no tener religión » y ser « buenos para
les mandar y les hacer trabajar », según lo dejó escrito el 5
Almirante[23] en su famoso *Diario* . . .

La llegada de Colón y sus compañeros causó en España
extraordinaria sensación, y trajo como consecuencia la exploración, la conquista y la colonización de las Américas por
los españoles y los portugueses, primero, y más tarde por los 10
ingleses y los holandeses.

Cuatro viajes hizo Colón a Las Indias, como entonces se
decía, y murió en la oscuridad, sin saber que había hallado un
Mundo Nuevo, lleno de promesas para la humanidad.

Todos honramos ahora a don Cristóbal Colón por haber 15
iniciado el viaje del Descubrimiento. Nadie puede disputarle
esa gloria, pero tampoco podemos disputársela a los españoles
que lo ayudaron y lo acompañaron en su empresa, ni a los
que, más tarde, ganaron la América para la civilización.

EJERCICIOS

I. *Contéstense en español:* 1. ¿ De qué descubridor trata esta
lección? 2. ¿ Qué le debe la humanidad a este descubridor?
3. ¿ Cómo era Cristóbal Colón? 4. ¿ Por qué parece Colón un
personaje de leyenda? 5. ¿ Dónde había vivido Colón antes de ir
a España? 6. ¿ Qué empresa proyectaba Colón? 7. ¿ Qué les
parecía esta empresa a la mayoría de las personas? 8. ¿ Quién se
interesó al fin en la empresa de Colón? 9. ¿ Quién fué Martín
Alonso Pinzón? 10. ¿ Por qué necesitaba Colón a tal persona?
11. ¿ Cómo partió Colón de España? 12. ¿ Cuándo llegaron los
navegantes a la América y qué hicieron al llegar? 13. ¿ Qué
llevaron consigo en su viaje de regreso a España? 14. ¿ Qué conse-
cuencias tuvo el viaje de Colón? 15. ¿ Hizo Colón sólo un viaje
a la América? 16. ¿ Cómo murió Colón?

22. cowardly. 23. admiral.

II. *Llénense los espacios con frases sacadas del texto:* 1. Colón apareció en España ———. 2. Unos dicen que Colón era ———, otros que ———. 3. Lo que Colón esperaba era ir a la India ———. 4. Isabel la Católica puso a Colón en contacto con ———. 5. Para el viaje memorable Colón ——— y Pinzón ———. 6. Colón llegó a la América el ———. 7. Colón murió sin saber ———. 8. Todos honramos a Colón por ———.

III. *Estudio de palabras engañosas.* En inglés y español hay palabras que tienen formas semejantes y que no siempre tienen el mismo sentido. *Ejemplos:* admiración, amable, candela, colegio, cristal, cuestión, delicioso, dependiente, desgracia, desgraciado, desmayo, despacho, devolver, gracia, gracioso, guardar, idioma, imagen, largo, lectura, marcharse, oración, pariente, realizar, registrar, resignación, suceder.

* * *

EL CUADRO MEJOR VENDIDO

El artista trabajaba despacio, luchando por llevar a la tela el paisaje vigoroso y trágico del Anáhuac,[1] sumergido en esa luz extraña que todo lo define[2] y todo lo ensombrece[3]: el valle, las lomas pedregosas[4] y cubiertas de
5 cactus, los volcanes de conos plateados,[5] y las montañas, azules como las olas del mar.

Estaba de pie junto a una casita de adobes, en Santa María de Aztahuacán, pueblo adormecido[6] y sucio que habitan gentes serias y suaves, como sus antepasados[7] aztecas.

10 Cuando el cuadro estuvo terminado, la dueña de la casita se le acercó poco a poco, preguntando:

1. (a valley in Mexico). 2. makes everything stand out. 3. shadows. 4. rocky. 5. silvery. 6. sleepy. 7. ancestors.

20

— ¿ Puedo mirarlo ?

— Sí, cómo no.

La mujer lo miró con profundo interés, comparándolo con el paisaje real.

— No es lo mismo, — comentó — pero está más bonito aquí en la pintura que allá donde lo hizo Dios Nuestro Señor. Será que [8] usted ha puesto en ella la inteligencia que Él le dió.

— Gracias. ¿ Le gusta ?

— Mucho, sí. ¡ Quién pudiera [9] tenerlo !

— ¿ Por qué no me lo compra ?

— ¿ Yo ? . . . ¡ Imposible, yo soy tan pobre !

— Pues como a usted le gusta, yo se lo doy por cinco pesos.

La mujer sonrió, juntó las manos en actitud devota, y dijo emocionada:

— ¡ Ay, señor ! Yo tengo los cinco pesos, pero, la verdad . . . ¿ cómo puede usted dármelo por tan poco ? Tanto trabajo que le ha costado; tanta pintura, y luego figúrese: no más en puros camiones se le han ido a usted más de cinco pesos.[10] Mejor es que hagamos un trato: yo le doy a usted el dinero, y usted me deja el cuadro por unos días, para estarlo viendo.

— No, señora, se lo vendo por cinco pesos.

— Bueno, entonces venga conmigo.

La mujer cogió el cuadro con respeto religioso, entró en la casita y lo colgó en la pared. Luego sacó de un baúl una olla [11] de barro,[12] y de ella unas cuantas moneditas de plata, de níquel y de cobre, y se puso a contarlas una por una.

— Aquí tiene los cinco pesos, señor. Mucho me ha costado juntarlos, pero vea usted: me sobran diez y siete centavos para las velas, y así podré verlo de día y de noche, porque nunca me cansaré de verlo.

El artista puso los cinco pesos en el bolsillo, le dió las

8. It must be that.   9. If I could only.   10. you have spent more than five pesos on your bus trips alone.   11. pot.   12. clay.

gracias, y se fué silbando, seguro de que, en aquella casita de adobes grises, su cuadro quedaba más honrado y lleno de gloria que en la galería de arte más famosa del mundo . . .

[TEMA DE *Gerardo Murillo*]

EJERCICIOS

I. *Contéstense en español:* 1. ¿Cómo trabajaba el artista? 2. ¿En qué pueblo estaba? 3. ¿Cómo era este pueblo? 4. ¿De qué raza eran sus habitantes? 5. ¿Quién se le acercó al artista? 6. ¿Qué dijo ella del cuadro? 7. ¿Por qué dijo que no podía comprar el cuadro? 8. ¿A qué precio se lo ofreció el artista? 9. ¿Le pagó ella en billetes de banco? 10. ¿Qué pensaba hacer la mujer con el dinero que le sobraba? 11. ¿Por qué se sintió tan contento el artista? 12. ¿Qué hizo la mujer con el cuadro?

II. *Verdad o mentira que:* 1. El artista del cuento trabajaba con gran rapidez. 2. El pueblo era adormecido y sucio. 3. Los antepasados de sus habitantes fueron los aztecas. 4. El artista no había terminado el cuadro cuando se le acercó la dueña de la casita. 5. El cuadro no le gustó a la mujer. 6. El artista le pidió seis pesos por el cuadro. 7. Ella le dijo que no tenía dinero. 8. La mujer dejó el cuadro en la mesa. 9. Ella guardaba el dinero en una bolsa. 10. Le pagó al artista en monedas de plata, de níquel y de cobre.

III. *Traduzca usted estos modismos y empléelos en oraciones originales:* al fin; al ver; a las nueve; a pesar de; darle miedo; decirle al oído; dirigir la palabra; de prisa; de repente; echar a; en cambio; estar de buen humor; estar de pie; guardar silencio; hacía una semana; hacerle caso; hacer un viaje; no . . . sino; ponerse a; ponerse furioso; por fortuna; ¿qué le pasa?; quien pudiera servirse de; soltar una carcajada; sobrarle; tener que; tener razón; tener sueño; tener . . . años; vamos a; vestido de negro; volver a decir.

22

LA SUERTE

— Pero, don Chepe, eso parece imposible. Lolita es tan bonita, tan inteligente, tan amable... ¿Cómo pudo usted hallarla en este mundo? ¿Fué cosa de magia?[1]

— No señor, fué de suerte...

— ¡Oh, cuénteme usted!

— Pues oiga, amigo: Hace cinco años justos, salía yo del club a altas horas[2] de la noche, cuando una chica del pueblo, pálida y mal vestida, me detuvo suplicándome:

— Señorito, cómpreme este décimo,[3] por favor.

A mí no me gusta jugar a la lotería, pero como la chica tenía hambre, le compré el décimo dándole un duro por él, aunque no valía tanto. La chica, correspondiendo a mi generosidad con una sonrisa humilde y graciosa, exclamó:

— Gracias. Usted se lleva la suerte, señorito.

— ¿Estás segura? — le pregunté.

— Claro que sí. ¿No ve usted? El décimo tiene el número 1,620. Lo sé de memoria: 16, que son los años que tengo, y 20, los días del mes que tengo sobre los años. ¡Ah, si yo tuviera dinero, lo compraría!

— Pues no te apures, — le dije sonriendo — si el billete saca un premio, la mitad será para ti.

— ¿De veras, señorito? ¡Ay, déme su nombre y las señas de su casa! Yo sé que dentro de una semana seremos ricos.

Era tal la alegría y la confianza que se leía en sus ojos,

1. magic. 2. at a late hour. 3. tenth part of a lottery ticket.

23

que yo sonreí, metí el décimo en el bolsillo del sobretodo,[4] y me alejé sin darle importancia al incidente.

Ocho días [5] más tarde, cuando el criado me trajo el periódico, vi que el número 1,620 se había sacado el premio gordo.
5 Creí que estaba soñando, pero no, era la verdad. Ahí decía 1,620, en números redondos, inmensos. ¡Era mi décimo, la edad de la chica! Ese número representaba muchos miles de pesetas caídas del cielo. Me sentí tan dominado por la emoción, que no pude ni gritar. Aquella chica pálida y mal
10 vestida me había traído la suerte. Nada más justo que dividir el premio con ella, como se lo había prometido. ¿Cómo hacerlo?

Primero pensé en el mágico billete, que sin duda estaría en el sobretodo. Corrí al armario,[6] saqué el sobretodo, y lo
15 busqué en todos los bolsillos. ¡Santo Dios!... El décimo no aparecía en ninguno de ellos.

Medio furioso y medio desesperado, llamé al criado y le pregunté si había sacudido el sobretodo por la ventana. «Ya lo creo», me respondió, «pero yo no vi caer nada de los bol-
20 sillos.»

Yo lo miré a la cara, sin creer lo que decía. Me desespero, grito, insulto al criado, pero nada. Busco en el armario, en el escritorio, en los libros, pero nada...

Al caer la tarde,[7] cuando me había tendido en la cama a
25 ver si el sueño me ayudaba a olvidar mi desgracia, sonó el timbre [8] de la puerta. Me levanté y salí corriendo: allí estaba la chica. Al verme se arrojó en mis brazos gritando:

— ¡Señorito, señorito! ¿No se lo dije? ¡Hemos ganado el premio gordo!

30 ¡Infeliz de mí! ¿Cómo hacerle mi cruel confesión? ¿Cómo decirle que había perdido el billete? ¿Me creería? ... No sé... Temía ver en sus ojos un brillo de duda y desconfianza.[9] Pero me equivocaba, pues la chica, al oír la

4. overcoat. 5. A week. 6. wardrobe. 7. At nightfall. 8. bell. 9. distrust.

triste noticia, me miró con profunda ternura,[10] y cogiéndome del brazo suspiró a mi oído:

— Todo sea por Dios.[11] Señorito, ni usted ni yo nacimos para ricos.

Eso fué todo.

5

Don Chepe sonrió, y se quedó en silencio.

— Pero, ¿ y Lolita ? — insistí yo. — ¿ Cómo pudo usted hallarla ?

— ¿ Lolita ? . . . ¿ No lo ve usted ? . . . ¡ Lolita es la chica de mi cuento ! Yo la saqué del arroyo,[12] la eduqué en 10 un colegio, y luego me casé con ella. Y ahora . . .

10. tenderness.   11. God's will be done.   12. gutter.

— ¡ Es un encanto!

— Sí, amigo. Es cierto que perdimos los millones de la lotería, pero en cambio hemos hallado juntos la felicidad, que no podríamos comprar con ningún dinero.

[DE « El décimo » DE *Emilia Pardo Bazán*]

EJERCICIOS

I. *Contéstense en español:* 1. ¿ Cómo era Lolita ? 2. ¿ Cuánto hacía que don Chepe conocía a Lolita ? 3. ¿ Qué vendía la chica ? 4. ¿ Compró don Chepe un billete entero ? 5. ¿ Por qué estaba Lolita segura de que don Chepe se llevaba la suerte ? 6. ¿ Qué prometió hacer don Chepe si el billete sacaba un premio ? 7. ¿ Qué leyó don Chepe en el periódico ocho días después ? 8. ¿ Qué hizo don Chepe por hallar el billete ? 9. ¿ Lo halló ? 10. ¿ Quién vino a casa de don Chepe al caer la tarde ? 11. ¿ Qué dijo Lolita al saber que el billete se había perdido ? 12. ¿ Con quién se casó don Chepe ?

II. *Verdad o mentira que:* 1. Lolita era fea y estúpida. 2. Hacía poco tiempo que don Chepe la conocía. 3. A don Chepe no le gustaba jugar a la lotería. 4. Don Chepe pagó un peso por el billete. 5. La chica dijo que don Chepe se llevaba la suerte. 6. Lolita tenía diez y seis años. 7. Don Chepe le dió a Lolita su nombre y las señas de su casa. 8. El décimo de don Chepe se sacó el premio gordo. 9. Don Chepe cobró mucho dinero. 10. Don Chepe y Lolita se casaron.

III. *Estudio de palabras.* El sufijo *–dor* expresa por lo general la idea de *el que* (*one who*). *Ejemplo:* descubridor = el que descubre. Explique usted las palabras: armador, cazador, conquistador, gobernador, jugador, libertador, organizador, pecador, pescador, predicador, servidor.

Algunas palabras que terminan en *–dor* son adjetivos. *Ejemplo:* hablador = el que habla (*talkative*). Traduzca usted: amenazador, civilizador, conocedor, emprendedor, prometedor, trabajador.

El sufijo *–dor* indica a veces *el sitio donde* (el lugar en que) *se . . . Ejemplo:* comedor = el sitio (lugar) donde (en que) se come. Traduzca usted: mirador, mostrador.

26

EL HÉROE DEL CUENTO

Una noche estábamos en el estudio, cuando de
repente entró Julio, un poco agitado.

— ¿ Pero qué te pasa, chico ? — le preguntó Monterde.

— Pues algo increíble... ¡ Una pulga[1] me acaba de
salvar !

— ¿ Cómo una pulga ? — exclamamos todos, llenos de
asombro.

— Sí, señores... ¿ Conocen ustedes a las pulgas ?

— Por supuesto... ¿ Quién no las conoce en este país ?

— ¡ Bah ! — comentó Julio con cierto desdén. — A
ustedes los pican las pulgas todos los días, pero ustedes no las
conocen... ¿ Qué saben ustedes de su fuerza, su agilidad
y su inteligencia ?... La pulga es un animalito extraordinario: cuando salta, asciende a una altura de quinientas o

1. flea.

27

seiscientas veces la suya propia, y luego cae sin hacerse ningún
daño. ¿ Verdad que son estupendas su energía y su resistencia?... ¿ Y qué decir de su instinto maravilloso? La
pulga vive en lucha sin cuartel [2] con la humanidad entera,
5 de día y de noche ella salta y pica, y casi siempre sale victoriosa en sus batallas... Y en cuanto a su inteligencia...
¿ no han visto ustedes un circo [3] de pulgas amaestradas? [4]
Es un espectáculo digno de la mayor admiración...

— Convenido, Julio — interrumpió Monterde lleno de
10 impaciencia. — ¿ Pero cómo pudo salvarte a ti uno de esos
animalitos maravillosos e... insufribles ?

— Pues, verán ustedes — continuó Julio con animación.
— Esta tarde, en el tranvía, se me subió una pulga y comenzó
a picarme en las espaldas, y claro está, no pude perseguirla
15 entonces, porque había allí muchas mujeres... Al llegar a
casa, me quité la ropa, y la pulga saltó y desapareció. Cuando
me acosté, saltó a mi cama. Apagué la luz, ¡ y otra vez la
pulga!... Me corría por el cuerpo y me picaba sin piedad.[5]
Por dos horas duró la lucha, hasta que, vencido al fin, me
20 dormí... Un ruido inesperado [6] me despertó. Alguien
estaba en mi cuarto. Encendí la luz. Un ladrón dijo, apun-
tándome al pecho una pistola:

— ¡ El dinero, o la vida !

— ¿ Dinero ?... Pero si no lo tengo...
25 Sin dejar de apuntarme, el ladrón sacó de la mesita de
noche el dinero que yo tenía, y algunas joyas.[7] Mi situación
era horrible. De pronto, el ladrón hizo un brusco movimiento,
volvió la cabeza, y se llevó la mano izquierda a la pierna.

— ¡ La pulga ! — pensé yo, y con la velocidad de un rayo,
30 me lancé sobre el ladrón, le eché al suelo y le quité la pistola.
Le apunté con ella, y le dije sonriendo:

— ¡ Un momento, don ladrón ! Yo necesito mi pulga...
Y le mandé que se desnudase.

2. without quarter. 3. circus. 4. trained. 5. mercy. 6. unexpected.
7. jewels.

EL HÉROE DEL CUENTO

Él se quitó la ropa, y la sacudió... Y mientras se la
volvía a poner, yo llamé a la policía, que vino y se llevó al
rufián.

— ¡ Bravo, bravo! — exclamamos todos. — Eres un
héroe, Julio...   5

— No, señores... El héroe del cuento es la pulga, como
lo probaré, porque aquí la traigo... Se me volvió a subir.
La reconocí en su manera de picar, violenta e insistente, y
en su técnica perfecta... Vean ustedes.

Y Julio se quitó el saco y la camisa. En menos de un 10
segundo todos vimos en ella un puntito negro que corría con
ligereza, y que saltó y desapareció como por encanto: era la
astuta pulga del cuento, que, habiéndole salvado la vida a
nuestro amigo Julio, se salvó a sí misma, refugiándose [8]
en las sombras...   15

[TEMA DE *Gerardo Murillo*]

EJERCICIOS

I. *Contéstense en español:* 1. ¿ Por qué entró Julio un poco agitado ? 2. ¿ Creía Julio que sus amigos conocían bien las pulgas ?
3. ¿ Por qué es la pulga un animalito extraordinario ? 4. ¿ Dónde
estaba Julio esa tarde cuando se le subió una pulga ? 5. ¿ Pudo
Julio cogerla ? 6. ¿ Qué pasó cuando Julio se acostó ? 7. ¿ Quién
entró en el cuarto de Julio esa noche ? 8. ¿ Qué hizo y qué dijo
el ladrón ? 9. ¿ Qué hizo el ladrón cuando le picó la pulga ?
10. ¿ Tardó mucho Julio en lanzarse sobre él ? 11. ¿ Qué hizo
Julio para recobrar su pulga ? 12. ¿ Qué le pasó entonces al ladrón ?
13. ¿ Para qué se quitó Julio el saco y la camisa ? 14. ¿ Dónde
desapareció la pulga ? 15. ¿ Ha visto usted pulgas amaestradas ?
¿ Dónde ?

II. *Verdad o mentira que:* 1. Una pulga le salvó la vida a Julio.
2. Las pulgas pueden saltar muy alto y caer sin hacerse daño.
3. La pulga es amiga del hombre. 4. En el tren una pulga se le
subió a Julio. 5. El joven no pudo cogerla. 6. Esa noche dos
ladrones entraron en el cuarto de Julio. 7. Mientras la pulga le

8. taking refuge.

29

picaba al ladrón, Julio le quitó la pistola y lo echó al suelo. 8. La policía se llevó al ladrón. 9. Julio reconoció la pulga por su manera de picar. 10. La pulga se salvó refugiándose en las sombras.

III. *Estudio de palabras derivadas.* Obsérvese la relación que existe entre palabras de la misma familia, y tradúzcanse:

acercarse (cerca)
alejarse (lejos)
altura (alto)
anochecer (noche)
asegurar (seguro)
belleza (bello)
busca (buscar)
caza (cazar)
cercano (cerca)
cuento (contar)
empleo, empleado (emplear)
enamorarse, enamorado (amor)
encaminarse (camino)
enseñanza (enseñar)

entrada (entrar)
esperanza (esperar)
golpear (golpe)
hermosura (hermoso)
llegada (llegar)
mejorar, mejoramiento (mejor)
niñez (niño)
partida (partir)
pérdida (perder)
pobreza (pobre)
salida (salir)
sombra, sombrear (sombrero)
timidez (tímido)
tristeza (triste)

*   *   *

LOS CONQUISTADORES

Durante los cincuenta años que siguieron al descubrimiento de América, los puertos de España parecían palomares [1] abiertos de donde salían, con alas desplegadas,[2] las frágiles y audaces carabelas de los conquistadores.

5   El espíritu de aventura se había apoderado [3] del pueblo, y el deseo de fáciles riquezas empujaba a los valientes a la exploración y la conquista de las tierras descubiertas.

Las carabelas salían bajo la dirección de los compañeros de Colón, o de la de marinos improvisados, y cargadas de

1. dovecots.   2. spread.   3. had taken possession of.

30

aventureros llenos de ambición y de esperanzas. Hidalgos sin dinero y soldados endurecidos [4] en las guerras, sastres y letrados,[5] zapateros,[6] hortelanos [7] y bandidos,[8] es decir, gentes de varias clases y condiciones, se alistaban [9] en las flotillas que se armaban y pagaban con el dinero del pueblo, los comer-   5 ciantes y aun los sacerdotes.

Todos querían tomar parte en la asombrosa empresa. El Rey daba la licencia para las expediciones, y a cambio de [10] ella se reservaba el derecho tradicional al quinto de las ganancias obtenidas.   10

Según su categoría, los aventureros se alistaban sin paga alguna, con la esperanza de participar en las ganancias. Los que sabían leer y escribir firmaban contratos con los jefes de la expedición, y los que no, sacaban la espada y hacían ante Dios el juramento de que cumplirían sus promesas. Más   15 tarde se quebrantaban [11] esos contratos y esos juramentos. Lo que importaba era salir camino de las Indias, y jugar la vida en la conquista del poder y de la gloria.

La navegación era larga y penosa. Por dos o tres meses se sufrían grandes miserias y privaciones que pronto se olvi-   20 daban al llegar a las Indias, tierras maravillosas donde todo era posible y donde, por medio de la fuerza y la audacia, o de la astucia y la traición, algunos se hacían magníficos señores.

Allí Vasco Núñez de Balboa había descubierto el Mar del Sur, señalando así las rutas del Oriente fabuloso.   25

Allí Hernán Cortés había ganado el rico y poderoso imperio de los Aztecas, y su teniente [12] Pedro de Alvarado los estados y señoríos de los antiguos Mayas.

Allí Francisco Pizarro había conquistado las tierras del Inca, y Gonzalo Jiménez de Quesada las de los Chibchas.[13]   30

Allí otros habían ganado las pampas argentinas, los llanos de Venezuela.

---

4. hardened.   5. learned men.   6. shoemakers.   7. horticulturists.
8. bandits.   9. would enlist.   10. in exchange for.   11. would be broken.
12. lieutenant.   13. (Indian group in Colombia).

Allí algunos se casaban con princesas de tez [14] morena, de ojos oblicuos y de modales exquisitos, o eran adorados como dioses por los indios.

Allí había oro y plata, y perlas y piedras preciosas en cantidades fabulosas...

Allí se podría hallar *El Dorado* [15] o la *Fuente de Juvencio* [16] de que hablaban las leyendas.

— ¡ A las Indias ! — se decían...

Y casi sin recursos y animados por tan mágicas palabras, cientos y miles de españoles cruzaron el mar, y lucharon con tenacidad inaudita,[17] pereciendo [18] muchos de ellos en la empresa sin hallar lo que buscaban, y sin dejar huellas de sus vidas, ni siquiera sus nombres.

Pero todos ellos contribuyeron con sus esfuerzos a crear un orden nuevo, abriéndoles el camino a quienes más tarde habían de echar los cimientos [19] en que reposa la vida misma de las naciones hispano-americanas.

No es justo decir que los conquistadores vinieron sólo a destruir a los pueblos indígenas [20] de América, o a explotarlos,[21] con la idea de volver a España sin dejar en aquélla nada de valor permanente. Recordemos que todas las ciudades capitales de la América española, desde México hasta Santiago y Buenos Aires, fueron fundadas por los conquistadores en la primera mitad del siglo XVI, es decir, muchos años antes de la llegada de los Peregrinos [22] a las costas de la Nueva Inglaterra. Muy pocos fueron los conquistadores que regresaron a España. Los que no murieron trágicamente en la conquista, se quedaron en el Nuevo Mundo y levantaron en él sus hogares para ellos y para sus descendientes.

EJERCICIOS

I. *Contéstense en español:* 1. ¿ Hubo mucha actividad en los puertos españoles poco después del descubrimiento de América ?

14. complexion.   15. (fabled country of great wealth).   16. Fountain of Youth.   17. unheard-of.   18. perishing.   19. foundation.   20. native. 21. to exploit them.   22. Pilgrims.

2. ¿ Por qué querían todos venir a la América ? 3. ¿ De qué clase social eran los aventureros ? 4. ¿ Qué se reservaba el rey a cambio de la licencia para las expediciones ? 5. ¿ Recibían paga fija los aventureros ? 6. ¿ Cumplían ellos sus promesas, contratos y juramentos ? 7. ¿ Era fácil y ameno el viaje a la América ? 8. ¿ Qué hicieron en América Núñez de Balboa, Cortés y Pizarro ? 9. ¿ Qué riquezas hallaban en América los españoles ? 10. ¿ Qué contribuciones hicieron los conquistadores ?

II. *Verdad o mentira que:* 1. Poco después del descubrimiento muchos españoles salieron de su tierra con rumbo a la América. 2. Los aventureros no pensaban en fáciles riquezas. 3. Gentes de muchas clases se alistaban en las flotillas. 4. El rey tenía derecho al quinto de las ganancias obtenidas en las expediciones. 5. Los aventureros recibían paga fija. 6. Por lo general las carabelas no tardaban sino un mes en llegar a la América. 7. En América algunos aventureros se hicieron magníficos señores. 8. Muchos españoles perecieron en la conquista y la exploración de la América. 9. Los conquistadores vinieron sólo a destruir y a explotar las tierras del Nuevo Mundo. 10. Todas las ciudades capitales de la América hispana fueron fundadas antes de llegar los Peregrinos a la América del Norte.

III. *Estudio de palabras.* Muchas palabras que en español principian por *es* seguidas de consonante tienen el mismo sentido que las palabras que en inglés principian con *s* seguida de consonante. *Ejemplo:* espíritu = *spirit*. Tradúzcanse: escalar, escandinavo, escena, escultura, espectáculo, espía, espontáneo, escuela, estación, estado, estatua, estatura, estilo, estudiar, estupendo.

Cruel enemigo es el mosquito, cuando revolotea [1] en torno de nuestra almohada, haciendo imposible el sueño con su agudísimo zumbido.[2]

Creo que una nube de mosquitos es capaz de acabar con
5 la paciencia de un santo, a no ser que [3] sea tan diplomático como lo fué Santa Rosa de Lima, — mi muy ilustre paisana — como lo dice la tradición ...

Sabido es que en la casa donde nació y vivió la santa hubo un huerto espacioso, en el cual ella edificó su ermita,[4] donde
10 hacía la penitencia. Los pequeños pantanos [5] que en el huerto formaban las aguas de regadío [6] eran criaderos [7] de mosquitos; y como la santa no podía sufrirlos, ni podía pedirle a su Divino Esposo que alterase las leyes de la naturaleza, optó por [8] negociar con los mosquitos.

15 — Cuando me vine a habitar esta ermita, — dijo en alguna ocasión — los mosquitos y yo hicimos un pacto solemne: yo, de que no los molestaría, y ellos de que no me picarían ...

Y el pacto se cumplió por ambas partes. Cuando, al caer el sol,[9] los mosquitos entraban en la ermita, ella los saludaba:
20 — ¡ Ea,[10] amiguitos, venid a alabar a Dios !

Y empezaban ellos su concierto de trompetillas,[11] que sólo terminaba al amanecer, cuando Rosa les decía:
— Ya es bastante, amiguitos: ahora, a buscar alimentos
...

25 Y los mosquitos, sumisos y obedientes, se iban por el huerto.

Eso se llama buena educación, y buenos modales, y no la que mi mujer les da a nuestros nenes,[12] que se insubordinan y forman algazara [13] cuando los manda a la cama.

30 No obstante, parece que una vez se le olvidó a la santa

1. it flies.   2. buzzing.   3. unless.   4. hermitage.   5. stagnant pools.
6. irrigation water.   7. breeding places.   8. she chose.   9. sunset.   10. Come now.   11. small trumpets.   12. babies.   13. make lots of noise.

dominar a sus amigos; porque habiendo ido a visitarla una
beata [14] llamada Catalina, los mosquitos se lanzaron contra
ella, y la beata aplastó [15] a uno de ellos.

— ¿ Qué haces, hermana ? — le preguntó la santa. — ¿ Mis
compañeros me matas de esa manera ?   5

— Enemigos mortales, que no [16] compañeros, diría yo —
replicó Catalina. — ¡ Mire cómo me chupó [17] la sangre, y lo
gordo que se había puesto !

— Déjalos vivir, hermana: no me mates a ninguno de
estos pobrecitos, que te prometo que no volverán a picarte. 10

Y ello fué que, en lo sucesivo, no hubo mosquito que se
atreviera a picar a Catalina. En cambio, en una ocasión la
santa se valió de sus amiguitos para castigar a una mala
mujer que no quería entrar en la ermita, por miedo de que
la picasen.   15

— Pues tres te han de picar ahora mismo, — le dijo Rosa
— uno en nombre del Padre, otro en nombre del Hijo, y otro
en nombre del Espíritu Santo.

Y simultáneamente, tres mosquitos la picaron en el rostro.

Maravilloso era el dominio que la santa tenía sobre todos 20
los animales. Cuenta un cronista [18] que la madre de Rosa
tenía un gallito que, por lo extraño y hermoso de la pluma,
era la delicia de la familia. Un día el gallito se rompió una
pata,[19] y al verlo casi muerto, dijo así la dueña:

— Si no mejora, tendré que guisarlo [20] . . .   25
Entonces Rosa lo cogió, lo acarició,[21] y exclamó:

> *Gallito lindo,*
> *canta de prisa;*
> *pues si no cantas*
> *ella te guisa . . .*   30

Y el gallito sacudió las alas, encrespó [22] la pluma, y cantó
muy regocijado [23]:

14. very religious woman.   15. squashed.   16. and not.   17. it sucked.
18. chronicler.   19. leg.   20. to cook it.   21. she stroked its feathers
(caressed it).   22. it ruffled.   23. joyfully.

35

¡ *Quiquiriquí!* [24]
(¡ *Qué buen escape el que dí!* [25])
¡ *Quiquiricuando!* [24]
(¡ *Ya me voy, que me están peinando!* [26])

[DE « Los mosquitos de Santa Rosa » POR *Ricardo Palma*]

EJERCICIOS

I. *Contéstense en español:* 1. ¿ Por qué es el mosquito un cruel enemigo ? 2. ¿ De qué es capaz una nube de mosquitos ? 3. ¿ Por qué había tantos mosquitos en el huerto de Santa Rosa de Lima ? 4. ¿ Qué pacto hicieron ella y los mosquitos ? 5. ¿ Se cumplió ese pacto ? 6. ¿ Qué les decía Santa Rosa a los mosquitos al caer el sol ? 7. ¿ Cuándo salían los insectos de la ermita ? 8. ¿ Qué hizo una vez Catalina al visitar a la santa ? 9. ¿ Qué le prometió Santa Rosa a su amiga ? 10. ¿ Cómo castigó la santa a la mujer por no querer entrar en la ermita ? 11. ¿ Qué le pasó un día al gallito ? 12. ¿ Cómo le salvó la vida Santa Rosa ?

II. *Complétense con palabras o frases sacadas del texto:* 1. En la casa en que vivió la santa ———. 2. Los pequeños pantanos eran ———. 3. Santa Rosa optó por ———. 4. Al caer el sol la santa les decía a los mosquitos ———. 5. Al amanecer les decía ———. 6. Cuando Catalina fué a visitar a la santa los mosquitos ———. 7. En lo sucesivo no hubo mosquito que ———. 8. Maravilloso era el dominio ———. 9. El gallito era ———. 10. Al oír la canción de Santa Rosa el gallito ———.

III. *Estudio de palabras.* El prefijo *des* les da a las palabras un sentido contrario. *Ejemplo:* atar = *to tie:* desatar = *to untie.* Tradúzcanse y nómbrense las palabras básicas correspondientes: desaparecer, desconfianza, desconocer, desconocido, descuidar, desenojar, deshacer, desobedecer.

24. Cock-a-doodle-doo! 25. How well I got out of that! 26. I am being combed.

SALIRSE CON LA SUYA[1]

Sainete[2] en un acto y tres cuadros. Tema de Constantino Suárez, dramatizado para los alumnos de español.

PERSONAS

PIN...................	majo[3]
CARMELA..............	novia de Pin
ISABEL...............	madre de Pin
TOLÓN................	amigo de todos
LOLITA Y CHIFLAS.......	mozos del pueblo

Cuadro primero

La escena representa un patio. En el centro una fuente. Puertas laterales. Aparece Carmela, con su cántaro,[4] regando[5] las flores. Es una muchacha viva y alegre. Anda de prisa y canta: (VALENCIA: « Valencia es la tierra de las flores, de la luz y del amor. Valencia, tra –la –la –la, etc. ») *Entra Pin en puntillas.[6] Viste con bizarría.[7]*

PIN. (*Poniéndole a Carmela las manos en los ojos.*) ¡ Hola !... A que[8] no adivinas quien ...

1. To Have One's Own Way. 2. Farce. 3. a dandy. 4. pitcher. 5. watering. 6. on tiptoe. 7. flashily. 8. I'll bet that.

CAR. (*Dando un saltito y sonriendo.*) ¡Pin!... ¡Ay, y qué susto me has dado!

PIN. ¡Adivinaste! ¿Y por qué andas tan alegre?

CAR. ¡Tonto!... Porque sabía que estabas cerca. ¿Y tú

5 cómo estás?

PIN. Yo, con sed... ¿Quieres darme de beber?

CAR. Sí, hombre, sí... Primero a ti que al rey. (*Le ofrece el cántaro.*)

PIN. ¿Primero a mí que al rey?... ¡No tanto, no tanto!

10 CAR. (*Coqueteando.*)⁹ ¡Ay, Pinito!... Es que el rey está más lejos que tú...

PIN. (*Bebiendo con mucho gusto, y poniendo el cántaro junto a la fuente.*) ¡Aaah!... ¡Qué buena está! No parece agua de la fuente.

15 CAR. Pues sí lo es.

PIN. Entonces estará tan buena porque me la diste tú... (*Le coge una mano y la mira sonriendo.*)

CAR. ¡Ay, Pinito, no seas tan zalamero!¹⁰... Mira que te vas a poner malo... (*Le sonríe con tanta gracia, que*

20 *Pin se derrite.*¹¹)

PIN. ¡Carmela, Carmelina!...

CAR. ¡Pin, Pinito mío!...

PIN. ¿Me quieres mucho, Carmelina?

CAR. Hombre, ¿por qué me lo preguntas?

25 PIN. Porque me gusta oírtelo... ¡Ah, dime que me quieres!

CAR. Te quiero, sí... Pero si tu madre se opone a nuestros amores... ¡Ay, entonces vas a ver cuánto te quiero!

PIN. ¿Qué vas a hacer, cielito lindo?

30 CAR. Pues... ¡Me tiro al río, y se acabó!

PIN. ¡Eso no, Carmelina! (*Se miran fijamente, y Carmela comienza a sollozar.*¹² *En éstas*¹³ *entra Tolón.*)

TOL. (*En tono paternal.*) Buenos días, buenos días... Pero, ¿qué tenéis, hijitos? ¿Por qué esos sollozos, Carmela?

9. Flirting.   10. flattering.   11. melts.   12. to sob.   13. Just then.

38

CAR. Tú lo sabes, Tolón.

TOL. Sé que estáis enamorados. Pero ... ¿ por qué esos sollozos ? ... Vamos, hijita, hay que alegrarse, ¿ verdad ?

CAR. (*Sollozando todavía.*) Gracias, Tolón. Pero tú no lo sabes todo ... Pin y yo nos queremos, sí ... Pero doña 5 Isabel ... No sé ...

TOL. ¡ Qué doña Isabel ni qué diablos ! [14]

PIN. ¿ Qué dices, Tolón ?

TOL. ¿ Yo ? ... Yo no digo nada ... Pero yo le hablaré a Isabel ... Mira, Carmela: yo le diré a su madre que tú 10 no quieres a Pin ni tanto así (*señala con el dedo pulgar* [15] *la punta de la uña del índice* [16]) y ya veremos lo que sucede ... ¡ Adiós ! (*Sale Tolón. Pin y Carmela lo siguen hasta la puerta, y desde allí le hacen señas de despedida, por algunos instantes. Luego vuelven al centro de la escena.*) 15

CAR. ¡ Qué bueno es Tolón ! ... Él nos ayudará, y él siempre se sale con la suya. (*Los amantes vuelven a cogerse de las manos, y el telón cae lentamente.*)

Cuadro segundo

La escena representa una calleja, y en ella la casa de Isabel. A la izquierda una ventana. Entran Tolón, Lolita y Chiflas, con mucho misterio.

TOL. (*En voz muy baja.*) Aquí es la cosa.[17] Ésa es la ventana de Isabel. 20

LOL. (*Mirando por la ventana.*) ¡ Uy, qué casa ! ... Parece una cueva de ratones.[18]

TOL. Silencio, Lolita ... Mira que Isabel puede salir con un rifle.

CHIF. ¿ Con un rifle ? ... ¡ Uy, uy, uy ! ... Yo me largo [19] 25 de aquí.

TOL. (*Agarrando* [20] *a Chiflas.*) No, Chiflas, no te largues, que te necesitamos.

14. What do you mean by Doña Isabel? 15. thumb. 16. index finger. 17. This is it. 18. nest of mice. 19. I'm getting away. 20. Grasping.

LOL. (*Inquisitiva.*) Bueno, Tolón, ¿ y por qué se opone Isabel a los amores de Pin ?

TOL. Porque es muy orgullosa, y cree que en el pueblo no hay mozas dignas de él. Isabel cree que Pin merece una
5 princesa...

LOL. ¡ Bah, qué pretenciosa !...

CHIF. Isabel no sabe lo que es bueno... Aquí hay chicas que no tienen igual. Tú, por ejemplo, Lolita... Tú, amorcito... (*Le ciñe el talle.*) [21]

10 LOL. (*Rechazándolo.*) ¡ Atrás, don Chiflas !... Tú sí que estás tonto.

CHIF. ¡ No, no !... ¡ Ay, amorcito !... (*Vuelve a la carga,* [22] *y trata de darle un beso.*)

LOL. (*Gritando, perseguida por Chiflas.*) ¡ Ay, ay, ayayay !
15 ... ¡ Qué atrevido !... (*Se abre la ventana, y aparece en ella Isabel. Lolita y Chiflas salen corriendo y gritando.*)

ISA. ¡ Virgen Santísima ! ¿ Qué es esto ?... Hola, Tolón, ¿ qué viento te trae a mi ventana ?

TOL. La casualidad, Isabel... Me acerqué al oír los gritos
20 de esos enamorados, y como hace tanto tiempo que no nos vemos... (*Después de una gran pausa.*) ¿ Y Pin por dónde anda ?

ISA. No me lo preguntes, Tolón. Es cosa que me tiene preocupada. ¿ Estará enamorado también ?

25 TOL. ¿ Que si [23] estará enamorado ?... ¿ Pero cuándo quieres que le entre el cosquilleo del matrimonio ? [24] ... ¿ Después de viejo ?

ISA. Entonces... ¡ Ay, Santo Dios !... Dime la verdad. No, no me la digas, que vas a matarme. ¡ Ah, Pin, hijo
30 mío, ya no quieres a tu madre !... Tolón, dime la verdad.

TOL. ¡ Pero qué diablos !... ¿ No sabes nada de eso, Isabel ? ... Tu hijo está más que enamorado. Está loco, y quiere casarse.

21. He puts his arm around her. 22. He keeps at it. 23. You ask whether. 24. When do you expect him to feel like getting married ?

ISA. (*Llena de asombro.*) ¡Ah, Tolón, qué desgraciada soy!
¿Casarse Pin, y dejarme sola en el mundo?... ¡Imposible!... ¡No, y no, y no!

TOL. Pero, mujer, ¿cómo vas a oponerte a los designios[25]
de Dios?

ISA. (*Enfáticamente.*) ¡No, no, y mil veces NO!

TOL. Entonces no hay remedio. Pin va a morir de amor,
porque...

ISA. ¿Qué? Dímelo, Tolón, no te atragantes.[26]

TOL. Lo mejor es que yo no hable... No es bueno mezclarse
en estas cosas.

ISA. (*Con grande ansiedad.*) Pero... ¿y quién es ella?
Sácame esta espina,[27] Tolón.

TOL. (*Titubeando*[28] *mucho.*) Y lo malo es que la moza no
quiere a tu hijo, y el pobre, desesperado, piensa marcharse
muy lejos, para olvidarla...

ISA. (*Apretando los puños*[29] *con ira.*) ¿Dices que la moza
desprecia a mi hijo?... ¿Pero tú estás en tus cabales,[30]
Tolón?... ¿No es Pin el mejor mozo del pueblo?
¿Dices que la moza no quiere a Pin, el hijo de Isabel?...
¡Ah, infame!

TOL. No lo quiere, Isabel... No lo quiere ni esto (*señala
con el dedo pulgar la punta de la uña del índice*).

ISA. Eso no puede ser. Pin es mi hijo... ¿Y quién es ella?
¡Dímelo, por Dios! No, no me lo digas, que soy capaz
de ir a sacarle la lengua a esa mala mujer.

TOL. Es Carmela, la del molino.

ISA. Carmela... ¡Ah, como guapa,[31] Carmela no tiene
igual!... Y como buena... parece serlo, ¿eh, Tolón?
... Pero ni aun así. ¿A quién aspira esa chicuela? ¿A
uno de los Reyes Magos?[32]... ¡Válgame Dios!...
Eso tengo que arreglarlo yo, y ahora mismo. Al molino.

5

10

15

20

25

30

---

25. will. 26. don't choke. 27. Don't keep me on edge. 28. Hesitating.
29. Clenching her fists. 30. Are you in your right mind? 31. as far as good looks
are concerned. 32. Magi Kings.

me voy, y Carmela verá que yo siempre me salgo con la mía... ¡Adiós, Tolón! (*Doña Isabel desaparece, cerrando violentamente la ventana. Tolón sonríe y se echa cruces,*[33] *y el telón cae rápidamente.*)

Cuadro tercero

La escena es la misma que en el Cuadro primero. Carmela está regando las flores y cantando: (CIELITO LINDO: «¡Ay, ay, ayay!... Canta y no llores, porque cantando se alegran, cielito lindo, los corazones.») *Doña Isabel llega y la observa desde la puerta, llena de sonrisas.*

5 ISA. ¡Hola, Carmela!... ¿Se puede?[34]

CAR. ¡Ah, es usted, doña Isabel!... Buenas tardes. Pase usted. ¿En qué puedo servirla?

ISA. (*En tono muy serio.*) Vamos a ver, niña: me acaban de decir que mi hijo está enamorado de usted, y que usted
10 lo desprecia.

CAR. ¡Ay, doña Isabel, eso no!

ISA. Bueno... ¿Y quién es usted para despreciar a mi hijo?... Mi Pin es el mejor mozo del pueblo, Carmela.

CAR. Es verdad... Pero el corazón es el corazón, doña
15 Isabel.

ISA. Déjese de remilgos.[35] Para mí tengo[36] que el corazón de usted está lleno de espinas.

CAR. ¡Señora!

ISA. Las cosas claras,[37] Carmela. ¿Por qué consiente que
20 Pin se vuelva loco sólo por quererla a usted?... ¿Es usted alguna princesa, o qué?...

CAR. Lo siento, doña Isabel, pero la culpa no es mía... Yo no he hecho nada malo. Que lo digan estas lágrimas. (*Carmela comienza a llorar.*)
25 ISA. (*Confundida.*) ¡Ay, Carmela!... Tú eres buena, tú no has hecho nada malo... Pero digo yo: ¿por qué no

33. crosses himself. 34. May I come in? 35. Stop putting on airs.
36. I am of the opinion. 37. I like to speak my mind.

le das alguna esperanza a mi Pinito?... Mira, Carmela: el pobre tiene deshecho el corazón, y piensa marcharse muy lejos de aquí, porque tú no le haces caso...

CAR. ¿Pero tanto me quiere, doña Isabel?

ISA. Tanto y mucho más... ¡Ah, si tú pudieras darle alguna esperanza!... 5

CAR. Pues, dígale a Pin que no se marche, y que ya le quiero un poquitín...

ISA. ¡Ay, Carmelina! ¿de veras?... No sabes el pesar que me quitas de encima... (*Le coge una mano, y le habla* 10 *con el mayor cariño.*) ¿Y cuándo me llamarás mamá?... Muy pronto, ¿verdad, Carmelina linda?

CAR. (*Sollozando.*) Bueno, mamá... ¡Yo a Pin ya lo quiero otro poquitín! (*Doña Isabel abraza efusivamente a Carmela, sin notar que Pin y Tolón están mirándolas* 15 *desde la puerta.*)

TOL. (*En voz baja, y señalando a las dos mujeres.*) Mira, Pin, la cosa va bien. (*Pin se les acerca, seguido de Tolón.*)

PIN. (*Muy conmovido.*) ¡Ah, mamá, mamacita!... ¡Y tú, Carmela!... ¡Qué sorpresa tan agradable! 20

ISA. (*Cogiendo a Carmela de la mano, y presentándosela a Pin.*) ¡Albricias,[38] hijo mío! Esta chica tan guapa dice que te quiere mucho. ¿Verdad, Carmelina linda?

CAR. Así es, mamá...

PIN. (*Abrazando a su madre y a su novia.*) ¡Oh, qué bueno, 25 qué bueno!... ¡Y qué felices seremos todos, ¿verdad?

ISA. ¡Sí, sí, tan felices!... (*A Tolón.*) Yo te lo dije, Tolón: yo siempre me salgo con la mía. (*Doña Isabel se aleja, y les envía a los novios un beso soplado,[39] que ellos cogen en el aire.*)

PIN Y CAR. ¡Adiós, mamá, adiós! 30

TOL. Esto sí que es SALIRSE CON LA SUYA... ¡Ja, ja, ja!... (*Se aleja riendo.*) Pin y Carmela se dan un beso, y el telón cae lentamente.)

FIN

38. Good news.   39. throws...a kiss.

43

EJERCICIOS

I. *Contéstense en español:* A. 1. ¿Qué hizo Pin al entrar en el patio? 2. ¿Tenía sed Pin? 3. ¿Estaban enamorados Pin y Carmela? 4. ¿Quién se oponía a sus amores? 5. ¿Qué dijo Carmela que haría si no podía casarse con su Pin? 6. ¿Qué les preguntó Tolón a los amantes? 7. ¿Qué les prometió Tolón?

B. 1. ¿Por qué se oponía Isabel a los amores de Pin? 2. ¿Qué trató de hacer Chiflas? 3. ¿A qué se acercó Tolón a la casa de Isabel? 4. Según Tolón ¿estaba Pin muy enamorado? 5. ¿Por qué dijo Tolón que Pin pensaba irse muy lejos? 6. ¿Por qué fué Isabel al molino?

C. 1. ¿Qué le dijo Isabel a Carmela en tono muy serio? 2. Según Isabel ¿cómo tenía Carmela el corazón? 3. ¿Prometió Carmela querer a Pin? ¿Cuánto? 4. ¿Qué le dijo Isabel a Tolón al alejarse? 5. ¿Por qué se rió entonces Tolón?

II. *Escoja usted las palabras y frases que describan a Carmela, Pin, Isabel y Tolón:* vivo; orgulloso; enamorado; desesperado; paternal; siempre se sale con la suya; preocupado; pretencioso; alegre; guapo; muy diplomático.

III. *Traduzca usted estos modismos y empléelos en oraciones originales:* acabar con; a la izquierda; a no ser; aprovecharse de; a que; dejar de; déjese de tonterías; de pronto; de repente; de veras; en cambio; haber de; hacerse daño; hacerse rico; hace cinco años; jugar a; lo gordo que; ni siquiera; ocho días; ponerse el sombrero; ponerse malo; ¿qué tiene usted? quitarse; salirse con la suya; ¿se puede? tener hambre; tener sed; valerse de; volver a; volverse + adjetivo.

FACUNDO Y EL TIGRE [1]

La riña [2] había sido rápida y violenta. Frente a la pulpería [3] quedaron muertos tres gauchos y un caballo.

Tranquilo y sonriente, [4] Facundo limpió su temido facón, [5] lo guardó, le quitó la montura [6] al caballo, se la echó al hombro, y se puso en marcha resuelto a cruzar a pie el desierto.

Había andado unas tres leguas, cuando oyó a lo lejos un bramido [7] agrio, [8] estridente y prolongado: ¡ el bramido del tigre !... Sus nervios y sus carnes se estremecieron, [9] como si hubiese sentido el aletazo [10] de la Muerte.

Algunos minutos después el bramido se oyó más distinto y más cercano. Sin duda era un tigre cebado [11] que venía tras él, y en el desierto sólo se veía un árbol alto y delgado. Era preciso apresurarse, correr... Arrojando la montura a un lado del camino, Facundo corrió hacia el árbol y logró subir, ocultándose a medias entre su follaje.

El tigre se acercaba, oliendo el suelo y bramando con más frecuencia, a medida que sentía la proximidad de su presa. [12] Pasó del punto en que Facundo se había apartado del camino, y perdió el rastro. [13] Enfurecido, [14] dió varias vueltas hasta que

---

1. jaguar.   2. fight.   3. grocery store.   4. smiling.   5. cowboy's knife.
6. saddle.   7. roar.   8. harsh.   9. shuddered.   10. fluttering wings.   11. that had tasted human flesh.   12. prey.   13. scent.   14. Enraged.

vió la montura, que desgarró,[15] esparciendo sus pedazos por el aire. Más enfurecido aún, volvió a buscar el rastro, lo encontró, levantó la cabeza y fijó sus ojos enrojecidos [16] en Facundo ... Entonces dejó de bramar, se acercó al árbol
5 y apoyó en el tronco sus manos poderosas, haciéndolo temblar. Dió después un salto formidable, y al ver que no había logrado su presa, se echó en el suelo batiendo la cola,[17] los ojos fijos, la boca entreabierta [18] y reseca.[19]

El drama duró dos horas mortales. La precaria situación
10 de Facundo, y la horrible fascinación que sobre él ejercía la mirada sanguinaria [20] e inmóvil del felino, habían empezado a debilitar [21] sus fuerzas, y ya se acercaba el momento en que su cuerpo extenuado [22] iba a caer al suelo, cuando oyó a lo lejos el galope de unos caballos ...

15 Eran dos muchachos de Facundo quienes, sospechando lo que pasaba, cabalgaban [23] de prisa, aunque sin esperanza de salvarlo. Los pedazos de la montura les revelaron el lugar donde se hallaba. Cabalgaron hacia él, y con asombrosa habilidad le echaron sus lazos al tigre, que parecía estar ciego
20 de ira.

Facundo se soltó del árbol, sacó el facón y traspasó [24] el felino varias veces, en silencio, con saña [25] loca y terrible.

— ¿ Qué tal, don Facundo ? — le preguntó uno de los muchachos.

25 — Bien, gracias, pero les confieso que ésta es la única vez en mi vida que he sabido lo que es tener miedo.

[TEMA DE *Domingo F. Sarmiento*]

EJERCICIOS

I. *Contéstense en español:* 1. ¿ Cuál fué el resultado de la riña ? 2. ¿ Cómo pensaba Facundo cruzar el desierto ? 3. ¿ Cuántas

15. he clawed to pieces. 16. red. 17. tail. 18. half open. 19. very dry. 20. bloodthirsty. 21. to weaken. 22. weakened. 23. were riding. 24. ran (the feline) through. 25. fury.

leguas había andado Facundo cuando oyó el bramido del tigre?
4. ¿Qué hizo Facundo para llegar al árbol antes que el tigre?
5. ¿Qué hacía el tigre al acercarse? 6. ¿Logró su presa el animal?
7. Después de unas dos horas ¿qué se oyó a lo lejos? 8. ¿Quiénes
se acercaron? 9. ¿Cómo mató Facundo al felino? 10. ¿Qué les
confesó Facundo a los muchachos?

II. *Verdad o mentira que:* 1. En la riña murieron varios gauchos.
2. Después de la riña Facundo montó a caballo para cruzar el
desierto. 3. Facundo había andado una legua cuando oyó el
bramido del tigre. 4. Al oírlo sintió miedo. 5. Facundo se subió
a un árbol con el fin de protegerse. 6. El tigre halló fácilmente el
rastro del hombre. 7. Facundo no se vió en gran peligro. 8. Dos
de los muchachos de Facundo se acercaron. 9. Facundo mató al
tigre con su pistola.

III. *Estudio de palabras.* El sufijo *–oso* expresa la idea de
« lleno de », « cubierto de », o « hecho de ». Este sufijo es igual a
veces a *–ous, –ful, –ly, –ate,* and *–ing* en inglés. *Ejemplo:* furioso
(furia = *fury*), *furious;* poderoso (poder = *power*), *powerful;* sedoso
(seda = *silk*), *silky.* Traduzca usted: arenoso, asombroso, bondadoso, cariñoso, envidioso, espantoso, famoso, lluvioso, misterioso,
orgulloso, peligroso, penoso, silencioso, sospechoso, venenoso.

*   *   *

UN HOMBRE TÍMIDO

De la choza [1] del guardavías [2] salió una voz
muy triste:
—¡Florín!... Este dolor me está matando... ¡Flo-
riiín!...
—¡Ya voy, ya!
El silbido de la locomotora ahogó las voces. Florín agitó

1. hut.   2. track walker.

una bandera verde, y cuando pasó el tren, corrió a la cama de su mujer y se sentó a sus pies.

— Oye, María, — le dijo — en estas tierras no hay ni medicinas, y he pensado llevarte mañana al hospital.

5 — ¿ Al hospital, Florín ?

— ¿ Qué, no quieres ?

— Sí, pero tú tendrías que quedarte solo ...

— ¡ Bah, eso no importa ! Tú estás muy enferma, y sólo allá sanarás. El tren no para aquí, pero yo tengo mi plan.

10 Detendré el tren con la bandera de peligro, y le explicaré todo al conductor. Él no será inhumano. ¿ Cómo podría abandonar aquí a una mujer enferma ? ... ¿ No te parece ?

— ¡ Es lo único que podemos hacer !

Con paso vacilante [3] Florín caminaba a lo largo de la vía.[4]
15 La brisa de la mañana estimulaba sus pensamientos, y la resolución de la noche anterior se hacía más y más firme. ¡ Sí, lo haría, lo haría ! ... ¿ Para qué pensarlo más ?

En una vuelta, un montón de piedras le cortó el paso.[5] ¡ Ah ! ... Ahora el tren tendría que parar, y ¡ claro ! ...
20 Lleno de alegría, el hombrecillo corrió a la choza y exclamó:

— ¡ María, María, hubo un accidente !

— ¿ Un accidente ? ... ¿ Dónde, Florín ?

— En la vía hubo un derrumbe.[6] Los santos nos ayudan. El tren tendrá que parar. Voy a arreglarte ahora mismo.

25 Mientras Florín vestía a su mujer, meditaba bien su discurso: « Señor, — le diría al conductor — mi mujer está muy enferma. Un tumor, digo yo. Le duele mucho, y habrá que operarla en el hospital. Quisiera aprovechar la) ... » ¿ Cómo diría esto ? No conocía al conductor. Quizás era un hombre
30 sin sentimientos ... ¡ Hum, el asunto era complicado, pero había que atreverse !

Terminó de vestir a su mujer, y la llevó hasta el banquillo del corredor. Bajó a la vía, y siguió por ella hasta más allá

3. hesitant.   4. track.   5. blocked his way.   6. landslide.

del derrumbe. Allí agitó la bandera de peligro, y el tren, que venía rugiendo,[7] se detuvo.

— ¿ Qué sucede ? — le preguntó el conductor desde la plataforma.

— Un derrumbe, señor, aquí a la vuelta. *around the turn*   5

— ¿ Es mucho ?

— No, señor. Con un par de hombres se pueden echar las piedras a un lado.

El conductor, Florín y dos empleados del tren, seguidos de algunos pasajeros, se fueron hacia el derrumbe.   10

7. roaring.

49

— Es poca cosa — comentó el conductor después de un momento de observación. — Dentro de quince minutos todo estará listo. Es extraño... ¿ Cómo habrá sucedido esto? ... ¡ Psh ! tendré que informar a las autoridades.

5 Con algunos esfuerzos los empleados quitaron las piedras, mientras Florín repasaba [8] mentalmente su discurso: « Señor, mi mujer está enferma, y quisiera aprovechar ...» Pero al llegar aquí sentía el eco de las palabras del conductor: « Es extraño... Tendré que informar », y al pobre hombre le 10 parecía que ellas tenían un sentido sospechoso, y empezó a inquietarse. Consideró el caso, punto por punto: Él, al principio, quería detener el tren. Es cierto que no debía hacerlo; pero su mujer... ¡ se moría !... Después, al ver el derrumbe, se creyó libre de esa responsabilidad, y quiso 15 aprovecharse de la ocasión. Pero ahora... ¿ Qué pensaría el conductor? El accidente parecía muy sospechoso.

Florín se limpió el sudor y trató de coordinar sus pensamientos. ¿ Cómo empezaría su discurso? Miró a los pasajeros, miró a los empleados, y miró al conductor, y le pareció 20 oírle aún: « Es extraño... Tendré que informar...» Ahora sentía una amenaza en esas palabras. Sí, el maldito derrumbe era sospechoso. Y su pobre mujer, María, tan trabajadora y tan enferma, estaba allá... ¡ esperando !

Echó una mirada hacia la choza, y ya iba a hablar, cuando 25 el conductor, preparándose para la partida, le preguntó:

— ¿ Cómo se llama el guardavías de aquí?

— Florín Becerra; soy yo, señor.

— Está bien.

El hombre, seguido de los empleados y los pasajeros, se 30 dirigió al tren. Florín hizo un esfuerzo supremo, y dijo con voz débil:

— Señor ...

Fué en vano. No pudo decir más. Con la mirada vaga y la lengua petrificada, vió las siluetas de esos hombres que

8. was reviewing.

50

subían al tren. Sintió luego el silbido de la locomotora, y cuando el tren se perdió de vista, oyó a su María que gritaba:

— ¡ Ay, Florín !... Este dolor me está matando ... ¡ Floriíín !...

.[DE « El derrumbe », POR *Guillermo K. Cisternas*]

EJERCICIOS

I. *Contéstense en español:* 1. ¿ En qué estaba empleado Florín ? 2. ¿ Qué tenía que hacer al acercarse un tren ? 3. ¿ Qué tenía su mujer ? 4. ¿ Por qué era preciso llevarla al hospital ? 5. ¿ Qué planes tenía Florín ? 6. ¿ Qué descubrió al día siguiente mientras caminaba a lo largo de la vía ? 7. ¿ Por qué se alegró ? 8. ¿ Qué hizo Florín para detener el tren ? 9. ¿ Por qué empezó a inquietarse Florín ? 10. ¿ Se atrevió a pedirle al conductor que llevase a su mujer ? 11. ¿ Qué piensa usted de Florín ?

II. *Verdad o mentira que:* 1. Florín habitaba una casa muy grande. 2. La esposa de Florín estaba muy enferma. 3. El pobre hombre pensaba detener el tren con la bandera verde. 4. Aquella noche hubo un derrumbe en la vía. 5. Florín le dijo al conductor que se necesitarían muchos hombres para echar a un lado las piedras. 6. Florín no pudo decirle al conductor que su mujer estaba enferma. 7. El tren partió sin que Florín pusiese en él a su mujer. 8. El guardavías no oyó nada al volver a casa.

III. *Estudio de palabras.* Los verbos compuestos de *poner* se traducen al inglés con verbos que en este idioma terminan en *–pose*. *Ejemplo:* proponer = *to propose*. Tradúzcanse: componer, deponer, disponer, exponer, imponer, oponer, suponer, transponer.

51

LOS COLONOS[1]

Quien visita los países hispanoamericanos nota que, a pesar de ciertas diferencias, hay en ellos muchas semejanzas que señalan el origen común de su vida, sus costumbres y su cultura.

5 En todos ellos se oye el idioma castellano en sus variadas formas, desde las más puras y perfectas hasta las que implican[2] corrupciones de índole[3] diversa.

En sus ciudades y en sus pueblos, casi todos de estilo español, se ven templos, conventos, plazas amplias[4] y solea-
10 das,[5] calles estrechas y torcidas, y casas de teja,[6] con sus balcones llenos de flores y sus patios alegres y hospitalarios.

En todas partes, desde Méjico hasta Chile y la Argentina, muchas gentes nos recuerdan a sus remotos antepasados peninsulares: en las tierras altas y frías vemos señores graves
15 que visten de negro, como los antiguos hidalgos castellanos

1. colonists.　2. imply.　3. nature.　4. large.　5. sunny.　6. tile.

52

que pintaba El Greco [7]; y en las tierras bajas y calientes, alegres caballeros que visten de blanco y hablan animadamente, como los hacendados [8] de Andalucía. [9]

Desde el Río Grande hasta las mesetas andinas [10] y las pampas argentinas, se encuentra uno con letrados cultos y sentenciosos que se parecen a los doctores de la antigua Salamanca [11]; o con gallardos [12] guerreros que en los tiempos modernos reviven [13] las hazañas que nos cuenta el Romancero [14]; o con jóvenes románticos que se acercan a las rejas [15] de sus novias y acompañan con la guitarra sus canciones; o con damas graciosas y discretas que, aun vestidas a la última moda de París, guardan en el alma la idealidad que caracteriza a las famosas heroínas del teatro castellano de Lope de Vega, de Tirso de Molina y de Calderón. [16]

Casi podría decirse que, en algunos rincones de América, España es más española que en las ciudades de la Península . . .

Tan interesante fenómeno sólo puede explicarse por la obra que los colonos españoles iniciaron en la América en el siglo XVI, al terminar la acción rápida y violenta de la conquista. Es una obra compleja y constructiva, que en parte se parece a la de los *pioneers* ingleses de la América del Norte, y a la de los *bandeirantes* [17] portugueses del Brasil.

De 1520 en adelante, los colonos españoles, primero en las islas del Mar Caribe y luego en todo el continente, echaron las bases en que reposa la estructura social y económica de Hispano-América.

Los colonos trajeron de España sus costumbres, y también todos los elementos de que disponían para darle variedad y vigor a la economía de los países donde establecieron sus hogares. Sabido es que los primitivos habitantes de la América cultivaban el maíz, las papas, [18] el cacao, [19] el algodón, el tabaco y otras plantas; pero fueron los colonos españoles y

7. (Spanish painter — 1548–1615). 8. landholders. 9. (province in southern Spain). 10. Andean tablelands. 11. (Spanish university). 12. elegant. 13. relive. 14. (a collection of ballads). 15. barred windows. 16. (dramatists of Spain's Golden Age — 1550–1681). 17. pioneers (Portuguese). 18. potatoes. 19. cocoa.

sus descendientes quienes trajeron el trigo, la cebada,[20] el arroz, la caña de azúcar, el banano, el café, la linaza [21] y tantas otras plantas que constituyen ahora las principales fuentes de riqueza y de vida para millones y millones de hispano-
5 americanos. Sabido es que los primitivos habitantes domesticaron la llama y la alpaca en los Andes, y el *guajolote* [22] en Méjico; pero fueron los colonos españoles quienes trajeron caballos, vacas, cerdos, ovejas, cabras, gallinas, patos,[23] gansos [24] y otros animales útiles al hombre. Sabido es que
10 los primitivos habitantes conocieron el telar de mano [25] y fabricaban variados objetos de cerámica; pero fueron los colonos españoles quienes trajeron no sólo el arado,[26] el azadón [27] y la pala [28] para el cultivo de la tierra, sino el telar de pedal, la rueda, la rueca [29] y otros utensilios, y también la
15 industria del vidrio,[30] la del cuero y la del hierro, y los tejidos [31] de lino,[32] de seda, de lana de oveja, y tantas otras cosas más.

De España trajeron los colonos nuevas músicas y bailes con que alegrar los corazones jóvenes, y también rosas y jazmines, y adelfas [33] y geranios, y frutas como la naranja,
20 el higo [34] y el limón, y hortalizas [35] como la col [36] y la cebolla,[37] las alverjas [38] y el apio.[39]

De España trajeron los colonos todo lo que en ella tenían, y de otras regiones de Europa, del África y del Asia trajeron lo que más necesitaban para mejorar su vida y aumentar su
25 riqueza.

EJERCICIOS

I. *Contéstense en español:* 1. ¿Hay grandes diferencias entre los países hispanoamericanos? 2. ¿Qué idioma se habla en esos países? 3. ¿De qué estilo son casi todas sus ciudades y sus pueblos? 4. ¿Qué provincia española nos recuerdan los habitantes de las tierras altas? 5. ¿Dónde es más alegre la vida, en las tierras

20. barley. 21. flaxseed. 22. turkey. 23. ducks. 24. geese. 25. hand loom. 26. plow. 27. hoe. 28. shovel. 29. distaff (for spinning). 30. glass. 31. fabrics. 32. linen. 33. oleanders. 34. fig. 35. vegetables. 36. cabbage. 37. onion. 38. vetch. 39. celery.

bajas o en las altas ? 6. ¿ A qué se parece la obra de los colonos españoles ? 7. ¿ Qué plantas cultivaban los primitivos habitantes de la América ? 8. ¿ Qué plantas trajeron los españoles al nuevo mundo ? 9. ¿ Qué animales trajeron los colonos ? 10. ¿ Les deben mucho las Américas a los colonos españoles ?

II. *Complétense con palabras y frases sacadas del texto:* 1. Hay en los países hispanoamericanos muchas semejanzas que ——. 2. En sus pueblos y ciudades se ven ——. 3. En las tierras bajas y calientes hay alegres caballeros que ——. 4. Casi podría decirse que en algunos rincones de América ——. 5. De 1520 en adelante, los colonos españoles ——. 6. Los colonos trajeron de España ——.

III. *Estudio de palabras.* Los verbos que terminan en *–tener* equivalen a verbos que en inglés terminan en *–tain. Ejemplo:* contener = *to contain.* Tradúzcanse: detener, entretener, mantener, obtener, retener, sostener.

* * *

EL REBAÑO[1] DEL INCA

I

Era el glorioso reinado de Túpac Inca Yupanqui. Huanco Rama, hermano del Inca, era uno de sus favoritos. Usaba flechas[2] y armas iguales á las suyas, y por las tardes conversaba con él. Huanco Rama había conquistado muchas tierras y pueblos para el Inca, y había cogido animales y flores rarísimos para sus jardines, y piedras preciosas para sus mujeres.

Una tarde, desde la terraza del palacio imperial, los dos nobles hermanos miraban al Sol, que descendía sobre las

1. flock.   2. arrows.

montañas, sin ocultarse tras de las nubes, lo cual era un buen presagio [3] para el Inca... Ya iba a ocultarse el Sol, cuando una nubecilla se le acercó demasiado. ¡ El Inca palideció ! [4] ... Pero la nubecilla se alejó, y el Sol se hundió entre rojos
5 resplandores.[5]

—La felicidad te espera siempre — exclamó Huanco Rama.

—Así es — comentó el Inca. — Ahora puedo concederte lo que quieras.

10 —¿ Me concederás, hermano y señor, lo que te pida ?

—¡ Te lo concederé ! ¡ Habla !

—¡ Quiero ver a las Vírgenes del Sol !

El Inca se estremeció, y después de un largo silencio, dijo con una voz amante y temblorosa:

15 —Huanco Rama, hermano mío y mi vasallo, tú no me has pedido ni honores ni riquezas, ni armas ni esclavos. ¿ Por qué me pides lo que nadie se ha atrevido a pedirme jamás ? ... ¿ Por qué quieren ver tus ojos lo que ningún hombre puede ver ? ... Pídeme mis riquezas, mis armas, mis rebaños de
20 alpacas, mis trajes, mis glorias, pero no me pidas lo imposible.

—Hijo del Sol, tú me prometiste lo que quisiera... Puedes negarlo, y puedes hacerme degollar [6] en tu presencia y en presencia de los hombres, a quienes podrás engañar... Pero a los dioses no los engañarás nunca. Cumple tu palabra,
25 ¡ oh Noble Hijo del Sol !

El Inca se sintió vencido. Ensombrecióse [7] su rostro, y exclamó con los ojos fijos en el suelo:

—¡ Sea !

Pasó la noche, y antes de salir el Sol, fueron el Inca y su
30 hermano al secreto recinto [8] de las Escogidas. Huanco Rama podría verlas, pero no debía hablar con ninguna de ellas. Entraron. Sentadas en ricas mantas de alpaca, las Escogidas esperaban la luz del Sol, y su gloria y su alegría. Huanco

3. omen. 4. turned pale. 5. radiance. 6. have me beheaded. 7. darkened. 8. inclosure.

Rama las contempló en silencio, y sus labios comenzaron a temblar cuando sus ojos se cruzaron con los de Curi Ockllo, la más bella de las Vírgenes del Sol.

— ¡ Oh, Huanco Rama desgraciado ! — dijo entonces el Inca. — De hoy en adelante ya no serás el caudillo [9] de mis 5 ejércitos, sino el pastor de mis rebaños.

II

Una mañana iba el pastor del Inca por el camino imperial, y se encontró con una vieja.

— ¿ De dónde vienes ? — le preguntó.

— De la Ciudad Sagrada. 10

— ¿ Conoces tú al noble Huanco Rama, hermano del Inca ?

— No ... Pero me han dicho que hace mucho tiempo que cuida en las montañas sus rebaños.

9. leader.

57

— ¿ Y qué hay en el Reino ?

— Hay fiestas. El Inca ha tomado por esposa a una de las Vírgenes del Sol.

Huanco Rama continuó su camino, y se encontró con un
5 correo.[10]

— ¿ De dónde vienes ?

— De la Ciudad del Oro.

— ¿ Qué hay en la Ciudad ?

— Hay fiestas. El Inca ha tomado por esposa a una de
10 las Vírgenes del Sol.

Huanco Rama siguió adelante, y se encontró con un curaca.[11]

— ¿ De dónde vienes ?

— De la Ciudad Imperial.

15 — ¿ Qué hay en Cuzco, la Imperial ?

— Hay fiestas. El Inca ha tomado por esposa a Curi Ockllo, la más bella de las Vírgenes del Sol.

Huanco Rama se volvió a las montañas, y guió su rebaño hacia los picos muy altos, donde brillan las nieves perpetuas.
20 Subió y subió. Las alpacas lo seguían silenciosas. Por fin llegó Huanco Rama al pico más alto, que el Sol hería de lleno [12] y con amor.

Huanco Rama escogió la mejor alpaca, para degollarla y vengarse del Inca, su hermano y rival. Quería manchar con
25 su sangre las nieves perpetuas ... Pero, cuando se preparaba para cometer el crimen, el Sol se ocultó rápidamente, y una tempestad de nieve cayó sobre el pastor y su rebaño. Cuando volvió a salir el Sol, estaban convertidos en nieve Huanco Rama y las alpacas del Inca, su rival.

30 Todas las mañanas, al salir el Sol, sus rayos derriten un poco la estatua de nieve ... El agua corre desde la cabeza del enamorado Huanco Rama, y luego va al arroyo,[13] y después al río, y luego al mar, y se difunde por el mundo ...

Cuando subas al Pico de Rama, y veas de cerca sus nieves

10. courier.   11. governor.   12. with all its power.   13. brook.

EL REBAÑO DEL INCA

blanquísimas, hallarás en ellas el Rebaño del Inca, y en el
centro su pobre pastor, que llora eternamente . . .

[DE « Los Hijos del Sol », POR *Abraham Valdelomar*]

EJERCICIOS

I. *Contéstense en español:* 1. ¿Qué parentesco había entre
Tupac Inca Yupanqui y Huanco Rama? 2. ¿Qué había hecho
Huanco Rama para el Inca? 3. ¿Por qué palideció el Inca una
tarde? 4. ¿Qué le pidió Huanco Rama a su hermano? 5. ¿Se lo
concedió el Inca con mucho gusto? 6. ¿A dónde fueron los dos
hermanos esa noche? 7. ¿Habló Huanco Rama con las Escogidas?
8. ¿Por qué dijo el Inca que Huanco Rama era desgraciado?
9. ¿Con quiénes se encontró el pastor en el camino imperial?
10. ¿Qué les preguntó a ellos? 11. ¿Qué hizo el pastor al saber
que su hermano se había casado con la más bella de las Vírgenes del
Sol? 12. ¿Qué quería hacer el pastor? 13. ¿Qué ocurrió antes
de poder cometer el crimen? 14. ¿Qué fué del pastor y las alpacas?

II. *Verdad o mentira que:* 1. El Inca y Huanco Rama eran
primos. 2. Era un buen presagio para el Inca que el sol poniente
no se ocultase tras las nubes. 3. El Inca prometió concederle a su
hermano lo que quisiera. 4. Huanco Rama le pidió riquezas y
honores. 5. Todo el mundo podía ver a las Vírgenes del Sol. 6. Las
Escogidas vivían en un recinto secreto del palacio. 7. Curi Ockllo
era la más bella de las Vírgenes del Sol. 8. Huanco Rama siguió
en su puesto de caudillo de los ejércitos. 9. El pastor se encontró
con tres personas en el camino. 10. Huanco Rama guió su rebaño
a las llanuras. 11. Por haber matado a la mejor alpaca Huanco
Rama fué convertido en nieve.

III. *Estudio de palabras.* El sufijo –azo expresa la idea de
« golpe ». Tradúzcanse: derechazo, izquierdazo, machetazo, manotazo, talonazo, zarpazo.

OJOS FELINOS

—Dicen que se ha comido a varios, y que no cae aunque le pongan buenas trampas.[1] Yo creo que ventea [2] . . .

—¡ Bah ! . . . Éste no cae mientras Don Guanabe ande
5 por acá.

—¿ Por qué, Tejón ?

—Porque le tiene miedo, ¿ sabes ? . . . Fíjate que nunca le da la cara.[3] Don Guanabe ha salido a buscarlo, y el manchado no aparece entonces. Y eso que le ha salido con el
10 puñal [4] no más, y ni fuma para no espantarlo.

—¡ Es que Don Guanabe es mucho hombre !

—Es la verdad. ¡ Don Guanabe es mucho hombre !

1. traps.   2. it gets the scent.   3. it never looks straight at him.   4. dagger.

La conversación de los peones se torna [5] ahora confidencial.

— Lo que es al zambo [6] Gabriel . . .

— ¡ Pobre zambo ! Fíjate cuán flaco se ha puesto. El zambo debe largarse de la hacienda. Yo creo que en el Guayas,[7] labrando maderas, le iría muy bien, porque él es tan bueno para eso. 5

— Lo mismo creo yo.

— Mira, Gabriel, lo mejor es que te largues. El tigre te está siguiendo el rastro.

— ¡ Así es, Don Guanabe ! 10

— Está cebado, y . . . ¡ quién sabe ! . . . Anoche, cuando yo me levanté, el maldito estaba junto al pozo. Los ojos le brillaban como dos candelas, pero al verme se fué.

El zambo Gabriel se queda meditando. Sí . . . ¡ El tigre lo está siguiendo ! Por dondequiera [8] que va, siente esos sus 15 ojos felinos clavados en la espalda. ¡ Ya no puede aguantar [9] más ! Sin duda las últimas noches ha venido por él. Ha sentido cómo araña [10] las paredes de su cuarto, y ha visto de cerca sus ojos horribles . . .

— ¡ Así es, Don Guanabe, yo debo largarme ! 20

— Oye, Tejón, yo me largo esta noche . . .

El zambo tiene miedo. Las carnes le brincan,[11] y las palabras le salen llenas de angustia de los labios.

— El tigre me ha maleado.[12] No puedo comer, no puedo dormir. Hasta yo mismo me tengo lástima. 25

— Es que te has dejado pisar el rastro . *stepon*

— ¡ Sólo Dios lo sabe ! . . . Pero yo me largo, Tejón, y quiero que me acompañes hasta el río.

— Como quieras, Gabriel.

Los dos hombres se dirigen al río, que se resbala [13] lenta- 30 mente entre la selva.[14]

5. becomes.   6. As for the mulatto.   7. (a river).   8. wherever.   9. endure.   10. it scratches.   11. His flesh creeps.   12. has cast a spell on me.   13. glides.   14. tropical forest.

61

—La noche está oscura, ¿ ah ?

—Así es mejor . . .

Desamarran [15] una canoa. El zambo se embarca. Coge el canalete [16] con manos temblorosas, y empieza a bogar.[17]

5 —No me pierdas de vista, Tejón. Quédate un ratico, hasta que yo esté lejos. Puede ser que me pase cualquier cosa . . .

—Como tú quieras, Gabriel.

La canoa se aleja, veloz [18] y silenciosa, entre las sombras. 10 Tejón espera unos instantes.

—¡ Pobre zambo !. . . ¡ Lo mejor es que se encomiende [19] a Dios !

La montaña y la hacienda están quietas. Gabriel tiembla en su cama. Se había ido río abajo en la canoa, pero una 15 fuerza irresistible lo volvió a traer, y ahí está, solo, con su miedo y su dolor. No puede dormir. La cabeza le da vueltas. Los ojos del tigre lo dominan. Los ve por todas partes. ¿ Es una idea, una obsesión ?

De pronto oye un ruido extraño, y un terror espantoso le 20 sacude el cuerpo. Quiere gritar, quiere huír, pero no tiene lengua, ni brazos, ni piernas. Todo el cuerpo le pesa como si fuese de plomo.[20] Se angustia, se desespera, pero no puede moverse . . . Cierra los ojos, y los vuelve a abrir. Un vaho [21] caliente lo envuelve. Dos ojos felinos se clavan en los suyos, 25 y en el rostro siente un zarpazo [22] tremendo. Entonces ¡ sólo entonces ! el zambo pudo gritar.

Todos despertaron en la hacienda. Su grito les penetró en el alma. Vienen a ayudarle, sin hacer comentarios, pero la imágen del tigre les danza a todos en la mente. Cuando 30 llegan al cuarto, se les erizan [23] los cabellos. La bestia está allí, y gruñe enfurecida sacando la lengua.

Un hombre se adelanta. ¡ Es Don Guanabe, el mayordomo !

15. They untie.   16. paddle.   17. to paddle.   18. rapidly.   19. that he commend himself.   20. lead.   21. breath.   22. blow from a paw.   23. stands on end.

El tigre salta y Don Guanabe se lanza contra él. Hay un remolino²⁴ de músculos tensos y de garras²⁵ abiertas. La hoja del puñal relampaguea,²⁶ y brillan más que nunca los ojos del felino. La lucha es a muerte, y el tigre y el hombre lo saben. ⁵

Los peones presencian la grandiosa escena sin decir nada. Una rabia infinita los agita, pero ninguno interviene. No pueden. Don Guanabe ha escogido su víctima, ¿ y quién se la disputa ?... Por eso apenas respiran, y devoran las sombras, hechizados.²⁷ ¹⁰

De pronto se oye un bramido feroz, seguido de una risa diabólica, y dos masas caen al suelo... ¡ Parece que las montañas se estremecen !

A la luz de una vela que trajo una mujer, todos ven al mayordomo. Está tendido en el suelo. Tiene el rostro y el ¹⁵ pecho manchados de sangre. Cuando invaden el cuarto, él les dice sonriendo:

— No puedo ni moverme, pero tenía que matar a ese maldito. — Y señala a un tigre enorme que yace²⁸ a su lado, con el puñal clavado en el corazón. En su cama el pobre ²⁰ zambo es sólo un montón de carnes desgarradas.²⁹

— ¡ Don Guanabe es mucho hombre ! — exclaman a un mismo tiempo los peones, y vuelven en seguida a sus cuartos. Poco después todos duermen, y la noche india extiende sobre su sueño sus sombras misteriosas. ²⁵

[TEMA DE *Demetrio Aguilera Malta*]

EJERCICIOS

I. *Contéstense en español:* 1. ¿ De qué animal nos habla este cuento ? 2. ¿ Qué había hecho este animal ? 3. ¿ Qué le pasaba al zambo Gabriel ? 4. ¿ Qué consejo le dió Don Guanabe ? 5. ¿ Qué hicieron Tejón y el zambo Gabriel cuando llegaron al río ? 6. ¿ Por qué volvió el zambo a la hacienda ? 7. ¿ Qué le pasó esa noche

24. whirling. 25. claws. 26. flashes. 27. in a trance. 28. lies. 29. torn.

en su cuarto? 8. ¿Por qué despertaron todos en la hacienda? 9. ¿Quién se lanzó contra el tigre? 10. ¿Qué vieron los peones a la luz de la lámpara? 11. ¿Qué fué del zambo? 12. ¿Era mucho hombre Don Guanabe?

II. *Verdad o mentira que:* 1. El tigre del cuento no era feroz. 2. Don Guanabe había salido a buscarlo. 3. El zambo se había puesto muy flaco. 4. No convenía que el zambo se largara de la hacienda. 5. Gabriel dijo que se largaría al día siguiente. 6. El zambo no volvió a la hacienda. 7. Cuando Don Guanabe oyó el grito del pobre zambo, entró en el cuarto y se lanzó contra el tigre. 8. El tigre mató al mayordomo. 9. El zambo no murió.

III. *Traduzca usted estos modismos y empléelos en oraciones originales:* a lo largo de; a lo lejos; a medias; a pesar de; a un mismo tiempo; cruzarse con; dar vueltas; de prisa; de pronto; dejar de; haber de; hace mucho tiempo; hacerse; no ... sino; ¿no te parece? parecerse a; ponerse a; ¿qué tal? yo quisiera; río abajo; tener que; tenerle miedo a; terminar de; vestir de.

* * *

LA BOTIJA [1]

José Pachaca era un indio tendido en una cama; la cama era un cuero tendido en una casita, y la casita era un rancho [2] de paja prendido a una loma.

— ¡Pero, hijo! — le gritó Petronila.

5 — ¿Qué quieres, mamá?

— ¡Ay, José Pachaca! Tú eres un *perdío* [3] ... Tú te la pasas, *echao to'el* [4] día en ese cuero. ¿Por qué *nu'haces* [5] algo, siquiera? ...

— Muy bien, mamá.

1. large jar. 2. hut. 3. *perdío = perdido,* good-for-nothing. 4. *echao to'el = echado todo el.* 5. *nu'haces = no haces.*

from sleeping he started

Y en seguida Pachaca hizo algo: de dormir pasó a bostezar.[6] *yawning*

Un día entró Eulogio Iso con una « *curiosidá* »[7] en la mano. Era un sapo[8] de piedra que había hallado en el campo, arando.[9] Era muy raro: en el cuello tenía unas peloticas[10] *WARTS* negras, y en la cara tres hoyos[11]: uno en la boca, y dos en los ojos.

— ¡ Ay, pero qué *jeo*[12] es ! — decía Eulogio, y se lo dió a Petronila, para que sus hijos jugasen con él, si querían.

Pero en ese momento llegó el viejo Basuto, y al ver el sapo sentenció:

— Estas cositas son muy antiguas. Las hicieron los indios, nuestros abuelos, y se encuentran por *ái*[13] en los campos. También hay botijas, llenitas de oro y de esmeraldas.

José Pachaca desarrugó el pellejo[14] que tenía donde otros tienen la frente, y preguntó:

— ¿ *Comu'es*[15] eso ?

— Cuestión de suerte — respondió Basuto, chupando su cigarro y escupiendo.[16] — Va uno por el campo, arando, arando..., y de pronto ¡ plosh !... Una tinaja que se parte, y *si'hace*[17] uno rico así no más.

— ¿ De veras ?

— Así como *lu'oye usté*.[18] — Y chupando otra vez su cigarro, le contó a Pachaca muchos cuentos de botijas de oro halladas en los campos de arada, y que él había visto « con sus propios ojos ».

Como un día murió Petronila, José Pachaca se decidió a buscar botijas por los campos. Para ello se puso detrás de un arado, y empujó... Tras la reja[19] iban arando sus ojos...

---

6. yawning.   7. *curiosidá = curiosidad.*   8. toad.   9. while plowing.
10. small round bumps.   11. pits.   12. *jeo = feo.*   13. *ái = ahí.*   14. smoothed out the skin.   15. *Comu'es = Como es.*   16. spitting.   17. *si'hace = se hace.*
18. *lu'oye usté = lo oye usted.*   19. plowshare.

En poco tiempo Pachaca llegó a ser el indio más laborioso de la región. Las horas y los días los pasaba con la mano en la mansera [20] y el ojo en el surco.[21] Por los llanos y por las lomas, por las lomas y los llanos, iba siempre en busca de las
5 botijas que hacen ¡plosh!..., y que se rompen echando del vientre su tesoro de oro y de esmeraldas.

Todos estaban llenos de asombro: de indio indolente y sin vergüenza, José Pachaca se había convertido en una especie de fenómeno sensacional.
10 — Es un hombre de piedra — decían. — Desde que comenzó a trabajar nu'hay [22] quien le gane ni le iguale.

Y le daban tierras que arar y sembrar,[23] y le pagaban bien por las cosechas que recogía. Pachaca guardaba el dinero que le daban, y seguía trabajando sin descanso. Qué bien lo
15 hacía: los surcos de su reja iban siempre hondos, rectos,[24]

20. handle.   21. furrow.   22. nu'hay = no hay.   23. to sow.   24. straight.

paralelos. Daba gusto verlos, y sembrar en ellos el grano de maíz que da la vida.

— ¿ Dónde te metes, botija ? — pensaba Pachaca al arar en los llanos, y al arar en las lomas. — No *ti'he topao* [25] ... Pero, por más que [26] *t'escondas*,[27] un día *d'estos* [28] ... ¿ Dónde *tas*,[29] botija ? ... *No li'hace* [30] que *t'escondas*,[27] que yo *ti'he* [25] de topar, aunque me muera.

Y así fué ...

Un día José Pachaca se dió cuenta de que no habría de hallar la botija que buscaba. Se lo avisó un desmayo: se dobló sobre el arado y cayó boca abajo sobre el surco.

Lo hallaron con los ojos clavados en el suelo.

Se puso malo, muy malo, y se quedó en el rancho, sin dejar que nadie lo cuidara.

Una noche, haciendo mil esfuerzos, se levantó, y salió muy quieto, llevando en una botija todo el dinero que había ganado; se escondió entre los árboles, y se puso a hacer un hoyo. Era duro hacerlo, y Pachaca se quejaba a ratos y suspendía su labor, pero al fin lo terminó. Puso la botija en el hoyo, lo cubrió bien, y levantando al cielo los brazos y los ojos, musitó [31]:

— ¡ Vaya, *pue!* [32] ... *Pa* [33] que no digan que *nu'hay* [22] botijas en las aradas.

Y se quedó muerto, quietecito. ...

[TEMA DE *Salarrué*]

I. *Contéstense en español:* 1. Al principio ¿ era muy laborioso José Pachaca ? 2. Según su madre, ¿ cómo era José ? 3. ¿ Qué había hallado Eulogio en el campo ? 4. ¿ Qué dijo Basuto al ver la

25. *ti'he topao* = *te he topado* (run across). 26. no matter how much. 27. *t'escondas* = *te escondas*. 28. *d'estos* = *de estos*. 29. *tas* = *estás*. 30. *No li'hace* = *No le hace*, It doesn't matter. 31. he whispered. 32. *pue* = *pues*. 33. *Pa* = *Para*.

67

« curiosidá » ?   5. ¿ Qué hizo Pachaca por hallar una botija ?
6. ¿ Qué cambio notaron en el indio ?   7. ¿ Qué hacía Pachaca con
el dinero que ganaba ?   8. ¿ Halló José la botija que buscaba ?
9. ¿ Por qué dejó de buscar la botija ?   10. ¿ Qué hizo Pachaca
antes de morir ?

II. *Verdad o mentira que:*   1. A José le gustaba descansar.
2. José pasaba los días durmiendo y bostezando.   3. Los abuelos
de los indios enterraban botijas llenas de oro y esmeraldas.   4. Al
morir Petronila, José vino a ser el indio más laborioso de la región.
5. Pachaca gastaba en seguida el dinero que ganaba.   6. Un día el
indio cayó enfermo.   7. Antes de morir enterró en el suelo una
botija llena de oro.

III. *Estudio de palabras.*   Repaso: Dé usted cinco palabras de
forma y sentido idénticos en español e inglés; algunas palabras de
forma más o menos idéntica, y algunas palabras engañosas.   Explique usted estos sufijos y dé algunos ejemplos de cada uno: *–dor*,
–oso, *–azo*.

¿ Qué terminaciones en inglés son iguales a *–tener* y *–poner* en
español ? Dé usted algunos ejemplos.

Discuta usted las palabras que en español empiezan con *des* y
es seguidas de consonante.

*   *   *

LA SUERTE DE UN GAUCHO

La pampa se extiende, cubierta de hierbas y
llena de tristeza . . .

Junto al fogón [1] apagado, Demetrio Gavilán fuma tendido
en el suelo, y piensa en voz alta, como todos los hombres soli-
5 tarios:

1. campfire.

—¡Ay, amigo, qué suerte más negra!... Ya no hay trabajo, y las plumas y los cueros no valen *na* [2]... Pero no hay que quejarse, que *pa* [3] eso soy gaucho viejo... A *naide* [4] le debo, y a *naide* le pido *na*... Con mis perros y mi caballo... ¿Pero qué se puede hacer con un caballo no más? [5] ...

Demetrio se levanta. Es un hombre de baja estatura y de color de cobre. Usa aros [5] en las orejas, y en la cabeza lleva un pañuelo descolorido. Con paso rápido y firme se acerca al caballo, y lo monta. [10]

Hace algún tiempo que cabalga sin rumbo,[6] seguido por sus perros. De pronto se detiene. Se pone de pie sobre el caballo, y recorre con la mirada el horizonte... Allá lejos, muy lejos, ve unos caranchos [7] que vuelan en círculos, contra el cielo alto y despejado.[8] Se lanza hacia ellos, a galope [15] tendido.[9] Dos horas después descubre una forma negra entre las hierbas: es el cadáver de un indio. Demetrio lo contempla, y luego murmura filosóficamente:

2. *na = nada.*   3. *pa = para.*   4. *naide = nadie.*   5. earrings.   6. aimlessly.   7. vultures.   8. clear.   9. at a fast gallop.

69

— Cuando las cosas tienen que suceder, amigo . . .

Y se apea,[10] para quitarle al indio la faja [11] que lleva en la cintura. Tres pequeños paquetes ruedan a sus pies. Intrigado, los recoge y los examina . . . — ¡ Santo Dios ! — ex-
5 clama — si es plata, sí, amigo . . .

Demetrio cuenta el dinero, con gran dificultad: hay billetes de cien, de doscientos, de quinientos: ¡ cuarenta mil pesos, ni más ni menos !

— ¡ Diablos, qué suerte ! . . . Cuando las cosas tienen que
10 suceder . . .

Es todo lo que dice. De un salto está de nuevo en su caballo. Llama a sus perros, y al cabalgar por la pampa, piensa: « Ahora puedo comprar lo que quiera, amigo . . . Primero, caballos . . . eso sí, caballos; después, ropa . . .
15 ¡ Ajá ! . . . Un buen sombrero y un poncho . . . ¿ Y *pa* [3] tanto hay dinero ? . . . ¿ Y cómo no, amigo ? . . . ¡ Cuarenta mil pesos ! Si hasta me podré casar, quizás . . . »

Y Demetrio Gavilán sigue cabalgando por la pampa inmensa . . .

20 Real de boleadores,[12] con sus toldos de cuero, y sus fogones, aquí y allá . . . Perros y caballos por todas partes. La noche va invadiendo las soledades, y en el cielo ya brillan las estrellas.

A la luz de un candil,[13] algunos gauchos juegan a las cartas.
25 Hay monte,[14] y Taboada tiene la banca.[15]

¡ Taboada ! Medio caballero y medio bandido, este Taboada es un tipo bien conocido en los reales y en las pulperías de toda la región. Es un jugador inveterado y temible . . .

30 Demetrio Gavilán fué uno de los primeros en acudir al juego. Quiere divertirse, jugar, conversar, beber . . . y ¡ cosa extraña ! quiere olvidarse de la plata que lleva consigo . . .

10. he dismounts. 11. sash. 12. Cowboy camp. 13. oil lamp. 14. There is a game of monte. 15. is the banker.

Él no sabe lo que siente: es algo que no había sentido antes: algo como una inquietud muy grande, que lo mueve a buscar la compañía de los hombres . . .

¿ Quién puede comprender lo que le pasa al gaucho Demetrio ? . . . Siempre había querido tener plata. Ahora la tiene, pero . . . ¿ qué más va a hacer con ella ? . . . ¿ Comprar un pedazo de tierra como un gringo cualquiera ? . . . ¡ *Diande*,[16] amigo ! . . . Eso no es para él . . . ¿ Demetrio Gavilán viviendo en tierra propia ? . . . ¡ Si es para reírse, amigo ! . . . Él es gaucho . . . ¡ él es un hombre libre ! . . . Todo lo que necesita es un caballo para galopar, y un sitio en el suelo para tirarse a dormir . . .

Obedeciendo a un extraño sentimiento, Demetrio saca un rollo de billetes y lo pone sobre una carta. Los gauchos sueltan una exclamación de sorpresa, y se acercan bien para ver lo que pasa.

— ¡ Rey de espadas, caballeros ! — dice Taboada triunfante, y Demetrio pierde los quinientos pesos.

Van y vienen los comentarios. El juego se anima. Demetrio pierde y vuelve a perder. Al cabo de tres horas sólo le quedan veinte mil pesos, que él cuenta sonriendo enigmáticamente. El momento es solemne.

— Hay veinte mil pesos de banca,[17] caballeros — dice Taboada.

— ¡ Copo,[18] y juego al rey de espadas ! — exclama Gavilán, y sus palabras suenan como tiros de pistola.

— ¡ Pago,[19] la sota [20] es mía ! — contesta Taboada con su calma de siempre, y va echando las cartas, una por una. Los espectadores se mueven en sus sitios, conteniendo la respiración.

— ¡ La sota de espadas !

El gaucho Demetrio acaba de perder toda su plata. Ahora se siente otra vez dueño de sí mismo. Se levanta. Va en busca de su caballo, y en su paso vivo y ágil de marcha, sus

16. The deuce ! 17. on the table. 18. I'll cover it. 19. O.K. 20. jack.

71

nazarenas [21] de hierro parecen cantar un himno a la libertad.

— Amigo, — se dice al acostarse — cuando las cosas tienen que suceder ... La suerte no me ha *durao* [22] ...
5 Pero, después de *too* [23] ..., ¿ quién sabe ? ... ¡ Yo, con plata y comprando tierras!... ¡ *Diande*,[16] amigo, y *pa* [3] qué soy gaucho ?

Pocos minutos después, el hijo de la pampa duerme en el suelo, no lejos de su caballo. Los perros le montan la guardia,
10 y la voz misteriosa de la pampa le arrulla [24] su sueño profundo ...

[DE « El gaucho », POR *Justo P. Sáenz*]

EJERCICIOS

I. *Contéstense en español:* 1. ¿ Por qué decía Demetrio que tenía negra la suerte ? 2. Sin embargo, ¿ por qué estaba contento ? 3. ¿ Por qué se detuvo el gaucho después de cabalgar algún tiempo ? 4. ¿ Qué descubrió dos horas después ? 5. ¿ Qué halló Demetrio en la faja del indio ? 6. ¿ Qué pensó hacer con el dinero ? 7. ¿ Quién era Taboada ? 8. ¿ Por qué no quiso Demetrio comprar un pedazo de tierra ? 9. ¿ Tuvo suerte Demetrio en el juego ? 10. ¿ Se quedó triste el gaucho al perder el dinero ? 11. ¿ Qué hizo Demetrio después ? 12. ¿ Qué piensa usted de la filosofía de este gaucho ?

II. *Complétense con palabras y frases sacadas del texto:* 1. Demetrio era un hombre de ——. 2. Allá lejos, muy lejos, ve ——. 3. Demetrio murmura filosóficamente: ——. 4. Al cabalgar por la pampa Demetrio piensa: « —— ». 5. Taboada era un tipo bien conocido ——. 6. Obedeciendo a un extraño sentimiento, Demetrio ——. 7. Cuando el gaucho pierde toda su plata se siente ——.

III. *Estudio de palabras, basado en el vocabulario de las diez lecciones siguientes.* Traduzca usted estas palabras y nombre una o más relacionadas con ellas: acercarse, agarrar, alargarse, alegría, alejarse, ayuda, agradecimiento, anochecer, apacible, aquietar, asesinato, atravesar, atrevido, caminar, cansancio, comienzo, des-

21. spurs. 22. *durao = durado.* 23. *too = todo.* 24. lulls him with.

72

canso, descubrimiento, enamorarse de, encerrar, enorgullecerse, esperanza, fogón, ganadería, golpear, gordura, heredero, herrería, hotelero, independizarse, juego, mezcla, minero, mirada, oscuridad, pobreza, pureza, rapidez, refugiarse, riqueza, salida, tardar, tristeza, viajero.

Explique usted estas palabras en *–dor:* civilizador, conocedor, conquistador, empedrador, espectador, estafador, emprendedor, jugador, mostrador, pecador, pescador, prometedor.

Estas palabras en *–oso:* arenoso, codicioso, dichoso, envidioso, espantoso, famoso, lluvioso, maravilloso, misterioso, peligroso, penoso, precioso, rocoso, silencioso, sospechoso, tembloroso, virtuoso.

Estas, que comienzan con *es* seguidas de consonante: esbelta, especie, espectáculo, espíritu, espléndido, estatura, estilo.

Estas, que terminan en *–tener:* detenerse, retener.

Estas, en *–azo:* cabezazo, talonazo.

Estas, que comienzan con *des:* desaparecer, desconfianza, desconocido, deshonra, desvergonzado.

Estas palabras engañosas: colegio, desgracia, devolver, habitación, idioma, ocurrencia, pariente, realizar, resignación, suceder.

* * *

EL TESORO DEL MOHÁN [1]

Había en mi pueblo un vecino llamado Lope, de oficio empedrador.[2] Era muy pobre, pero la pobreza no había matado su espíritu ni su ambición. Al contrario, su deseo de hacer fortuna era muy fuerte.

Un día habló con una vieja que sabía muchos secretos, y ella ofreció ayudarle, poniéndolo en contacto con un mohán que guardaba un tesoro oculto y que vivía en las Montañas de Buzagá.[3]

Muy contento ante esta perspectiva, Lope resolvió ir a

1. medicine man.   2. stone paver.   3. (section of Colombia).

73

consultar a don Benito Laserna, cura del pueblo y hombre muy virtuoso, aunque muy aficionado al dinero. En verdad buscaba la ayuda del cura y su consejo, porque les tenía mucho miedo a los mohanes, que son mitad hechiceros [4] y 5 mitad demonios... Mas el cura lo tranquilizó, y convino en ayudarle si le daba la mitad del tesoro en cuestión.

Así una mañana y muy en secreto, el padre Benito y Lope salieron del pueblo con dirección a Buzagá, y guiados por la vieja. Después de caminar mucho, llegaron al pie de un 10 monte, y allí la vieja les mostró la cueva del mohán, pero no quiso acercarse a ella, por no exponerse a ningún peligro.

Los viajeros continuaron solos, y caminando con mucha dificultad llegaron a la cueva, en cuyo centro vieron a un viejecillo seco y flaco, sentado en el suelo. Tenía los ojos 15 brillantes y picarescos, y había un ligero temblor en sus labios sin sangre. ¡ Aquel viejecillo era el mohán !

Los viajeros se le acercaron temblando, y él les preguntó muy cortésmente en qué podía servirles.

— Será muy poco, señor — respondió el cura. — Aquí 20 venimos en busca de ...

— De mi tesoro, ¿ eh ?

— Eso es, señor mohán ... ¿ Dónde lo tiene escondido ?

— Yo se lo diré, ji, ji, jí ... — contestó riendo el viejecillo.

— Ustedes han venido en buen tiempo. Tenemos luna nueva, 25 y en el valle canta el alcaraván.[5] Yo se lo diré, ji, ji, jí ... Pero como está lejos y yo no puedo andar, uno de ustedes tendrá que llevarme a cuestas.[6]

El cura y el empedrador se miraron, aguardando cada uno a que el otro se ofreciera a cargar con el mohán, y éste les dijo: 30 — Lo mejor es que lo echen a la suerte [7] ...

Y siguiendo su consejo, tiraron una moneda. El cura perdió, y tuvo que cargar con el viejecillo, que hedía [8] como el demonio.

— ¡ Ay, qué rico ! — exclamó. — Es la primera vez que

4. wizards.   5. heron.   6. on his back.   7. cast lots.   8. stank.

voy a andar a lomo [9] de cura. ¡Ji, ji, jí!... ¡Ay, qué rico!
—Y señaló con el dedo el camino que conducía a la cumbre [10] del monte más alto.

¡Pero qué demonios! El maldito viejo pesaba muchísimo, y el pobre cura tenía que echar monte arriba,[11] y caminar y caminar, sudando a mares [12]... 5

Viendo las agonías de su compañero, Lope ofreció relevarle,[13] pero el mohán gritó en alta voz:
—¡Malo, malo!... Eso echará la empresa a perder,[14] porque, para hallar el tesoro, es preciso que sólo un hombre me cargue, sin tomar descanso en el camino. Como el padre 10

9. back. 10. summit. 11. to start walking up. 12. copiously. 13. to relieve. 14. *echará a perder*, will ruin.

Benito me lleva en sus hombros, en sus hombros tendré que llegar hasta el sitio, allá, en la cumbre del monte más alto ...

El padre lanzó una mirada desolada por todo lo largo del camino, dió un suspiro de resignación y continuó el ascenso, 5 a pesar del calor ... Y la cumbre, en vez de acercarse, se alejaba más y más ...

— Este camino se alarga [15] hasta lo infinito — dijo el padre, casi muerto de cansancio.

— No, padrecito — le dijo Lope para consolarlo. — Esas 10 son ideas suyas ... Paciencia, que muy pronto llegaremos. ¿ Verdad, señor mohán ?

— Sí, hombre, sí — respondió el viejecillo. — Ya llegaremos, y cuando tengan el tesoro se darán por buenos y por bien servidos. Ji, ji, jí ...

15 Y se agarraba de la cabeza del cura, y lo golpeaba con los talones,[16] como si fuese caballo, y gritaba lleno de alegría:

— Ji, ji, jí ... Oro tendrán, y muchas esmeraldas también ... ¡ Arre,[17] cura, arre !

En aquel momento la cumbre desapareció como por encanto,[18] y el padre Benito comprendió que aquel viaje no tendría fin. Lleno de irritación y de alarma, le ordenó al viejo que se bajara, pero éste siguió riendo y golpeándole con los talones:

— ¡ Arre, cura, arre, que ya vamos a llegar ! Es ahí no 25 más ... ¡ Arre, arre ! ... Ji, ji, jí ...

El cura le gritó a Lope que lo ayudase, y éste cogió una piedra y se la tiró a la cabeza al mohán, pero la piedra volvió como una pelota de caucho, y dándole a Lope lo echó al suelo.

30 — ¡ Ay, padre ! — exclamó el empedrador. — Este viejo maldito ... ¡ Yo creo que es el mismo diablo !

¿ El diablo ? ¡ No faltaba más ! [19]

Y el cura sacó del bolsillo un frasco [20] de agua bendita y se la echó al mohán, haciéndole la señal de la cruz. Y santo

15. stretches out. 16. heels. 17. Get up. 18. by magic. 19. The very idea! 20. bottle.

remedio: el viejecillo cayó al suelo como una roca, y comenzó a rodar monte abajo, hasta sepultarse en el fondo con un ruido de truenos.[21]

Llenos de asombro, el cura y su compañero le dieron gracias a Dios, y descendieron el monte, y en su fondo hallaron 5 sólo un montón de huesos que olían a azufre [22] . . . ¡ El diablo había tomado el cuerpo del mohán, para hacer las cosas malas que acostumbra !

Y el cura y el empedrador volvieron al pueblo, el primero lamentándose de la burla que el diablo le había hecho, y el 10 segundo lamentándose de haber perdido el tesoro . . . Y volvieron, Lope a seguir empedrando calles, y el padre Benito a seguir diciendo misas, y los dos resueltos a no buscar nunca más el tesoro del mohán. . . .

[DE « El tesoro de Buzagá », DE *Enrique Otero D'Acosta*]

EJERCICIOS

I. *Contéstense en español:* 1. ¿ Qué le prometió la vieja a Lope ? 2. ¿ Con quién fué Lope a consultar ? 3. ¿ Qué parte del tesoro había de recibir el cura ? 4. ¿ Qué es un mohán ? 5. ¿ Dónde vivía este mohán ? 6. ¿ A quién vieron los viajeros al llegar a la cueva ? 7. ¿ Por qué dijo el mohán que habían venido a buen tiempo ? 8. ¿ Quién tuvo que cargar al viejecillo ? 9. ¿ Por qué no debía Lope ayudarle al cura ? 10. ¿ Qué pasó cuando Lope le tiró una piedra al mohán ? 11. ¿ Cómo logró el cura deshacerse del mohán ? 12. ¿ Quién era el viejecillo ? 13. ¿ De qué se lamentaron Lope y el cura cuando volvieron al pueblo ?

II. *Verdad o mentira que:* 1. Lope era muy pobre y no tenía ambición. 2. El cura era muy aficionado al dinero. 3. La vieja no quiso acercársele al mohán. 4. El mohán era un viejecillo muy flaco. 5. Los tres hombres fueron todos a pie en busca del tesoro. 6. El mohán no pesaba mucho. 7. La cumbre parecía alejarse más y más. 8. El cura le tiró una piedra al mohán. 9. El mohán echó a volar al ver la señal de la cruz. 10. El cura y Lope volvieron felices al pueblo.

21. thunder.   22. sulphur.

III. *Estudio de palabras.* Estas palabras pertenecen a tres grupos distintos. Tradúzcalas usted y diga a qué grupo pertenecen:

cabeza	comerciante	rojizo
sastre	labio	nariz
rostro	blanco	pastor
ojo	cara	oído
azul	amarillo	pescador
zapatero	boca	ceja
cabellos	gaucho	negro
rojo	guardavías	hotelero
lengua	oreja	dependiente
diente	chofer	frente

* * *

LA PERLA

Paco el Pescador, guapo, robusto, honrado y popular, era el hombre más feliz de la tierra. Era soltero, vivía en el puerto de La Paz, y se ganaba el sustento [1] pescando perlas en las coléricas aguas del Golfo de Cortés, ese
5 brazo de mar prisionero entre Sonora y la Baja California.

No había otro como él. Daba gusto verlo subir las rocas de La Punta, zabullirse [2] en esas aguas verdes y transparentes, y salir luego a la superficie [3] con una red llena de ostras [4] que él había recogido con sus hábiles manos del fondo del mar.
10 Su buena suerte le daba siempre una buena cosecha, pues a veces sacaba perlas preciosas, que las vendía fácilmente a los comerciantes extranjeros.

Ganaba dinero, y lo gastaba con sus amigos, sin mezclarse con mujeres. Pero un día conoció a una chica de Ensenada,

1. living. 2. dive. 3. surface. 4. oysters.

78

muy linda y coqueta, y se enamoró de ella. No había duda. La prueba era que ya no gastaba su dinero. Se había vuelto *economista*, como él decía sonriendo, pues quería tener lo necesario para la boda.

Gran conocedor de los criaderos de ostras perlíferas,[5] un día Paco resolvió ir al más rico de ellos, pero el más peligroso: el de la pequeña isla de Cerdavo, situada a gran distancia del puerto. Tomó su barca, y remó[6] y remó . . . Pocas horas después se desencadenó[7] una furiosa tempestad, y al anochecer la barca fué a estrellarse[8] entre las rocas de Cerdavo.

Paco se refugió en una gruta[9] solitaria, y allí, temblando de frío, esperó el fin de aquella tempestad, la más violenta que él había visto en su vida. Las aguas del Golfo de Cortés se salieron de su lecho rocoso, barriéndolo[10] por completo y dejando todas las playas cubiertas de extraños moluscos.

Cuando, al día siguiente, pudo Paco salir de su refugio, se puso a buscar almejas,[11] que devoraba con gusto. De repente tropezó con una concha[12] enorme. La examinó cuidadosamente, y la abrió . . .

— ¡ Santo Dios, qué hallazgo ![13] — exclamó, y sus ojos se dilataron ante la aparición de una perla maravillosa a causa

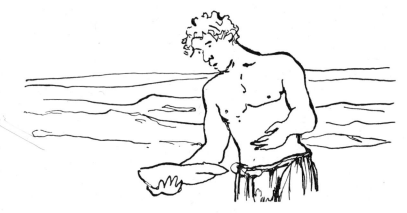

5. pearl-bearing.   6. he rowed.   7. there broke out.   8. smashed.
9. grotto.   10. sweeping it.   11. clams.   12. shell.   13. find.

79

de su tamaño [14] y de su forma, y sobre todo a causa de su oriente,[15] de tan rara y exquisita irradiación.

Lleno de alegría, Paco el Pescador tomó la perla en sus dedos temblorosos, la miró contra la luz, y se entregó por un 5 momento al ensueño. Aquella maravilla le aseguraba el porvenir. La vendería, compraría una casita muy linda, y sus bodas serían espléndidas ...

En su pequeña barca destrozada [16] volvió el muchacho a La Paz, y les mostró a los amigos su tesoro.

10 — ¿ Una perla verdadera ? ... ¡ Imposible ! — le decían. — Tú nos quieres engañar ... ¿ Cómo podría hallarse en el mar semejante maravilla ? ... Ésa es una perla artificial, de las que traen de California.

Los rumores se fueron extendiendo por todas partes ...

15 — ¿ Cuánto quiere por ella ? — le preguntó un comerciante europeo.

— Ochenta mil dólares — le respondió Paco.

— ¿ Pero está loco ? ... ¡ Una perla de ochenta mil dólares ! ¡ Absurdo ! Ni que [17] se la hubieran quitado a la 20 corona de un rajá de la India.

— Es que los vale, amigo. Es maravillosa y genuina. Yo la saqué de su concha. ¿ Cómo puede ser falsa una perla sacada de una ostra del mar ?

El muchacho porfiaba,[18] pero nadie quería creerle. A 25 ninguno le parecía que Paco pudiese embolsarse [19] ochenta mil dólares, en primer lugar, por espíritu de desconfianza, y en segundo por envidia ... ¿ Y los comerciantes ? ... « ¡ Ah ! ... Ellos sí saben que la perla es genuina, y que vale ochenta mil dólares, o más » — pensaba Paco el Pescador — 30 « pero ellos quieren comprarla por cualquier cosa, para venderla después en el extranjero. » Y se resistía. No la vendería ni por un centavo menos. Ochenta mil dólares, o nada.

Entretanto seguían circulando los rumores. Se decía que

14. size.   15. luster.   16. damaged.   17. Not even if.   18. would persist. 19. put into his pocket.

Paco estaba loco, que era un visionario, un estafador,[20] ¡ un ladrón ! . . .

En pocas semanas fué perdiendo a sus amigos, y su misma novia, con gesto despectivo,[21] le dijo una noche que ella « no se casaría jamás con un loco estafador ».

Herido en su orgullo, humillado por todos y abatido [22] por el desdén de su novia, Paco el Pescador perdió su alegría y se fué aniquilando [23] lentamente. Dejó de trabajar y gastó el dinero que había economizado. Ofreció entonces *su perla* por cinco mil pesos, pero nadie le hacía caso, y un comerciante le ofreció veinte pesos « por tenerle lástima, y porque la perla era una perfecta imitación ».

Una mañana, perseguido por un grupo de chiquillos que le llamaban « Loco, loco ladrón », Paco se subió a La Punta, a refugiarse. Los chiquillos le arrojaban piedras [24] y le decían insultos. Poco a poco llegaron más y más personas, y algunas comenzaron a subir . . .

Paco se puso de pie. Sus ojos echaban llamas de desesperación. Quiso gritar, insultar a la gente, escupirles a todos en la cara. Quiso demostrarles a todos que él no mentía, que él no engañaba a nadie, que *su perla* era genuina . . . Pero no pudo decir nada. Su cuerpo temblaba . . . De pronto corrió a la cumbre de La Punta, levantó el brazo derecho, arrojó al mar su perla maravillosa, y se echó tras ella de cabeza.[25]

Cuando la gente llegó a la cumbre sólo pudo ver el ritmo verde y furioso de las olas que chocaban contra las rocas, levantando penachos de espuma.[26]

Alguien comentó:

— ¡ Pobre Paco, matarse por una perla falsa !

Mientras allá, en el fondo arenoso y profundo del mar, irradiaba la perla su oriente prodigioso . . .

[DE « El hombre y la perla », DE *Gerardo Murillo*]

20. swindler. 21. contemptuous. 22. dejected. 23. was wasting away. 24. pebbles. 25. headfirst. 26. tufts of foam.

EJERCICIOS

I. *Contéstense en español:* 1. ¿ Cómo se ganaba Paco la vida ?
2. ¿ Por qué se decía que tenía buena suerte ? 3. ¿ Por qué dejó
Paco de gastar su dinero ? 4. ¿ Por qué decidió ir un día a la isla
de Cerdavo ? 5. ¿ Qué sucedió esa noche ? 6. ¿ Qué halló el pescador la mañana siguiente ? 7. ¿ Qué quería hacer con el dinero que
recibiría al vender la perla ? 8. ¿ Qué decían sus amigos de la
perla ? 9. ¿ Qué pasó en pocas semanas ? 10. ¿ Qué cambio se
notó en el pescador ? 11. ¿ Por qué se subió Paco a La Punta ?
12. ¿ Qué hizo con la perla antes de echarse al mar ? 13. ¿ Se mató
Paco por una perla falsa ?

II. *Verdad o mentira que:* 1. Paco se casó siendo muy joven.
2. Se ganaba la vida pescando perlas. 3. Paco vivía en la costa
oriental de Méjico. 4. Paco se enamoró de una chica de Ensenada.
5. A pesar de esto, siguió gastando su dinero. 6. Un día el pescador
fué al más rico de los criaderos de perlas. 7. Esa noche hizo buen
tiempo. 8. Dentro de la concha enorme Paco no halló nada.
9. Los amigos de Paco le decían que él trataba de engañarles.
10. La novia de Paco nunca dejó de tener confianza en él. 11. Paco
se echó al mar desde la cumbre de La Punta. 12. El pescador fué
rescatado por sus amigos.

III. *Estudio de palabras.* Traduzca usted estas palabras, y haga
con ellas tres grupos de palabras relacionadas:

cuello	corazón	hierro
alcoba	plata	garganta
oro	estudio	acero
hombro	sala	cintura
espalda	cocina	plomo
comedor	techo	mercurio
pecho	níquel	despacho

Desde el punto de vista del origen, la lengua y la cultura, podemos decir que hay dos Américas: la anglosajona, creada por los *pioneers* de las Islas Británicas, y la hispana, creada por los colonos y los *bandeirantes* de la Península que los antiguos llamaban Hispania. 5

Estas dos Américas son en parte diferentes y en parte semejantes. La anglosajona tiene unos ciento setenta millones de habitantes que hablan inglés y ocupan un territorio dos veces mayor que el de Europa. La hispana tiene unos ciento cincuenta millones que hablan español y portugués 10 y ocupan un territorio también dos veces mayor que el de Europa.

La América anglosajona, dividida en dos grandes países, los Estados Unidos y el Canadá, es *una* en espíritu, y en tradiciones y aspiraciones. *Una* es también la América hispana, 15 aunque se halla dividida en tantos países, pequeños unos, como el Ecuador y Costa Rica, y grandes otros, como el Brasil, Méjico y la Argentina.

La América anglosajona heredó el espíritu práctico de la Madre Inglaterra, y la hispana el espíritu idealista de la 20 Madre Hispania. Pero las dos Américas, al independizarse políticamente, les han abierto las puertas a todas las corrientes inmigratorias de Europa, y por ello han crecido tanto en población, en poder, en riqueza y en universalidad, y por ello se preparan para las mismas empresas del porvenir, y son la 25 esperanza de la Humanidad.

Europa envejece,[1] y los destinos de la Humanidad no podrán seguir bajo su dirección. Así como en el Viejo Mundo la hegemonía[2] pasó del Oriente al Occidente, antes de medio siglo habrá pasado a las Américas, herederas de Europa y su 30 cultura.

---

1. is growing old.   2. leadership.

El porvenir les pertenece a las Américas, tierras de *pioneers*, de colonos y de *bandeirantes*, sus héroes verdaderos. Las Américas nada serían hoy, o serían muy poco, si no fuera por su esfuerzo silencioso, entusiasta y tenaz.

5   *¡ Pioneers!* ... ¡ Colonos! ... *¡ Bandeirantes!*

Héroes anónimos, hijos del pueblo, humildes, valientes, sufridos, emprendedores.

Héroes del pueblo, que vinieron a la América virgen, y echaron en ella las semillas,[3] de una nueva vida, democrática 10 y enérgica, y sentaron los cimientos de tantos pueblos y ciudades de que tanto nos enorgullecemos.[4]

Héroes del pueblo, que vinieron a crear un nuevo estilo de vida y que, en lucha simple, elemental, contra la naturaleza, la han venido venciendo, y no sólo en los valles, las selvas, las 15 montañas y los llanos, sino en las escuelas y los laboratorios, arrancándole los secretos de su fuerza sin igual.

¡ Pioneers! ... ¡ Colonos! ... *¡ Bandeirantes!*

La Hispania peninsular y la insular Inglaterra no son ya tan poderosas como antes, y sin embargo las dos, cual nobles 20 matronas dignas del descanso, pueden sonreír ahora viendo su prole[5] de gigantes, sangre de su sangre, huesos de sus huesos, y luz y fuerza de su espíritu. Y pueden sonreír viéndolos crecer, así en el Norte como en el Sur, mientras llega el momento de enseñarle al mundo a realizar sus viejos 25 ideales de Progreso en el Orden, y de Libertad en la Paz y en la Justicia.

¡ Pioneers! ¡ Colonos! *¡ Bandeirantes!* Héroes del pueblo, fuerza en acción, vigor juvenil que sigue su marcha hacia el porvenir, ideal que quiere realizarse para la Humani- 30 dad.

EJERCICIOS

I. *Contéstense en español:* 1. ¿ Cuáles son las dos Américas? 2. ¿ Qué puntos de semejanza hay entre ellas? 3. ¿ En qué se

3. seeds.   4. we are so proud.   5. progeny.

84

diferencian las dos ? 4. ¿ Qué influencia han tenido en la América las corrientes inmigratorias ? 5. ¿ Por qué no van a seguir los destinos de la humanidad bajo la dirección de Europa ? 6. ¿ Cuáles fueron las características de los *pioneers*, los colonos y los *bandeirantes?* 7. ¿ Qué crearon en las Américas estos héroes del pueblo ? 8. ¿ Por qué pueden sonreír ahora Hispania e Inglaterra ? 9. ¿ Qué ideales van a realizar algún día las Américas ? 10. ¿ Tienen las Américas un destino común ?

II. *Complétense con palabras y frases sacadas del texto:* 1. Hay dos Américas desde el punto de vista de ——. 2. La América anglosajona tiene unos ——. 3. La América hispana tiene ——. 4. La América hispana es una aunque se halla ——. 5. Las Américas les han abierto las puertas ——. 6. El porvenir les pertenece a ——. 7. Los *pioneers*, los colonos y los *bandeirantes* fueron ——.

III. *Traduzca usted estos modismos y empléelos en oraciones originales:* aficionado a; aguardar a que; cargar con; darse cuenta de; darse por; dar gusto; dejar de; echar a perder; hace algún tiempo; hacerle caso; jugar a; llegar a ser; no hay que; ponerse de pie; ponerse malo; por completo; tenerles miedo a; volver a perder; volverse.

LA CALLE DE CADEREITA

Hace muchos años que vivía en esta calle un
hombre muy rico, cuya casa quedaba precisamente detrás del
Convento de San Francisco. Este hombre se llamaba don
Manuel, y había sido privado [1] del Marqués de Cadereita.
5   Don Manuel se hallaba casado con una mujer tan virtuosa

    1. private counselor.

86

como bella, pero no se sentía feliz porque no tenía hijos. La tristeza lo consumía, y para hallar algún consuelo resolvió consagrarse a las prácticas religiosas... Pensó separarse de su mujer, y meterse a fraile [2] en el convento. Con este objeto, envió por un sobrino que tenía, para que administrase sus negocios. Vino éste a su casa, y pronto don Manuel sintió celos tan terribles, que una noche invocó al diablo, y le prometió que le daría su alma si le proporcionaba el medio de descubrir al que creía lo estaba deshonrando.

Acudió el diablo, y le mandó que saliese de su casa a las once de esa misma noche, y que matase al primero que encontrase. Así lo hizo don Manuel, y al día siguiente el diablo se le volvió a presentar, y le dijo que el individuo a quien había asesinado era inocente; pero que siguiera saliendo todas las noches, y que siguiera matando, hasta que él se le apareciera junto al cadáver del culpable.

Don Manuel obedeció sin replicar. Noche tras noche bajaba las escaleras, atravesaba el patio, abría la puerta del zaguán,[3] y esperaba a la víctima... En esos tiempos no había alumbrado,[4] y en medio de la oscuridad se oían los pasos de algún hombre.

— Perdone usted, — le preguntaba don Manuel —¿ qué horas son ?

— Las once.

— ¡ Dichoso usted, que sabe la hora de su muerte !

El puñal brillaba en las tinieblas,[5] se escuchaba un grito, y el golpe de un cuerpo que caía, y don Manuel volvía a recogerse [6] en su habitación.

La ciudad andaba consternada.[7] Ninguno podía explicarse el misterio de aquellos asesinatos, tan espantosos como frecuentes.

Una mañana la ronda [8] le trajo a don Manuel el cadáver de su sobrino. Al verlo, no pudo disimular, y pálido, tem-

2. to become a monk.   3. entrance hall.   4. street lights.   5. darkness.
6. withdraw.   7. terrified.   8. patrol.

87

bloroso y arrepentido, fué al convento de San Francisco. Entró en la celda de un santo religioso, y echándose a sus pies, le confesó todos sus pecados, sus pasiones y sus crímenes.

El santo lo escuchó con tranquilidad, y cuando don Manuel
5 acabó su confesión, le mandó que, durante tres noches consecutivas, fuese a las once en punto a rezar un rosario al pie de la horca,⁹ en descargo de sus culpas y para absolverlo de ellas.

Intentó cumplir don Manuel la penitencia; pero apenas había comenzado su rosario, cuando oyó una voz que decía
10 en tono dolorido:

— ¡ Un padrenuestro y una avemaría por el alma de don Manuel !

Quedóse perplejo, se repuso ¹⁰ luego, fué a su casa, y sin cerrar un minuto los ojos, esperó el alba ¹¹ para ir a contarle
15 al confesor lo que había escuchado.

— Vuelva esta noche — le dijo el santo. — Dios sabe lo que ha dispuesto para salvar su alma ... Considere que el miedo se lo ha inspirado el diablo, para apartarlo del buen camino. Vuelva al pie de la horca, y haga la señal de la cruz
20 cuando sienta miedo ...

Humilde y obediente, don Manuel estuvo a las once en punto al pie de la horca; pero apenas había comenzado su rosario, cuando vió un cortejo de fantasmas ¹² que, con cirios ¹³ encendidos, conducían su propio cadáver en un
25 ataúd ¹⁴ ...

Más muerto que vivo, don Manuel se presentó al otro día en la celda de su confesor.

— ¡ Padre, — le dijo — por el amor de Dios, concédame la absolución antes de morirme !

30 El santo se hallaba conmovido, y juzgando que sería falta de caridad no concederle el perdón, lo absolvió al fin, exigiéndole por última vez que esa misma noche fuese a rezar el rosario al pie de la horca.

9. gallows. 10. he regained his composure. 11. dawn. 12. procession of ghosts. 13. tapers. 14. coffin.

LA CALLE DE CADEREITA

La tradición dice que así lo hizo don Manuel. ¿Qué sucedió entonces?... Nadie lo sabe. Sólo se afirma que al amanecer, la ronda encontró a don Manuel colgado en la horca.

El pueblo dijo entonces que a don Manuel lo habían col- 5 gado los ángeles, y así lo sigue diciendo, y a veces, por las tardes, al pie de la horca se ven algunas mujerucas [15] que rezan allí por el alma de quien fué privado del Marqués de Cadereita.

[DE « México viejo », POR *Luis González Obregón*]

EJERCICIOS

I. *Contéstense en español:* 1. ¿Por qué no se sentía feliz don Manuel? 2. ¿Qué resolvió hacer para hallar consuelo? 3. ¿Por qué envió por su sobrino? 4. ¿Qué le prometió al diablo don Manuel? 5. ¿Qué le mandó el diablo a don Manuel? 6. ¿Mató don Manuel al culpable? 7. ¿Qué hacía don Manuel noche tras noche? 8. ¿Por qué decía que su víctima era dichosa? 9. ¿A quién le confesó sus crímenes el asesino? 10. ¿Qué le mandó el religioso? 11. ¿Por qué no cumplió don Manuel la penitencia? 12. ¿Qué pasó la segunda noche? 13. ¿A quién encontró la ronda? 14. ¿Cómo explicó el pueblo la muerte de don Manuel?

II. *Verdad o mentira que:* 1. Don Manuel era rico y se sentía feliz. 2. El sobrino de don Manuel se metió a fraile. 3. Don Manuel invocó al diablo y le prometió su alma. 4. El diablo le mandó que matase a su esposa. 5. Don Manuel no mató sino a una persona. 6. Nadie podía explicar el misterio del asesinato. 7. Don Manuel le confesó al obispo sus pecados. 8. El asesino tenía que rezar tres noches consecutivas al pie de la horca. 9. La segunda noche don Manuel vió sus propios funerales. 10. Don Manuel murió asesinado.

15. wretched old women.

89

III. *Estudio de palabras.* Traduzca usted estas palabras, y forme con ellas tres grupos de palabras relacionadas:

lunes	rodilla	una
coche	jueves	codo
martes	canoa	sábado
mano	buque	avión
dedo	barca	pie
carabela	automóvil	domingo
miércoles	viernes	muñeca
pierna	taxi	tren
camión		

*   *   *

LA CANCIÓN DE LAS BRUJAS [1]

Había una vez dos vecinos, uno rico y otro pobre. Los dos eran muy famosos, y no por sus obras, sino por sus cotos,[2] que eran enormes.

¿ Saben ustedes qué es un coto ?

5   Se lo explicaré: un coto es una especie de tumor localizado en la glándula tiroides.[3] Es un tumor horrible, que a veces cuelga sobre el pecho, y se mece [4] como un péndulo . . . Pero vamos al grano [5]:

El vecino pobre de nuestro cuento iba todos los sábados 10 al monte a cortar leña, que traía después en su burrito y vendía en el pueblo cuando estaba seca.

Uno de tantos sábados se perdió en el monte, y lo cogió la noche sin poder dar con [6] la salida. Cansado de andar por aquí y por allá, resolvió subir a un árbol con la esperanza de 15 dormir allí sin peligro. Ató el burrito, y se subió tan alto

1. witches. 2. goiters. 3. thyroid gland. 4. swings. 5. let's get to the point. 6. to find.

90

que casi llegó hasta la cima.[7]   De repente vió a lo lejos una
luz.   Bajó y se encaminó a ella.   Al acercarse vió una casa
iluminada, donde se celebraba una gran fiesta.   Se oían
músicas, cantos y risas.

La fiesta no era en las habitaciones que estaban en la 5
entrada, sino en las del interior.   Sin hacer ruido subió la
escalera, entró en la casa y se escondió detrás de una puerta.
Desde allí comenzó a mirar todo lo que allí pasaba.   La gran
sala estaba llena de brujas viejas y feas que bailaban y salta-
ban como los micos [8] y que cantaban sin cesar: 10

Lunes y martes y miércoles
tres.

Las horas pasaban y las brujas seguían bailando y cantando la misma canción:

Lunes y martes y miércoles 15
tres.

7. top.   8. monkeys.

91

Cansado de oír la misma cosa, el vecino pobre gritó para que lo oyeran:

Jueves y viernes y sábado
seis.

5 Cesaron los gritos y los brincos.[9]

— ¿ Quién ha cantado ? — preguntaron unas.

— ¿ Quién ha arreglado tan bien nuestra canción ? — decían otras.

— ¡ Qué cosa más linda ! Merece un premio quien así ha 10 cantado.

Y todas las brujas se pusieron a buscar, y por fin dieron con el vecino pobre, que estaba temblando detrás de la puerta.

¡ Ave María ! No sabían qué hacer con él: unas lo levantaban, otras lo bajaban, y todas le daban besos y abrazos.

15 — ¡ Vamos a quitarle el coto ! — exclamó la más fea de todas.

— ¡ Sí, sí !... Vamos a quitárselo — respondieron las demás.

— ¡ Eso sí que no ! — exclamó el pobre, pensando que, si 20 le quitaban el coto, moriría en seguida ...

Pero, en un dos por tres,[10] la bruja más fea le cortó el coto con su cuchillo, sin que sintiera él ni el menor dolor, y sin derramar ni una gota de sangre. ¡ Qué maravilla ! El pobre ya no tenía coto, y podía respirar sin dificultad, y podía 25 hablar como cualquiera otro hombre.

Luego las brujas sacaron del cuarto de sus tesoros varios talegos [11] de oro en polvo y se los ofrecieron en pago de haberles terminado su canción.

El vecino trajo su burro, cargó los talegos y partió por 30 donde las brujas le indicaron. Al alejarse las oía cantar, locas de alegría:

Lunes y martes y miércoles
tres

9. leaping.   10. in a jiffy.   11. bags.

92

Jueves y viernes y sábado
seis.

Sin dificultad llegó a su casita, donde la mujer y los hijos le esperaban muy asustados, porque temían que le hubiera sucedido algo. Contó entonces su aventura a todos, y le pidió a la mujer que fuese a casa del vecino rico y le pidiese prestado el cuartillo [12] con que éste medía los granos que compraba. Así lo hizo, diciéndole a la mujer del rico:

— Mi buena amiga, ¿ quiere prestarme el cuartillo ? Quiero medir unos frijoles [13] que cogimos ayer en nuestra tierra.

La mujer del rico se puso a pensar, y dijo para sí: « ¿ Quién mejor que yo sabe que esos miserables vecinos míos no tienen tierra en que sembrar ? »... Y sin embargo, le prestó el cuartillo, pero le puso cola [14] en el fondo para averiguar qué iban a medir sus vecinos. Éstos sacaron de los talegos muchos cuartillos de oro, y al devolver el que habían prestado, no notaron que en el fondo habían quedado muchos granitos de oro.

La vecina rica, que era muy envidiosa, le enseñó el cuartillo a su marido, y le mandó que fuese en seguida a hablar con el vecino pobre. El marido fué, y viéndolo sentado a la puerta de su casa, le dijo:

— A ver, mi querido amigo, ¿ de dónde ha sacado su tesoro ? ¿ Conque es mucho el oro en polvo que tiene en su casita ?

Y el vecino pobre, que no sabía mentir, le contó su aventura sencillamente.

Entonces el rico resolvió ir también al monte, y el sábado siguiente salió con cinco mulas a cortar leña... Se metió en lo más espeso del monte, y se perdió... Se subió a un árbol, vió la luz y se encaminó a ella. Llegó a la casa donde estaban las brujas, entró y se escondió detrás de la puerta.

12. quart measure.   13. beans.   14. glue.

93

Las brujas estaban en lo mejor de su fiesta, y siempre cantando:

> *Lunes y martes y miércoles*
> *tres*
> *Jueves y viernes y sábado*
> *seis.*

5

Y el vecino rico añadió, temblando:

> *Y domingo siete.*

¡ Virgen Santísima ! ¿ Por qué diría semejante cosa ?

10 Las brujas se pusieron furiosas, y se echaron a gritar:
— ¿ Quién es el atrevido que nos ha echado a perder nuestra linda canción ? ¿ Quién es ? ¿ Dónde está el miserable ?

Y busca que busca,[15] y enseñando los dientes, las brujas
15 dieron con el vecino rico, y la más fea sentenció:
— ¡ Ah, miserable, vas a ver lo que es bueno para ti !

Y en un dos por tres le pegó en la nuca [16] el coto que le había quitado al pobre, le soltó las mulas y lo sacó a patadas de [17] la casa y del monte.

20 Al amanecer el rico volvió al pueblo sin las mulas, con dos cotos en vez de uno, y con dolores por todo el cuerpo.

— ¡ Así castiga el cielo a los envidiosos ! — decían después todas las personas al ver al rico con sus dos cotos enormes, y se reían de él . . .

[FOLKLORE ESPAÑOL]

EJERCICIOS

I. *Contéstense en español:* 1. ¿ Por qué eran famosos los vecinos ? 2. ¿ Cómo se ganaba la vida el vecino pobre ? 3. ¿ Qué le pasó cierto sábado ? 4. ¿ Por qué se subió a un árbol ? 5. ¿ Qué vió a lo lejos ? 6. ¿ Qué se oía en la casa a donde se dirigió ? 7. ¿ Qué

15. searching round and round.   16. nape of the neck.   17. she kicked him out of.

hizo el vecino pobre al llegar a la casa ? 8. ¿ Qué cantaban las brujas ? 9. ¿ Cómo terminó el vecino pobre la canción ? 10. ¿ Qué premio le dieron las brujas ? 11. ¿ Por qué envió a su mujer a casa del vecino rico ? 12. ¿ Cómo supo la mujer del rico lo que iban a medir sus vecinos ? 13. ¿ Le contó el pobre su aventura al rico ? 14. ¿ Qué hizo entonces el rico ? 15. ¿ Qué le añadió éste a la canción de las brujas ? 16. ¿ Cómo lo castigaron las brujas ? 17. « Salir con su domingo siete » quiere decir « to speak out of turn ». ¿ Por qué ?

II. *Verdad o mentira que:* 1. Los dos vecinos no tenían ningún defecto físico. 2. El vecino pobre iba al monte todos los miércoles. 3. Cierta noche se perdió. 4. Desde el árbol vió una casa iluminada. 5. En la casa bailaban unas jóvenes muy lindas. 6. Las brujas premiaron al pobre por haberles acabado la canción. 7. Las brujas premiaron también al rico. 8. Todos decían que el cielo había castigado al vecino rico.

III. *Estudio de palabras.* Cada palabra de la columna A tiene en la columna B otra de igual sentido. ¿ Cuáles son ?

A	B
comenzar	mirar
observar	lecho
detener	volver
pasar	empezar
rostro	cara
cama	arrestar
perecer	ocurrir
regresar	morir
acabar	charlar
hablar	terminar

El viejo Beseroles trazaba rayitas[1] en el suelo, y miraba de reojo[2] a la gente que bebía y comía en derredor de[3] una mesita.

Todas las tardes salía al campo con la intención de tra-
5 bajar, pero el diablo siempre hacía que encontrase[4] algún amigo en la taberna, y copa va y copa viene,[5] se pasaba la tarde en ella, sin hacer nada de provecho.[6]

Sin embargo, Beseroles era hombre de mérito. ¡ Lo que sabía, señor !... Contaba los cuentos que oía, y los que leía
10 en los periódicos, y también los que él mismo inventaba, que eran los más picarescos. Y la gente se los oía, riendo siempre a carcajadas.

Esa tarde Beseroles deseaba contar algo, y apenas oyó que alguien nombraba a los abogados, se apresuró a decir:
15 — ¡ Ésos sí que son listos ! ¿ Saben ustedes cómo uno de ellos engañó a San Pedro ?

— ¡ A ver, a ver, cuéntenos usted ! — contestaron todos.

Y animado por la curiosidad de la gente, y por la copa de vino que le ofrecieron, el viejo se limpió la garganta, escupió
20 y comenzó:

— Una vez había aquí un abogado muy famoso y apreciado de todos, porque era tan listo y campechano.[7] Yo nunca lo conocí, pero mi abuelo me decía que lo había visto muchas veces, esperando su chocolate a la puerta de la barraca.[8]
25 ¡ Qué hombre ! Se llamaba Rufino, y era alto y rubicundo.[9] Vivía muerto de hambre, aunque comía como pocos. Por eso, cuando mi abuela le preguntaba:

— ¿ Qué le gusta más con el chocolate, don Rufino: unos huevos con patatas, o unas longanizas[10] asadas ?, él con-
30 testaba:

1. was drawing short lines. 2. from the corner of his eye. 3. around.
4. caused him to meet. 5. one drink after another. 6. useful. 7. plain in his
ways. 8. cabin. 9. ruddy. 10. sausages.

— Todo mezcladito, todo mezcladito ...

Y se tragaba lo que le daba, en silencio, levantando de
cuando en cuando los ojos al cielo, en señal de agradecimiento.

Pero todo extremo es malo en este mundo: pasar hambre,
o comer demasiado. Y así fué como don Rufino ¡ cataplum! 5
... dió un ronquido [11] y cayó muerto.

Y ya lo tenemos así, volando como un cohete [12] en busca
del cielo, pues no tenía duda de que allí habría un buen sitio
para él.

Llegó ante una gran puerta de oro adornada de perlas y 10
piedras preciosas, y llamó con energía:

— ¡ Toc ... toc ... toc! ...

— ¿ Quién llama ? — le preguntó San Pedro, después de
toser [13] un poquito.

— Abra, San Pedro ... Soy yo.   15

— ¿ Y quién eres tú ?

— Don Rufino de Valencia.

Se abrió una ventanilla, y asomó por ella San Pedro,
echando chispas por los ojos.[14]

— Conque don Rufino de Valencia, ¿ eh ? ... ¿ Y a qué 20
vienes aquí ?

— A vivir en la gloria, señor.

— ¿ Qué dices, desvergonzado ? [15] Aquí no hay sitio para
ti. Conque, lárgate y no me molestes.

— Vamos, señor San Pedro, ábrame usted. ¿ No ve que 25
se está haciendo tarde ? ¿ Para qué andar de bromas [16] conmigo ?

— ¡ Cómo de bromas! ... ¿ Crees acaso que no te
conozco ?

— Haga el favor, San Pedro de mi alma. Pecador y todo, 30
¿ no tiene un puestecito para mí, aunque sea en la portería ? [17]

— Puestecito, ¿ eh ? ... Miren quien lo pide: ¡ un abogado glotón! ... ¡ Ah, si te dejara entrar, no habría sino

---

11. snort.   12. rocket.   13. coughing.   14. his eyes flashing.   15. shameless fellow.   16. Why go around joking?   17. gatekeeper's lodge.

97

pleitos [18] en el Cielo, y no nos quedaría aquí ni un pastel [19] de frutas ni un dulce de chocolate para nuestros angelitos. Conque, vete al infierno,[20] o acuéstate por ahí en una nube si lo prefieres. Eso es todo.

5 San Pedro cerró furiosamente la ventanilla, y don Rufino se quedó en la oscuridad.

Pasaron las horas, y ya el abogado estaba pensando en tomar el camino del infierno, cuando vió salir de dentro de dos nubes a su compadre [21] Amparo, el hotelero del pueblo, 10 que acababa de morir y que, siendo tan gordo, caminaba meciéndose como un globo inflado.[22]

— Hola, don Rufino — le dijo dulcemente. — ¡ Qué ! . . . ¿ No abren la puerta ?

— No quieren abrir a estas horas, pero entraremos, como 15 lo verá.

¡ Lo que se le ocurría a aquel hombre ! En un momento ya tenía su plan.

— Póngase en cuatro patas,[23] don Amparo.

— Pero don Rufino . . . ¿ En cuatro patas, como una 20 bestia ?

— Claro . . . Como usted sabe, los soldados que mueren en la guerra entran en el Cielo sin dificultad, y entran como llegan, hasta con botas y espuelas,[24] pues tienen sus privilegios.

— Eso dicen, pero . . .

25 — Nada de peros.[25] ¿ Quiere usted disputar conmigo, que soy abogado ? No sea tonto, compadre, y póngase en cuatro patas, que ya veremos.

El hotelero obedeció.

— Ahora, ¡ aguántese firme ! [26] — gritó el abogado, y 30 dando un salto se puso a horcajadas [27] en el lomo de don Amparo.

— ¡ Ay, don Rufino, que pesa mucho !

18. lawsuits.   19. cake.   20. Hell.   21. bosom friend.   22. inflated balloon.   23. Get down on all fours.   24. spurs.   25. Never mind your objections!
26. brace yourself well.   27. astride.

— Paciencia, compadre. Aguante y ande a saltitos, que ahora mismo entraremos.

San Pedro, que estaba recogiendo las llaves para irse a dormir, oyó un ruido en la puerta:

— ¡ Toc . . . toc . . . toc !   5

— ¿ Quién llama ?

— Un soldado que acaba de morir peleando, y que viene aquí con caballo y todo.

— ¡ Ay, pobrecito ! — le respondió el santo, y abrió la puerta de oro, poniéndose nervioso al ver al soldado dándole 10 talonazos [28] al caballo, el cual no podía estarse quieto, y daba saltos y vueltas, sin dejarse ver la cara.

— Pase, soldadito, y ojalá que logre aquietar a ese animal.

— Gracias, San Pedro — comentó don Rufino, y le dió

28. blows with his heels.

un nuevo talonazo al hotelero, seguro como estaba de que en el Cielo nunca más podría andar a horcajadas en su lomo fenomenal.

[DE « Cuentos valencianos », DE *Vicente Blasco Ibáñez*]

EJERCICIOS

I. *Contéstense en español:* 1. ¿Qué hacía Beseroles todas las tardes en vez de trabajar? 2. ¿Por qué era hombre de mérito este viejo? 3. ¿Quién era Rufino? 4. ¿A dónde fué Rufino cuando murió? 5. ¿Lo recibió cordialmente San Pedro? 6. ¿Qué iba a ocurrir en el cielo si dejaban entrar a Rufino? 7. ¿A dónde pensaba irse el abogado? 8. En esto, ¿a quién vió salir entre las nubes? 9. ¿Era flaco el hotelero? 10. ¿Qué le mandó Rufino al hotelero? 11. ¿A dónde saltó el abogado? 12. ¿Cómo engañó Rufino a San Pedro?

II. *Verdad o mentira que:* 1. El viejo Beseroles no era muy trabajador. 2. Al viejo le gustaba pasar las tardes en la taberna. 3. A Rufino no le gustaba comer. 4. Rufino temía no poder entrar en el cielo. 5. San Pedro rehusó abrirle la puerta al abogado. 6. Un compadre del abogado se acercó a la puerta del cielo. 7. El compadre de Rufino entró a caballo en el cielo.

III. *Estudio de palabras.* Escoja de la columna A y de la columna B las palabras del mismo sentido:

A	B
edificar	vivir
alterar	construir
habitar	ordenar
mandar	darse prisa
querer	cambiar
largarse	recobrar la salud
apresurarse	mujer
sanar	irse
esposa	amar

LAS BURBUJAS [1]

Un hombre puede obrar como un insensato [2]
en un desierto, pero todos los granos de arena
parecen verlo.

EMERSON

Pepita Montes estaba completamente enga-
ñada respecto a su novio, Curro Vázquez. Le veía joven,
guapo, sonriente y humilde, sin darse cuenta de que no tenía
corazón.

Curro era el criado de don Francisco Calderón, el famoso
negociante de caballos de Andújar. Lo había sacado del
arroyo, y últimamente lo había hecho su muchacho de confianza. Le pagaba bien, y gustaba de que vistiese con elegancia y aun con lujo.

Curro se aprovechaba de ello, y enamoraba a las muchachas, para abandonarlas después. Pero al conocer a Pepita

1. bubbles. 2. madman.

101

quedó preso de sus encantos. ¿Qué hacer para casarse con ella, si el bruto de su padre se oponía sólo porque Curro era tan pobre?... Meditó mucho, y al fin resolvió dejar de ser criado, negociar por su cuenta, y hacerse rico de cualquier
5 modo.

Una tarde lluviosa de primavera, don Francisco y su criado atravesaban las sierras. Volvían de las ferias de Córdoba, donde habían vendido a buen precio seis caballos. Como la lluvia era cada vez más fuerte, resolvieron detenerse en una
10 cueva. Al desmontarse, Curro desató su carabina de dos tiros y la puso a su lado.

— ¿Para qué quieres la carabina? — le preguntó su amo sorprendido.

— Por si acaso[3]... Usted sabe que El Casares y su
15 partida andan por ahí...

— ¿El Casares?... Ese bandido jamás ha pisado estas tierras. ¿Le tienes miedo?

— No, pero es bueno estar listo para cualquier cosa.

Los dos hombres se sentaron y se pusieron a fumar, mi-
20 rando las burbujas que afuera formaba la lluvia en el suelo. Cuando Curro tiró la colilla[4] de su cigarrillo, tomó la carabina, y apuntándole a su amo, le dijo tranquilamente:

— Don Francisco, prepárese a morir.

— ¿Qué estás diciendo? — gritó éste, tratando de levan-
25 tarse sin lograrlo, porque un tiro en el pecho le hizo caer de espalda.[5]

— ¡Me has matado, miserable!

— Todavía no, pero voy a hacerlo.

— ¡Asesino, a ti te matarán también!
30 — Sin duda, si hubiera testigos.

— ¡Los hay! Las burbujas de agua...

Don Francisco no pudo acabar su frase. Otro tiro le cerró la boca para siempre. Curro le quitó todo el dinero que llevaba, cargó de nuevo su carabina, montó a caballo y se alejó

3. Just in case.   4. stub.   5. on his back.

102

... Cuando llegó a un buen sitio se desmontó y enterró [6] el dinero, dejando una cruz como señal para encontrarlo. Después se atravesó el sombrero con un tiro, y con otro el muslo [7] de la pierna izquierda. Montó de nuevo, y a galope entró en Andújar, lleno de terror. Allí les dijo al juez y al alcalde que El Casares y sus compañeros los habían sorprendido en una cueva, cuando se disponían a seguir su camino. Que él estaba ya montado, y gracias a eso había podido escapar. Que su amo don Francisco estaba a pie, y no sabía si lo habían matado. Que había habido muchos tiros, y a él mismo lo habían herido al huír, etc., etc.

Todo eso les parecía sospechoso al juez y al alcalde, pero como no le hallaron dinero a Curro y no había testigos, lo dejaron en libertad.

Según dijo, Curro pidió prestado algún dinero en Córdoba, y se puso a trabajar en el mismo negocio de su amo. En Andújar las gentes murmuraban, y no faltaba quien [8] sospechase la verdad, pero nadie hacía nada, como suele suceder en estos casos. Y como el padre de Pepita no tenía ya motivo de oponerse a Curro, consintió al fin en la boda, que se celebró con gran pompa.

El negocio prosperaba. En poco tiempo Curro se hizo hombre de importancia, porque era astuto y activo; pero pasada la luna de miel, fué con Pepita lo que era en realidad: un perfecto canalla.[9] Sin motivo alguno la trataba cruelmente, de palabra y de obra. Pepita se sentía sorprendida más que indignada del cambio, porque de vez en cuando su marido se mostraba alegre y de buen humor.

Por desgracia estos momentos fueron cada vez más cortos, y la vida se le hizo intolerable a la pobre mujer.

Un día de lluvia Curro se sentía feliz. Hizo traer unas botellas de vino, y almorzó con su mujer, charlando [10] y riendo con ella, como en los buenos tiempos. Encendió un cigarro,

6. he buried.   7. thigh.   8. there were those who.   9. blackguard.
10. chatting.

y acercándose a la ventana se puso a mirar la lluvia que caía lentamente ... De pronto soltó una risa burlona.

— ¿ De qué te ríes ? — le preguntó Pepita.

— De nada.

5 — Te estarás riendo de mí ...

— No, hija, pero ... ¿ Crees tú que las burbujas de agua pueden ser testigos de algo ?

— ¡ Qué ocurrencia !... ¡ Imposible !

— Pues don Francisco Calderón lo creía.

10 — ¡ Don Francisco ! ¿ Y qué tiene que ver él con [11] las burbujas ?

— Él me dijo que me acusarían.

— ¿ Cuándo ?

— Cuando lo maté.

15 — ¿ Qué dices ?... ¿ Fuiste tú acaso ?...

— Sí, hija.

Y acometido de [12] un deseo irresistible de confesar su crimen, Curro le contó todo a su mujer, quien, aunque horrorizada, supo disimular sus sentimientos.

20 Pasó el tiempo y Pepita hacía grandes esfuerzos por olvidar aquel secreto terrible. Curro, por su parte, la miraba receloso [13] y sombrío. Un abismo se había abierto entre los dos. Llegó a aborrecerla. No podía vivir a su lado. Una tarde sacó el cuchillo y le dijo:

25 — Mira, Pepita: si divulgas *aquello*, te mato.

Y se le acercó mirándola con ojos de odio y de amenaza. Pepita salió a la calle corriendo, y se refugió en la casa de su cuñado, que no estaba lejos.

— Me quiere matar ... ¡ Ese hombre me quiere matar !

30 — ¿ Quién dices ?

— Curro.

— ¡ Absurdo ! Él es tu marido.

— Sí, me quiere matar, como mató a don Francisco Calderón.

11. what does he have to do with... ?　12. struck by.　13. distrustfully.

— ¡ Ah !... ¿ Fué Curro quien lo mató ?

— Sí.

Pepita le contó a su cuñado todo lo que sabía. Él la en- cerró, y como aborrecía a Curro, fué al alcalde y al juez y lo denunció por asesino.⁵

Una semana después Curro subió a la horca, en la plaza pública de Andújar. Cuando le pusieron al cuello la soga [14] fatal, le oyeron decir varias veces:

— ¡ Las burbujas !... ¡ Las burbujas !

[DE « Las burbujas », DE *A. Palacio Valdés*]

EJERCICIOS

I. *Contéstense en español:* 1. ¿ Qué le parecía Curro a Pepita ? 2. ¿ Qué defecto capital tenía Curro ? 3. ¿ Qué había hecho don Francisco por Curro ? 4. ¿ Por qué no quería el padre de Pepita que ella se casara con Curro ? 5. ¿ Qué resolvió hacer éste ? 6. ¿ De dónde volvían don Francisco y Curro cierto día de primavera ? 7. ¿ Qué tal tiempo hacía ? 8. ¿ Qué hizo Curro con el arma que llevaba ? 9. Según don Francisco, ¿ quiénes serían testigos del asesinato ? 10. ¿ Qué hizo Curro después de matar a su amo ? 11. Pasada la luna de miel, ¿ cómo trataba Curro a su esposa ? 12. ¿ Qué le confesó cierto día de lluvia ? 13. ¿ Quién denunció a Curro ? 14. ¿ Qué castigo recibió por su crimen ? 15. ¿ Qué decía Curro antes de morir ?

II. *Verdad o mentira que:* 1. Curro y don Francisco eran socios. 2. Curro se enamoró de Pepita. 3. El padre de Pepita no se opuso nunca a sus amores. 4. Don Francisco y su criado se detuvieron en una cueva a causa de la lluvia. 5. Curro mató a su amo con una carabina. 6. Don Francisco lamentó la falta de testigos del crimen. 7. Curro prosperó mucho en sus negocios. 8. Curro no le confesó jamás a nadie su crimen. 9. Pepita lo denunció al juez. 10. Curro murió en la horca.

14. rope.

III. *Estudio de palabras.* Traduzca estas palabras y forme usted con ellas tres grupos de palabras relacionadas:

espada	silbido	rugido
semana	cuchillo	mañana
tarde	rifle	bramido
pistola	día	facón
gruñido	puñal	minuto
grito	mes	hora
carabina	siglo	aullido
garrote	machete	año

*　　*　　*

LOS MISIONEROS

En el complicado proceso de la expansión hispana en América se notan tres fuerzas principales, representadas por tres tipos humanos por demás interesantes: el conquistador, el colono y el misionero. Cada uno de ellos
5 ejerció una acción que en parte niega y en parte complementa la de los otros dos.

El conquistador — audaz, astuto y codicioso — destruyó los gobiernos indígenas de América, sometiendo a sus pueblos a la voluntad política de Hispania.

10 El colono — tenaz, y astuto y codicioso también — se estableció en América con el propósito de explotar sus riquezas naturales, utilizando para ello a los indios conquistados.

El misionero — tenaz, sufrido,[1] entusiasta e idealista — vino a protegerlos, a educarlos, a elevarlos a un nivel [2] más
15 alto de vida y de cultura.

1. long-suffering.　2. level.

Vestidos de acero y armados de lanzas y de espadas, los conquistadores recorrieron casi todo el continente, en busca de tesoros y de glorias, y levantaron fortalezas [3] y ciudades, para mejor ejercer su autoridad.

Vestidos de seda, y amparados [4] por viejas prácticas poco humanitarias, muchos colonos establecieron encomiendas [5] y empresas mineras donde perecieron miles de indios, en trabajos para los cuales no estaban preparados.

Vestidos de lana o de algodón, y con la cruz y el Evangelio [6] en la mano, muchos misioneros erigieron [7] templos, escuelas, hospitales, talleres [8] y granjas agrícolas [9] en todas partes.

Por eso el misionero representó en Hispano-América una fuerza civilizadora más dinámica y constructiva, y echó las bases de las naciones que hoy crecen y prosperan en su territorio.

Esto no debe sorprendernos. América fué descubierta cuando en Europa se sentía la necesidad de reformar la vida, que se hundía en los pantanos de la vanidad, el lujo y los placeres. En 1516 decía Thomas More en su *Utopia* que « era preciso reestablecer la sociedad a sus bases cristianas, adoptando como guía suprema las normas de la ley natural ». Este anhelo [10] se hizo fuerza viva de acción directa en tierras de América, gracias a los misioneros para quienes Cristo no era sólo un ideal de perfección individual, sino el camino que conduce a la armonía social, a la paz y la justicia.

Los misioneros hispanos — que a menudo gozaban de independencia de las autoridades civiles nombradas por los reyes — emprendían excursiones penosas y audaces a regiones remotas y salvajes, y levantaban sus misiones entre las tribus más primitivas, para reducirlas y civilizarlas por medio de la fe y del trabajo colectivo. Cada misión fué el comienzo de un pueblo o de una ciudad, y no sólo en el extenso territorio de la América hispana, sino en el de los Estados Unidos.

3. fortresses.   4. protected.   5. estates (granted by the king).   6. Gospel.
7. erected.   8. shops.   9. farms.   10. vehement desire.

Origen misionero tuvieron miles de pueblos y ciudades situados al sur del Río Grande, y cientos de pueblos de California, Arizona, Nuevo Méjico, Tejas y Colorado, y grandes ciudades norteamericanas como San Francisco, Los Ángeles, Tucsón,
5 San Diego, San Antonio, El Paso y Santa Fe, fundadas todas por españoles.

Dirigidas principalmente por los padres franciscanos, dominicos y jesuítas, las misiones se extendían a lo largo de un inmenso territorio, y lograron extraordinario desarrollo
10 en algunos casos, debido a sus métodos de organización y de trabajo.

Tres fueron los grandes movimientos misioneros. Se inició el primero pocos años después del descubrimiento de América, en las Antillas, Méjico, Centro América, Colombia,
15 Venezuela, el Ecuador, Bolivia y el Perú, y se inspiró en el ejemplo de Fray Bartolomé de las Casas y don Vasco de Quiroga, que aspiraban a « elevar la vida de los indios a un nivel de virtud superior al europeo », y a « reestablecer la perdida pureza de la iglesia » de los primeros años del Cristia-
20 nismo. Se desarrolló el segundo en los siglos XVII y XVIII, en el valle del Río Paraná, en tierras que les pertenecen ahora al Paraguay, a la Argentina y al Brasil, y el tercero en el siglo XVIII, en Nuevo Méjico, Tejas, Arizona y California, donde el padre Junípero Serra fundó muchas misiones y levantó los
25 templos que ahora tanto admiran y visitan los turistas.

El mismo espíritu animaba a las misiones en los tres períodos de su desarrollo histórico.

Desde el comienzo de la colonización hispana de Santo Domingo, año de 1512, los sínodos [11] dispusieron que en cada
30 misión se estableciese una escuela para enseñarles a los nativos el idioma castellano, la doctrina cristiana, la aritmética y el canto, por una parte, y por otra, el cultivo de la tierra, las artes manuales — como la carpintería, la herrería [12] y la albañilería [13] — y las nuevas industrias, como la ganadería [14]

11. synod, church council.   12. blacksmithing.   13. masonry.   14. cattle raising.

y la avicultura.[15]   Así se hizo, pero pronto se fueron estable-
ciendo hospitales para los enfermos, asilos para los ancianos
y los desvalidos,[16] y también museos, laboratorios, colegios y
universidades.   Los misioneros no se contentaban con enseñar.
Querían también aprender las lenguas nativas, y explorar la   5
naturaleza del Nuevo Mundo, para revelarle al Viejo sus
riquezas y secretos.   La primera universidad fué la de Santo
Domingo, establecida en 1538.   Para 1791 había diez y siete
universidades mayores, y muchos colegios, desde Méjico hasta
la Argentina.   10

Para pertenecer a una misión, el individuo renunciaba a
ser propietario,[17] y se daba al trabajo organizado por los
padres, para bien y seguridad de la comunidad entera.   Se
educaba a los niños según sus disposiciones naturales, y la
vida de todos se regía [18] por las normas de la moral [19] cristiana.   15
La meta [20] perseguida era la salud física y moral del individuo
en función del bienestar social.

El caso de las misiones del Paraná es interesante.   En
1609 se establecieron seis jesuítas entre los indios guaraníes,
que eran muy primitivos y vivían en las selvas y desiertos del   20
gran río.   Para 1679 había veintidós misiones, con una población de cerca de sesenta mil indios reducidos.[21]   Para 1767,
había treinta misiones que controlaban ya la vida de cerca
de un millón de indios.

Las misiones del Paraná cultivaban y recogían los frutos   25
de la tierra, como el maíz, el tabaco, la yerba mate,[22] las nueces
y las maderas;   cultivaban frutas y cereales importados de
España, como naranjas, limones, trigo y cebada;   criaban
ganados importados también, como caballos, vacas, asnos,[23]
cerdos y ovejas, y explotaban minerales de oro y plata, y   30
piedras preciosas.   El sistema de producción, dirigido por los
jesuítas, aseguraba la vida de las misiones y su creciente
desarrollo, porque los productos que ellas no consumían se
exportaban a Europa en cantidades considerables.

15. rearing of birds.   16. destitute.   17. landowner.   18. was governed.
19. ethics.   20. goal.   21. converted.   22. Paraguay tea.   23. donkeys.

Estas misiones, a pesar de hallarse esparcidas en un inmenso territorio, constituían un « imperio » rico y floreciente,[24] que desapareció al ser expulsados [25] los jesuítas en 1767. Para 1770 sus habitantes habían vuelto a las selvas. Su régimen 5 era demasiado paternalista, y por lo mismo carecían de solidez [26] interna. El indio era tratado en ellas como un niño: recibía educación vocacional y protección económica, pero no tenía la ocasión de desarrollar plenamente [27] su iniciativa individual. Trabajaba lo necesario, y recibía una justa recom-10 pensa por su trabajo, pero no gozaba de verdadera libertad. Por eso quizás las misiones del Paraná se desintegraron rápidamente, al faltarles la mano que gobernaba su existencia.

No sucedió lo mismo con otras misiones. Se facilitó en ellas la mezcla de blancos e indios, y se fomentó la inicia-15 tiva individual. Por eso, si más tarde desaparecieron como misiones, en cambio subsistieron como pueblos, algunos de los cuales han llegado a ser grandes centros políticos, económicos y culturales.

EJERCICIOS

I. *Contéstense en español:* 1. ¿ Qué fuerzas se notan en la expansión hispana en América ? 2. ¿ Qué hizo el conquistador en América ? 3. ¿ Por qué se estableció en ella el colono ? 4. ¿ Por qué se distingue el misionero de los otros dos ? 5. ¿ Cómo trataban los colonos a los indios ? 6. ¿ Qué erigieron los misioneros ? 7. ¿ Qué era Cristo para los misioneros ? 8. ¿ Se establecieron los misioneros sólo en las ciudades ? 9. ¿ A qué órdenes pertenecían los misioneros ? 10. ¿ Ejercieron alguna influencia los misioneros españoles en tierras de los Estados Unidos ? 11. ¿ Cuántos movimientos misioneros hubo ? 12. ¿ Qué dispusieron los sínodos que se estableciera en cada misión ? 13. ¿ Qué instituciones de cultura establecieron ? 14. ¿ Qué meta perseguían los misioneros ? 15. ¿ Qué desarrollo tuvieron las misiones del Paraná ? 16. ¿ Por qué desaparecieron ?

24. flourishing. 25. expelled. 26. strength. 27. fully.

II. *Verdad o mentira que:* 1. El conquistador era tenaz, sufrido e idealista. 2. El colono no trataba bien a los indios conquistados. 3. El misionero vino a proteger y a ayudar a los indios. 4. Ningún movimiento misionero se desarrolló en tierras de los Estados Unidos. 5. Los misioneros aprendían las lenguas nativas y exploraban la naturaleza del nuevo mundo. 6. La primera universidad del nuevo mundo se estableció en los Estados Unidos. 7. Los jesuítas fundaron las misiones del Paraná. 8. Muchas misiones son hoy pueblos o ciudades.

III. *Traduzca usted estos modismos y empléelos en oraciones originales:* a lo largo de; cada vez más; dar con; darse cuenta de; de cuando en cuando; de nuevo; dejar de; echarse a; en seguida; en vez de; hace muchos años; hacerse rico.

*   *   *

REGALOS

Era un día de sol, luminoso y sereno. El *Santa Elisa* echó anclas,[1] y sus pasajeros se preparaban para ir a tierra sin tardar.

— Pepe, — me dijo Catica — ¿ quieres acompañarme a ver el pueblo ? Tú sabes que sin ti no quiero ver a Sud 5 América.

— ¿ De veras ? ¿ Y por qué ?

— Porque tú eres mi intérprete. Otros me muestran las cosas, pero tú me revelas el alma de las gentes. ¿ Quieres acompañarme ? ... Por favor ... ¿ Vamos ? 10

— Sí, ahora mismo — le respondí, tomándola del brazo para escoltarla por las calles y plazas de Mollendo.

Debo decir que Catica era una muchacha norteamericana

1 cast anchor.

111

que iba a Sud América « a verlo todo », y con la esperanza de comprar « alguna cosa diferente y única », quizás para mostrársela a sus amigos y parientes. Era esbelta [2] y elegante. Tenía los cabellos rubios y los ojos azules, y andaba
5 con pasos firmes y elásticos, como una gatita... Ese día iba vestida de blanco, y por eso yo sentía la necesidad de convertirme en algo así como un manto [3] invisible e impenetrable, para envolver su blancura y protegerla, no de las gentes de Mollendo, que son mansas [4] y apacibles, sino de la
10 mugre [5] que en todas partes nos amenazaba.

Fuimos al mercado.

— ¡ Ah, pero qué gentes tan sucias y miserables ! — exclamó Catica al ver la muchedumbre de indios y de cholos [6] que ocupaban los puestos y veredas [7] del mercado, charlando
15 y zumbando [8] como una colmena [9] inmensa. — ¿ Crees tú en estas gentes, Pepe ?

— Por supuesto. Son gentes muy pobres, pero muy interesantes y prometedoras. Si las educaran mejor...

— ¿ Crees tú ?... ¿ Hay esperanzas de salvarlas ?
20 — Claro que sí. Pero, mira: allá en ese rinconcito hay un puesto de flores.

— ¿ De flores ?... ¿ No me has dicho que Mollendo está en un desierto ?

— Sí, Catica, pero los indios traen flores de las sierras.
25 Andan a pie más de cuarenta millas, para venderlas aquí por unos centavos. ¡ Pobrecitos ! ¿ Compramos algunas ?

— Sí, Pepe.

Abriéndonos paso [10] casi a la fuerza, llegamos al puesto de flores. Había rosas y claveles,[11] y sobre todo azucenas [12]
30 del monte, y también muchas florecillas silvestres,[13] cuyos nombres nos eran desconocidos. Detrás del mostrador y sentada en un banquito de madera, estaba una india de unos

---

2. slender. 3. cloak. 4. gentle. 5. dirt. 6. half-breeds. 7. paths.
8. buzzing. 9. beehive. 10. Making our way through. 11. carnations.
12. lilies. 13. wild.

sesenta años, gorda, casi redonda, de cara bronceada [14] y de cabellos negros y lustrosos que le caían sobre el pecho. Tenía los ojos negros, dulces, ligeramente melancólicos. Se diría que allí estaba esperando algo que nunca habría de venir.

Al vernos, la india se levantó, y llena de exquisita afabili- 5 dad le preguntó a Catica, mirándola sin pestañear [15]:

— ¿ Desea algunas flores la señorita ?

— ¿ Qué me dice, Pepe ?

— Que si deseas unas flores.

— ¡ Oh, sí, sí ! ... Dile que quiero un manojo de azucenas 10 y claveles.

— La señorita quiere un ramillete [16] — le expliqué a la india. — ¿ Puedes hacerle uno muy bonito ?

— ¡ Ay, sí, cómo no ! — me respondió vivamente. — Ahorita mismo. 15

La india, moviéndose con extraordinaria rapidez a pesar de su gordura, comenzó a hacer el ramillete.

¡ Qué espectáculo ! Cogía una azucena, luego un clavel, y una rosa, y otra y otra, y casi sin perder de vista a Catica al cabo de cinco minutos había arreglado un ramillete admi- 20 rable por la rara armonía de sus formas y colores. Lo miró con amor, y me dijo suspirando:

— Patrón,[17] dígale a la señorita que ahí tiene las flores. Que son un regalito, para que se acuerde de mí.

— Catica, la vieja ésta te regala el ramillete. Está lindo, 25 ¿ verdad ?

— ¡ Perfecto ! ¿ Y dice que me lo regala ? Imposible. Yo debo pagárselo.

Catica abrió la bolsa con la intención de sacar dinero para pagarle a la india, que no perdía ninguno de sus movimientos. 30

— ¡ No, no ! ... No le des dinero. Ella quiere hacerte un regalo, y si le muestras el dinero la herirás en el alma.

— Pero, Pepe, eso no puede ser. Yo debo pagárselo. ¡ Pobre mujer !

14. bronze-colored.   15. blinking.   16. bouquet.   17. Master.

—Oye: ¿ sabes lo mejor que puedes hacer ?

—¿ Qué ?... Dímelo.

—Ahí, en la bolsa, veo que tienes un pañuelo de encajes.[18]
¿ Por qué no se lo regalas a la india ? Ofréceselo, que yo le
5 explicaré.

—¡ Espléndido ! ¡ Qué buena idea ! — exclamó Catica,
sacando el pañuelo, que le ofreció a la india, diciéndole en mal
español:

—Es *por* usted.

10 —¿ Qué quiere decir la señorita ?

—Que el pañuelo es *para* ti ... Que lo guardes como un
recuerdo.

—¿ Para mí ?

—Sí, sí ...

18. lace.

La india, con manos temblorosas, cogió el pañuelo, lo olió y lo besó varias veces.

— ¡Ay!... La señorita se parece a la Virgen. ¡Qué buena y qué linda es! — exclamó luego, hundiendo la cabeza entre las manos para ocultar las lágrimas que le brotaban 5 de los ojos llenos de luz y de agradecimiento.

Catica estaba sorprendida y emocionada.

— Interesante, ¿eh?... Una vieja tan pobre y sucia, y tan artista...

— Sí, Pepe, y tan noble. 10

— Es cierto.

— ¡Ah, Pepe!... Y si no hubiese sido por ti, yo no habría tenido la ocasión de comprenderlo. ¿No ves?... Es lo que te digo: tú sabes revelarme el alma de estas gentes... Por eso tendrás que acompañarme siempre, en todos mis viajes. 15

— ¿En todos, Catica?...

— Sí, sí, en todos...

— ¡Espléndido!

Catica y yo nos miramos un momento, y sonreímos. Pocos minutos después volvimos al *Santa Elisa:* ella caminando con 20 sus pasos firmes y elásticos, y yo soñando, y pensando en las mil ocasiones que yo tendría de «revelarle el alma de las gentes», como ella decía...

EJERCICIOS

I. *Contéstense en español:* 1. ¿Quién era Catica? 2. ¿Por qué había ido a Sud América? 3. ¿A dónde fueron Catica y su amigo? 4. Estando Mollendo en un desierto, ¿cómo es que se vendían flores allí? 5. ¿Qué clases de flores había en el puesto? 6. ¿Cómo era la vendedora? 7. ¿Cuánto tardó la india en hacer el ramillete? 8. ¿Cuánto pidió por él? 9. En cambio, ¿qué le dió Catica a la mujer? 10. ¿Qué hizo la india cuando Catica le dió el pañuelo? 11. ¿Qué hicieron después Catica y su amigo? 12. ¿Cree usted que se van a casar Catica y su intérprete?

II. *Verdad o mentira que:* 1. Catica fué a Sud América en avión. 2. Catica tenía los ojos oscuros. 3. En el mercado de Mollendo había muchos indios y cholos. 4. En Mollendo las flores crecían en abundancia. 5. Catica quería comprar un ramillete de flores. 6. La india pidió un peso por el ramillete. 7. Catica le dió. a la mujer un pañuelo de encajes. 8. Catica hablaba perfectamente el español.

III. *Estudio de palabras.* Escoja de la columna A y de la columna B las palabras de sentido contrario:

A	B
acercarse	temprano
alegría	alejarse
abrir	enemigo
tarde	tristeza
amigo	cerrar
calle arriba	a principios de
a fines de	perder
origen	calle abajo
llegada	fin
ganar	partida

*   *   *

LO DECÍA MICAELA . . .

Micaela la Galana cruzaba las manos, bajaba los ojos, y se ponía a contar cuentos. Entre todos prefería los cuentos de Juan Quinto, el bandido joven y feroz que hacía estremecer todas las tierras de Salnés.

5 — Una noche — decía Micaela — entró Juan Quinto a robar en la Rectoral [1] de Santa Ana, que está junto a la iglesia, y sombreada [2] de olivos y naranjos. [3] El rector era entonces un

1. rectory.   2. shaded.   3. orange trees.

fraile viejo, gordo, buen latinista y buen teólogo, que tenía fama de rico y bondadoso.

Juan Quinto, para robarle, había escalado la ventana, con un cuchillo entre los dientes. Trepó por [4] el muro,[5] y al ver al fraile bostezando en la cama, dió un grito horrible y luego un salto, haciendo crujir [6] las tablas del piso.

Juan Quinto se le acercó, y halló los ojos del fraile, abiertos y sosegados,[7] que lo estaban mirando.

— ¿ Qué mala idea tienes, rapaz ? [8] — le preguntó sonriendo.

— Vengo por el dinero que tiene escondido, señor.

— ¡ Tú eres Juan Quinto !

— Pronto me ha reconocido.

Juan Quinto era alto, fuerte, airoso.[9] Tenía la barba de cobre, y los ojos verdes, como dos esmeraldas de vivo y extraño fulgor [10] . . . Por todas partes se decía que era valeroso y cruel como ninguno.

— Traigo prisa, señor. ¡ La bolsa o la vida !

— Pero tú vienes lleno de aguardiente,[11] rapaz — comentó el fraile santiguándose.[12] — ¿ Cuántas copas te tomaste ? . . . Yo conozco mucho tus hazañas, pero nadie me había dicho que fueses borracho.[13]

Juan Quinto, exasperado, rugió con violencia:

— Señor ¡ rece usted el Yo pecador ! [14]

— Rézalo tú, que más falta te hace.

— Récelo, señor, que voy a cortarle la cabeza.

— No seas bruto,[15] rapaz . . . ¿ De qué te serviría tanta carne cruda ? [16]

— Déjese de burlas, señor. ¡ La bolsa o la vida !

— Yo no tengo dinero, y si lo tuviese no sería para ti. ¡ Vete a trabajar, a cavar [17] la tierra !

Juan Quinto le puso el cuchillo en la garganta.

4. He climbed over. 5. wall. 6. creak. 7. calm. 8. young fellow. 9. graceful. 10. brilliance. 11. brandy. 12. crossing himself. 13. drunkard. 14. (a prayer). 15. stupid. 16. raw. 17. to dig.

—¡ Ea, señor, rece usted el Yo pecador !

—Si no me da la gana,[18] hombre ... Y si estás borracho, mejor es que te vayas a dormir.

—Usted no sabe quién es Juan Quinto.

5 —¿ Un mal cristiano ? ...

—¡ No, un tigre !

—Más pareces un gatico ...

—¡ Los dineros !

—Búscalos, si quieres ...

10 En la penumbra de la alcoba echó Juan Quinto una mirada a la redonda,[19] y descubriendo un armario murmuró:

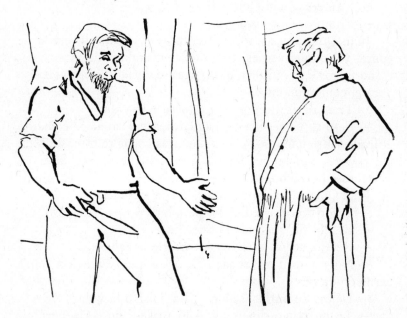

—¡ Ajá ! ... Allá debe estar el nido.

—Mala tienes la nariz [20] — comentó el fraile vistiéndose con calma, y sin perder de vista al bandido, que iba mirando 15 de un lado a otro.

18. I don't feel like it.   19. roundabout.   20. You have the wrong scent.

— Ea, Juan Quinto, sigue buscando... Dinero no lo encuentro yo ni de día... ¿ Crees tú que lo vas a hallar en la penumbra ?

Los gallos comenzaron a cantar, los árboles a estremecerse, y los rayos del sol a inundarlo todo con sus suaves luces 5 doradas.

— Tráeme el breviario — le ordenó el fraile a Juan Quinto, al ver que registraba ²¹ el armario.

Juan Quinto se lo trajo.

— ¿ Pero quién te puso a ti en el mal camino, rapaz ?... 10 Ponte a cavar la tierra, que así ganarás el pan.

— No nací yo para eso. Sangre de señores llevo yo en las venas.

— Entonces compra una soga y cuélgate con ella, porque para robar tampoco sirves. ¡ Adiós!... 15

El rector salió y entró en la iglesia a celebrar la misa.

Juan Quinto, silencioso y angustiado, huyó por la ventana ... Esa misma mañana, fresca y fragante, robó y mató en el camino a un chalán ²² de Santa María de Meis.

Micaela la Galana bajó la voz, santiguándose, y le dió fin 20 al cuento murmurando entre dientes:

— Ese Juan Quinto, tan guapo y tan cruel... Recemos un padrenuestro, por los vivos y los muertos...

[DE « Juan Quinto », DE *Ramón del Valle Inclán*]

EJERCICIOS

I. *Contéstense en español:* 1. ¿ Qué cuentos le gustaban más a Micaela ? 2. ¿ Cómo era el bandido ? 3. ¿ Cómo entró Juan Quinto en la Rectoral de Santa Ana ? 4. ¿ Qué arma llevaba el bandido ? 5. ¿ Tardó el rector en reconocerle ? 6. ¿ Qué le dijo Juan Quinto al fraile ? 7. Según el fraile, ¿ quién necesitaba más de la oración ? 8. ¿ Qué hizo el bandido con el cuchillo ? 9. ¿ Encontró dinero Juan Quinto en la Rectoral ? 10. ¿ Le tuvo miedo el

21. was examining.   22. horsedealer.

119

rector al bandido? 11. ¿Qué hizo Juan Quinto poco después de huír? 12. ¿Qué dijo Micaela al terminar su cuento?

II. *Verdad o mentira que:* 1. Juan Quinto entró en la Rectoral a rezar. 2. El rector era un joven muy delgado. 3. Juan Quinto llevaba una pistola en la mano. 4. El fraile se llenó de miedo al ver al bandido. 5. El rector acusó a Juan Quinto de estar borracho. 6. El bandido halló mucho dinero en el armario. 7. El fraile le ordenó a Juan Quinto que le trajese el breviario. 8. Juan Quinto era de familia muy humilde. 9. El bandido huyó al mediodía. 10. Al día siguiente mató a un chalán.

III. *Estudio de palabras, basado en las diez lecciones siguientes.* Nombre usted una o más palabras relacionadas entre las siguientes, y tradúzcalas: acercarse, alabanza, alegrar, alejarse, anuncio, apoyo, arrodillarse, asegurar, atraso, avance, belleza, blancura, brillo, cabellera, calentar, cambio, cartera, ciudadano, conocimiento, desarrollar, descanso, deseable, descubrimiento, dulzura, esperanza, felicidad, guerrero, heredero, hermosura, independizarse, juventud, llamamiento, mejoramiento, oído, ordenar, palidez, pensamiento, pereza, queja, rapidez, recuerdo, riqueza, sangriento, ternura, tristeza, unidad, vecindad, venganza.

Palabras engañosas: admiración, cristal, delicioso, dependiente, desgraciadamente, devolver, gracioso, idioma, lectura, realizar, registrar, resignarse, suceder.

El prefijo *des:* desaparecer, descubrir, descuidar, desenojar.

Es seguidas de consonante: esbelta, escalar, especie, espía, espiritual, esplendor, espontáneo, estatura, estrangular, estructura, estuco, estupendo.

El sufijo *–dor:* cazador, civilizador, comedor, conquistador, libertador.

El sufijo *–oso:* cariñoso, desdeñoso, dichoso, envidioso, espantoso, milagroso, poderoso, sedoso, silencioso, sospechoso.

ENSALADILLA[1]

I

Carlos acababa de llegar, sin poder decir ni una palabra en inglés. Él sabía que este idioma es muy difícil, pero como quería aprenderlo, resolvió confiar en la experiencia, que es buena maestra, aunque no siempre . . . Por eso su vida vino a ser pronto como una ensaladilla de experiencias, pi- [5] cantes[2] unas y sabrosas[3] casi todas.

Un día, queriendo ir al centro de Nueva York, le pidió a su primo que lo acompañase, porque no se sentía capaz de andar solo por sus calles y avenidas.

1. Hodgepodge.　2. spicy.　3. tasty, delightful.

121

— ¿ Quieres ir conmigo, Alfonso ?

— Sí, hombre, vamos.

Los dos salieron, y al acercarse al subterráneo [4] descubrieron que Alfonso no tenía ni un centavo, y que Carlos sólo
5 llevaba en el bolsillo un billete de a diez dólares. ¿ Qué hacer ?

— No te apures — le dijo Alfonso. — Mira: en la botica [5]
de enfrente nos lo cambiarán.

En la botica Alfonso le pidió a uno de los dependientes que
les cambiase el billete.

10 El dependiente, con mucho gusto, tomó el billete, lo puso
en la caja de registro,[6] marcó en ella NO SALE, y se alejó por un
momento a atender a otro parroquiano.[7] Entonces Carlos,
que lo estaba observando con el mayor interés, porque él
jamás había visto en su pueblo natal [8] ni una caja de registro,
15 le dijo a su primo muy alarmado:

— ¡ Ah, pero qué misterio !... Por lo que veo... ¡ adiós
mis diez dólares !

— ¿ Por qué lo dices, Carlos ? ¿ Dónde está el misterio ?

— Pues ahí, en esa caja del diablo. ¿ No ves que mi billete
20 *no sale*, y que el dependiente ha desaparecido como el humo ?

II

Hacía ya dos semanas que Carlos estaba en Nueva York,
y ya quería *hacer solos*,[9] como buen aprendiz [10]...

Una tarde su primo lo invitó a tomar helados en una de
las tiendas más elegantes de la ciudad.

25 Carlos los comió con mucho gusto, porque estaban deliciosos, y queriendo saber cómo se llamaban en inglés, se lo preguntó a su primo.

— Se llaman *ice cream*. Es muy sencillo: *ice*, hielo, y
cream, crema.

30 Carlos repitió varias veces las milagrosas palabras, y
siguió charlando.

4. subway.   5. drugstore.   6. cash register.   7. customer.   8. native.
9. to strike out for himself.   10. apprentice.

122

Seguro de sí mismo y de su buena memoria, el día siguiente entró solo en la misma tienda, y en *su inglés* le pidió unos helados a la chica que vino a atenderlo.

La chica le dijo que « allí no tenían lo que él quería », pero que, si esperaba unos minutos, se lo traería de la botica de 5 enfrente.

— Está bien, esperaré — exclamó Carlos sonriendo, porque la chica era muy linda y tan cortés.

Cuando la chica volvió, Carlos notó con sorpresa que ella no le había traído los helados en una copa, sino en un tarrito [11] 10 blanco, tapado y muy atrayente [12] ... Resignado como siempre, lo tomó en la mano, le quitó la tapa, y sacó una cucharadita [13] del contenido, llevándosela a la boca muy de prisa.

— Grrrah ... grrrah ... ¿ Qué me ha traído usted ? — 15 gritó Carlos, haciendo gestos horribles de disgusto.

— Lo que pidió, señor, *cold cream* ...

— ¿ Pero qué diablos ? ... Grrah ... grrah ...

— Oh, ya comprendo — exclamó la chica soltando una carcajada. — Lo que usted quería era *ice cream* ... ¡ Qué 20 gracioso !

— Sí, claro ... Ahora lo comprendo yo también: *ice*, hielo, pero *cold*, frío. ...

Y Carlos se puso a limpiarse la lengua con la servilleta, porque la bendita *crema*, aunque era fría y perfumada, tenía 25 un sabor de todos los diablos.

III

Pasaba el tiempo, y Carlos no podía con [14] el inglés, que cada día parecía más complicado y desconcertante.

— Alfonso, — le dijo a su primo — yo necesito hablar inglés. ¿ Qué haré para aprenderlo pronto ?   30

— Estudiarlo mucho.

---

11. small jar.   12. attractive.   13. teaspoonful.   14. couldn't do anything with.

— Pero si eso es lo que hago, si vivo prendido al diccionario ...

— Esto no basta. Lo mejor es hallar un buen maestro.

— ¿ Pero cómo ?

5 — Muy sencillo. Vamos al *New York Times*.

Carlos y Alfonso fueron a las oficinas del gran diario, y pusieron un anuncio clasificado que decía: « Joven sudamericano, refinado, desea cambiar lecciones de español por lecciones de inglés. Hotel Granada No. 648. »

10 — ¿ Y crees tú que este anuncio servirá de algo ?

— Sí, hombre, ya lo verás.

Al día siguiente Carlos tenía en las manos unas diez cartas de respuesta, que observó con cuidado, fijando los ojos en una que parecía muy prometedora, porque el sobre era de lino, 15 y de un color azul de cielo ...

— ¡ Ah, qué rico ! — exclamó Carlos, al aspirar [15] el suave aroma de narcisos que tenía la carta. — Aquí ... ¿ Quién sabe ? ...

La carta estaba muy bien escrita, y la firmaba una mucha-20 cha llamada Carol.

Lleno de emoción Carlos fué a ver a Carol, y quedó encantado: la muchacha era alta, rubia, de claros ojos azules, inteligente y de modales exquisitos. ¡ Una excelente maestra, sin duda !

25 Carol y Carlos hicieron los arreglos necesarios para el cambio de lecciones. Se verían dos veces a la semana: el martes él le daría a ella una lección de español, y el jueves ella le daría a él una lección de inglés. ¿ Y en dónde ? ... En los parques, en las calles, en cualquier parte.

30 Las lecciones comenzaron con éxito. Mucho interés, mucho entusiasmo, mucha paciencia, y tal ... Pero, ¿ para qué negarlo ? Carol le gustaba mucho a Carlos, y él quería decírselo, y no podía.

Al fin le vino una idea feliz. La invitó al cine, pero antes

15. inhaling.

de ir consultó el diccionario, y con su ayuda tradujo palabra
por palabra la gran frase que quería decirle, si llegaba el
momento psicológico . . .

Juntos entraron Carol y Carlos al teatro. La película era
muy romántica y emocionante. ¡ Qué coincidencia !   5

Al avanzar la película, Carlos notó que Carol le había
cogido una mano, y que se la apretaba a veces muy suavemente. ¡ Qué maravilla !. . . Era la primera vez que le
sucedía esto al joven sudamericano, porque allá en su país
los jóvenes no hacen eso en el cine, por la sencilla razón de 10
que allá no van solos al cine.

Carlos estaba feliz, y cuando llegó « el momento psicológico », le dijo a Carol, en voz clara y temblorosa:

— ¿ Carol ? . . .

— Yes, dear ?   15

— Do you know what ? . . .

— . . . ?

— Carol, *you like me* . . .

— Oh ! . . . Do I ? . . .

— Sí, sí, Carol mía, *you like me*, muchísimo . . .   20

— You think so ? . . . Well, you are taking too much for
granted ! Good-by !

Y soltándole la mano, Carol se levantó y salió del teatro
a toda prisa, dejando a Carlos perplejo y anonadado.[16]

El joven volvió a su hotel, y se puso a consultar el diccio- 25
nario, pero en vano. Cogió entonces su libro de gramática,
y allí descubrió la clave [17] del misterio: lo que él quería decirle
a Carol era: *usted me gusta*, es decir, *I like you*, pero . . ., por
no saber la gramática, le había dicho todo lo contrario.

— ¡ Maldición ! — rugió el joven, arrojando el diccionario 30
al suelo.

Por su parte, también Carol consultó la gramática, y la
semana siguiente los dos jóvenes continuaron sus lecciones,

16. crushed.   17. clue.

haciendo nuevos y grandes progresos en el estudio de sus idiomas nativos, y en el conocimiento de su gramática, que es tan importante.

EJERCICIOS

I. *Contéstense en español:* 1. ¿ Hablaba Carlos muy bien el inglés ? 2. ¿ En qué resolvió confiar ? ¿ Por qué ? 3. ¿ Por qué le pidió a su primo que le acompañase ? 4. ¿ Por qué tuvieron los dos que cambiar el billete de a diez que Carlos llevaba ? 5. ¿ A dónde fueron a cambiarlo ? 6. ¿ Por qué creyó Carlos que había perdido su dinero ? 7. ¿ Por qué entraron los dos una tarde en una tienda ? 8. ¿ Qué le sucedió a Carlos el día siguiente ? 9. ¿ Cuántas respuestas recibió Carlos al anuncio que puso en el diario ? 10. ¿ Con quién hizo el joven arreglos para cambiar lecciones ? 11. ¿ Quién era Carol ? 12. ¿ A dónde invitó Carlos a su amiga ? 13. ¿ Qué le dijo a ella en el teatro ? 14. ¿ Por qué salió la joven a toda prisa del teatro ? 15. ¿ Dónde descubrió Carlos la clave del misterio ? 16. ¿ Es bueno estudiar la gramática ?

II. *Verdad o mentira que:* 1. Carlos fué solo al centro de la ciudad. 2. En la tienda un dependiente les cambió el billete. 3. A Carlos no le gustaron los helados. 4. Carlos tuvo buen éxito al comprar solo los helados. 5. Para hablar inglés basta estudiar el diccionario. 6. Carol era una muchacha alta y morena. 7. Carlos no pudo decirle a Carol que ella le gustaba mucho. 8. Carlos y Carol vieron juntos toda la película. 9. En el libro de gramática Carlos descubrió el misterio. 10. La semana siguiente los dos jóvenes continuaron sus lecciones.

III. *Estudio de palabras.* Traduzca usted estas palabras y forme con ellas tres grupos de palabras relacionadas:

tigre	caballo	oveja
cuadro	yegua	lecho
lobo	armario	cama
silla	cebolla	perro
col	gato	patata
escritorio	vaca	cabra

EL POTRILLO[1]

I

Cansado de jugar, Mario salió a la puerta de la casa.

Por la calle se acercaba un hombre montado en una yegua [2] a la que seguía un potrillo.

Mario los miró con asombro. ¡Un potrillo!... Era su pasión, su sueño de niño. Pero, desgraciadamente, sus padres decían que «no podían tener animales en la casa, porque destruyen las plantas y las flores. Allá en *La Estancia*,[3] todo lo que quisieran, pero aquí en la casa no.»

1. colt.   2. mare.   3. farm.

Por eso Mario iba a resignarse, cuando el hombre, al pasar delante de la casa, le hizo esta proposición estupenda:

— ¡ Che,[4] chiquito ! Si quiere este potrillo, se lo doy.

Al oírlo, Mario sintió que el suelo temblaba bajo sus pies, 5 que sus ojos se nublaban,[5] que toda la sangre le subía a la cabeza, pero ¡ ay ! . . . como él conocía tan bien las leyes de la casa, no vaciló ni un segundo y respondió:

— ¡ No, gracias, no !

El hombre, sin decir más, siguió su camino, llevándose el 10 potrillo, que trotaba airosamente y se espantaba las moscas con la cola, como si fuera un caballo grande.

Con la rapidez del rayo Mario entró en la casa.

— ¡ Ay, mamá, ay !

— ¿ Qué te pasa ? — le preguntó ella medio asustada.

15 — Nada, mamá . . . Que un hombre . . .

— ¿ Qué, m'hijo, qué ?

— Que un hombre que llevaba un potrillo me lo ha querido dar.

— ¡ Vaya, qué susto me has dado ! — comentó ella son-20 riendo.

— Un potrillo, mamá . . . Un potrillo así, chiquito, precioso . . .

— ¿ Sí ? . . . ¿ Y por qué no lo aceptaste ? ¡ Tonto ! Mira, ahora que nos vamos a *La Estancia* . . .

25 Ante este comentario tan inesperado y sorprendente,[6] Mario abrió la boca, y, sintiéndose ya « loco de potrillo », salió de nuevo a la calle.

Allí no vió hombre, ni yegua, ni potrillo. Y corrió y corrió.

En vano las piedras le hacían tropezar y caer; en vano le 30 salían ladrando [7] los perros de la vecindad; en vano la emoción parecía estrangularle. El chico corría y corría, sin que nada ni nadie lo pudiera detener. Al cabo de unos quince minutos comenzó a gritar:

— ¡ Hola, hombre, hola !

4. Hey!   5. were becoming clouded.   6. surprising.   7. barking at.

El hombre se detuvo.

— ¿ Qué quiere, che ?

— ¡ El potrillo ! ¡ Quiero el potrillo ! — exclamó Mario, tendiendo los brazos como si pensara recibirlo en ellos.

— Bueno, — le dijo el hombre — cójalo no más [8] ...   5

— Y le dió un lazo para que lo llevara a casa.

II

Tan sólo Mario sabe lo que para él significa ese potrillo, que muerde a veces y a veces se niega a caminar cuando no quiere, pero que come azúcar en su mano, y relincha [9] cuando lo ve a la distancia.   10

El potrillo es su amor, su preocupación, su luz espiritual. Tanto es así, que sus padres usan de él para dominar al chico.

— Mario, — le dicen — si no estudias no saldrás esta tarde con el potrillo ... Si te portas [10] mal, te quitaremos el potrillo ... Si haces esto, o no haces aquello ...   15

¡ Siempre el potrillo ! Y como es un encanto, tan lindo y cariñoso, lo llama *El Nene*, como si fuera un niño.

Los peones de *La Estancia* le han hecho un aperito [11] que provoca admiración. Es cierto que otros chicos, « tan envidiosos », se ríen de él llamándolo « burrito », pero no importa.   20
Para Mario *su* potrillo es una maravilla. La mejor del mundo.

El padre de Mario quiere hacer un jardín en el patio de *La Estancia*, pero resulta que « el bendito [12] potrillo » ...

— Mira, Mario: si el potrillo se vuelve a comer alguna planta, ese mismo día lo echo al campo.   25

¡ Ah ! ... Echar al campo ... ¿ Quién sabe lo que eso de echar al campo significa para Mario ?

¡ Ninguno ! ... Por eso no es de extrañar que el chico no se haya vuelto a descuidar, y que toda una semana la haya pasado vigilando [13] a su *Nene*, para que no se comiese ni la   30
más insignificante florecilla del jardín.

8. go and get it.   9. neighs.   10. you behave.   11. small riding outfit.
12. confounded.   13. watching over.

III

Una mañana Mario estaba acostado en la cama, de través y con los pies contra el muro, haciendo proyectos sobre el porvenir del potrillo, cuando su mamá entró quejándose:

— ¡ Ahí tienes,[14] Mario ! ¿ Has visto a tu *Nene*?

— ¿ Qué ?... ¿ Qué pasa, mamá ?

— Que tu *Nene* anda suelto en el jardín, y ha destruído tantas cosas.

— ¿ Pero cómo es posible ?

— Yo no sé, pero las ha destruído, y tu padre dijo ...

— Pero si yo lo até ... ¡ Si yo lo até !

Y mientras se vestía, con manos trémulas, Mario veía las cosas confusas, como si su cuarto estuviera lleno de humo.

Salió al patio ... Un verdadero desastre. Jamás el potrillo se había atrevido a tanto.

Y como en sueños, sin saber lo que hacía, Mario se arrodilló sobre la tierra húmeda, y se puso a replantar las flores, mientras su *Nene* permanecía inmóvil, con la cabeza baja, y con cierto aire de indiferencia fría y cínica « en toda su persona ».

IV

Como un autómata [15] Mario camina con el potrillo de cabestro,[16] por medio de la ancha avenida que termina allá, en la talanquera [17] que se abre sobre la inmensidad desolada de la pampa.

Cómo golpea la sangre en la cabeza del chico; cómo ve las cosas a través de una niebla, y cómo resuena aún en sus oídos la orden fatal y amenazante [18] de su padre:

— Mario, ¡ coge tu potrillo, y échalo al campo ahora mismo !

Mario no llora, porque no puede llorar, pero camina de un modo tan raro, que su madre le dice a su marido:

14. Now, you see.   15. automaton.   16. halter.   17. picket fence.
18. threatening.

— ¡ Ay, por Dios, Juan!... ¿ No lo ves?... ¡ Pobrecito! ¡ Llámalo!

Don Juan echa a correr, y ella lanza un grito de horror ... Allá, junto a la talanquera, Mario acaba de caer, como un pájaro blanco herido por una bala.[19]

V

Han pasado tres días de angustias y de lágrimas. A Mario lo había recogido su padre, y lo había traído casi muerto ... En la cama lo puso, y vino el médico, y dijo que estaba en grave peligro. Pero los cuidados de sus padres fueron tantos, que al fin una tarde Mario abrió los labios, y gritó:

— ¿ Y *El Nene?*... ¿ Dónde está mi *Nene* precioso?...

Los padres comprendieron, y pronto, llenos de sonrisas, aparecieron en el cuarto del enfermo, ella tirando al potrillo del cabestro, y él empujándolo por el anca,[20] y cantando:

— ¡ Aquí, Mario!... ¡ Aquí te traemos a tu *Nene!*

[TEMA DE *Benito Lynch*]

EJERCICIOS

I. *Contéstense en español:* 1. ¿ Qué vió Mario al salir a la puerta de su casa? 2. ¿ Por qué no podía el niño tener animales en su casa? 3. ¿ Qué le ofreció el hombre a Mario? 4. ¿ Por qué volvió a salir a la calle el niño? 5. ¿ Cuánto tardó en alcanzar al hombre? 6. ¿ Qué significaba el potrillo para Mario? 7. ¿ Por qué lo vigilaba tanto? 8. ¿ Qué hizo el *Nene* cierta mañana? 9. ¿ Qué le sucedió a Mario cuando tuvo que echarlo al campo una mañana? 10. ¿ Quién le mandó que lo echara al campo? 11. ¿ Cuánto tiempo estuvo Mario en cama? 12. ¿ Qué pasó cuando el niño preguntó por su potrillo?

II. *Verdad o mentira que:* 1. Los padres de Mario tenían muchos animales en la casa. 2. Mario aceptó en seguida el potrillo cuando el hombre se lo ofreció. 3. El niño no tuvo que correr para alcanzar al hombre. 4. Mario vigilaba a su *Nene* para que éste no

19. bullet. 20. haunch.

131

destruyera las flores del jardín. 5. La madre de Mario le mandó que echase al campo al *Nene*. 6. Mario obedeció, echó al campo el potrillo y nunca más volvió a verlo.

III. *Estudio de palabras.* Escoja de las columnas A y B las palabras de sentido semejante:

A	B
junto a	parar
laborioso	cerca de
detenerse	trabajador
contestar	comenzar
echar a	asesinar
matar	ocultar
esconder	responder
dar	entender
comprender	entregar
de nuevo	otra vez

*   *   *

LA AMÉRICA HISPANA Y SUS LIBERTADORES

A principios del siglo diez y nueve las colonias hispano-americanas se declararon contra el gobierno de España y lograron su independencia, después de una guerra dura, cruel y heroica que duró catorce años.

5   Esta guerra no fué una verdadera revolución destinada a cambiar radicalmente la vida y la cultura hispano-americanas, como algunos creen. Fué más bien una guerra entre los partidarios del régimen monárquico y absolutista de España y los partidarios de la independencia americana. A consecuencia

de la guerra, las colonias se constituyeron en repúblicas soberanas y autónomas, pero ninguna de ellas renunció a las instituciones sociales y culturales que los españoles y sus descendientes, los *criollos*, habían creado en el curso de los siglos. 5

Esto se explica: en primer lugar, los libertadores hispanoamericanos no aspiraron a romper los vínculos que los unían culturalmente al pasado español, como los libertadores de los Estados Unidos no aspiraron a romper los que los unían a la madre patria; y en segundo lugar, esos vínculos eran muy 10 fuertes, y no era posible romperlos fácilmente. Tampoco era necesario ni deseable: esos vínculos le daban cierta unidad espiritual al Continente, y aseguraban su existencia histórica. Políticamente independientes, las repúblicas siguieron siendo tan hispanas como antes, en espíritu y en cultura, lo cual 15 prueba que la obra de España en América fué constructiva y tuvo un carácter de indudable [1] permanencia.

La obra civilizadora de España en América sorprende a quien la estudia con cuidado y sin prejuicios. Es una obra de índole espiritual y material, variada y gigantesca, para cuya 20 realización fué preciso vencer muchos obstáculos al parecer [2] insuperables.

Los españoles convirtieron al cristianismo a millones de indígenas; les enseñaron su propio idioma, superior a cualquiera de los dialectos que hablaban; los mantuvieron en paz 25 por más de dos siglos; fortalecieron [3] su economía con la importación de semillas y animales domésticos de muchas clases, y les enseñaron nuevos métodos de trabajo, nuevas industrias, nuevos oficios y nuevas técnicas artísticas.

Bajo la dirección de los españoles y los criollos se fundaron 30 muchos pueblos y ciudades; se construyeron caminos, puentes, fortalezas y acueductos, y se levantaron miles de casas y palacios, templos y conventos, escuelas y colegios, bibliotecas y hospitales.

1. indubitable.   2. apparently.   3. they strengthened.

Quienes viajan por los países hispano-americanos en general, y muy especialmente en Méjico, Guatemala, el Ecuador, el Perú, Bolivia y Colombia, se asombran de su riqueza artística. Casi toda ella fué creada en los tiempos coloniales
5 y lleva el sello español en sus formas variadísimas. Se nota ello en obras de arquitectura, escultura, pintura, ornamentación y orfebrería,[4] y desde los artículos domésticos más humildes hasta los altares de las más hermosas catedrales. El acento español se oye en el lenguaje, y en la música y las
10 canciones.

Y si esto es así, ¿ por qué se independizaron las colonias ? No es difícil comprenderlo.

España le dió a América cuanto tenía, en los primeros cien años de la colonización, que comenzó hacia 1550. Entonces
15 era España una nación fuerte y próspera y podía dar mucho de sí misma a sus colonias. Más tarde, al decaer, ya no pudo darles más. Todo lo contrario: de 1650 en adelante, los españoles peninsulares se contentaban sólo con gobernarlas y explotar sus riquezas naturales. De España venían a América
20 los altos oficiales del gobierno, y de América iban a España el oro, la plata y las esmeraldas de sus minas, y el tabaco, el añil,[5] el azúcar y las pieles de sus haciendas. Los españoles peninsulares gozaban de los honores y beneficios del gobierno, pero no así los criollos, ni los mestizos,[6] ni mucho menos los
25 indios y los negros esclavizados. Los criollos y los mestizos — herederos legítimos de los conquistadores y colonos — continuaban la obra de civilizar al pueblo, y pagaban las cargas del gobierno por medio de impuestos,[7] sin tener en él ninguna representación. Entre tanto las masas populares,
30 compuestas de indios y de negros, se sentían abandonadas, trabajaban y sufrían.

Esta situación se hizo intolerable. Los criollos protestaron, pero nadie quiso escucharlos.

Animados por el triunfo de la revolución americana, e
35 inspirados en los ideales de la revolución francesa, los criollos

4. gold or silver work.   5. indigo.   6. persons of mixed blood.   7. taxes.

y los mestizos educados buscaron apoyo en el pueblo y lo lanzaron a la guerra, que comenzó en 1810 y se extendió por todo el Continente, desde Méjico hasta Chile y la Argentina, terminando con la Batalla de Ayacucho, en 1824.

En esta guerra los libertadores superaron [8] a menudo aun las más famosas hazañas de los conquistadores, y escribieron las páginas más brillantes de la historia hispano-americana. El alma se llena de admiración al leer esas páginas y seguir la heroica carrera de quienes sacrificaron tantas cosas por realizar su generosa aspiración: darles independencia a las colonias y crear repúblicas capaces de buscar por sí solas su bienestar y su progreso.

Los libertadores fueron muchos. Cada país de Hispano América tiene sus héroes locales, pero dos entre ellos se distinguen en todo el Continente: el venezolano Simón Bolívar y el argentino José de San Martín.

Se ha dicho con razón que las repúblicas hispano-americanas no han logrado todavía realizar los ideales supremos de sus libertadores, y que muchas de ellas no viven todavía para la democracia que aman los pueblos libres del mundo. No obstante, todas han hecho señalados progresos, y esos ideales los persiguen siempre quienes defienden la existencia de Hispano América y luchan por su mejoramiento.

8. surpassed.

EJERCICIOS

I. *Contéstense en español:* 1. ¿Cuándo se independizaron las colonias españolas de América? 2. ¿Cuántos años duró la guerra de la independencia? 3. ¿Cuál fué el resultado de la guerra? 4. ¿Qué prueba que la obra de España en América fué constructiva y permanente? 5. ¿Cómo mejoraron los españoles la vida de los indios? 6. ¿Qué construyeron los españoles en la América? 7. ¿Era España una nación fuerte en el siglo XVI? 8. ¿Qué cambio se nota después de 1650? 9. ¿Era democrático el gobierno de España en América? 10. ¿Qué revoluciones inspiraron a los criollos y mestizos de la América española? 11. ¿Cuándo terminó la guerra contra la monarquía española? 12. ¿Qué sabe usted acerca de los héroes más grandes de la América española?

II. *Complétense con palabras y frases sacadas del texto:* 1. A principios del siglo diez y nueve las colonias —— y ——. 2. Esta guerra no fué ——. 3. A consecuencia de la guerra ——. 4. Los libertadores hispano-americanos no aspiraron a ——. 5. La obra civilizadora de España es ——. 6. Bajo la dirección de los españoles y los criollos ——. 7. Hacia 1550 era España ——. 8. Se ha dicho con razón que las repúblicas hispano-americanas no han logrado ——.

III. *Estudio de palabras.* Escoja usted de las columnas A y B las palabras de igual sentido:

A	B
lograr	dar una cosa por otra
cambiar	famoso
renunciar	abandonar
romper	conseguir
señalado	iglesia principal
vínculo	hacer pedazos
índole	establecer
fundar	observar
notar	unión
catedral	naturaleza

BLANCAFLOR

Era esbelta y pálida. Tenía los ojos azules y los cabellos de oro. Por su blancura y su delicadeza, parecía una perla de rara transparencia, y se llamaba Blancaflor.

Las gentes decían que la doncella, pudiendo competir en hermosura con las más nobles y ricas de la ciudad, las vencía ₅ a todas por haber convertido en culto religioso el amor a la pureza. Tan en alta estima la tenía, que Blancaflor no quería nada que no tuviese el color de la pureza: blancos eran sus trajes, sus habitaciones, sus muebles; blancos eran sus deseos, sus acciones, sus pensamientos, sus ensueños . . . ₁₀

¿ Dirán ustedes que esto era virtud ? Virtud era, pero era también obra de arte, creación de la fantasía de Blancaflor, que en ella se complacía como un artista ante su obra maestra.

El deleite que Blancaflor sentía al examinar su alma, limpia y clara como agua quieta en copa de alabastro, era tan hondo ₁₅ y original, que no se podía comparar con otro deleite. Quizás por eso todos los mozos se inclinaban ante ella con ojos reverentes.

Mas aconteció que Alarico, el guerrero enemigo que invadió el país, le puso sitio a [1] la ciudad en cuyas cercanías [2] vivía Blancaflor. La resistencia enojó tanto al guerrero, que a pocos días dió orden de entrar en ella a sangre y fuego.[3]

Con teas [4] y espadas entraron los soldados, y pronto la ciudad se vió envuelta en humo, y en gemidos [5] de espanto y gritos y blasfemias.

Como el padre de Blancaflor yacía muerto en la defensa, ella se encerró a rezar en sus habitaciones.

De pronto cayó hecha pedazos una ventana, y apareció Alarico: era un mozo gallardo, arrogante e implacable, que, sorprendido quizás, se detuvo un momento . . .

En la grata penumbra, vió las paredes revestidas [6] de colgaduras [7] blancas, sujetas con cordones [8] de seda blanca. De plata eran las lámparas. El lecho y las sillas y las mesas estaban chapeadas [9] de marfil,[10] y las alfombras que cubrían los pisos eran de armiño.[11] Aquí y allí, en tiestos [12] de mármol [13] de Carrara, se erguían [14] muchas rosas blancas y muchas azucenas, y el aire estaba impregnado por el humo blanco y aromado del incienso.

Alarico, sobrecogido de [15] un extraño furor, sacó la espada y con ella fué segando [16] las rosas y las azucenas, que pisoteaba [17] luego con enojo.

— ¡Oh, no! . . . ¡Eso no! — protestó una voz en tono severo en su dulzura.

Alarico volvió la cabeza y lanzó un rugido, al ver a Blancaflor arrodillada ante el altar. Luego, acercándosele, la cogió fuertemente entre sus brazos.

— ¡No, no! ¡Suéltame! — sollozó Blancaflor. — Suéltame, y te daré un tesoro.

1. laid siege to. 2. vicinity. 3. by fire and sword. 4. torches. 5. lamentations. 6. covered. 7. tapestry. 8. cords. 9. inlaid. 10. ivory. 11. ermine. 12. flowerpots. 13. marble. 14. arose. 15. seized with. 16. cutting off. 17. trampled upon.

— ¿ Un tesoro ? — preguntó Alarico, soltando una siniestra carcajada. — Yo he vencido, y aquí todo me pertenece.

— Pero el tesoro . . . Sólo yo sé dónde está. Si me matas, me llevaré el secreto a la tumba, y yo me muero si no me sueltas. ¿ No me ves ya desfallecer ? [18] . . .

— ¿ De qué tesoro hablas ? Dímelo, y ¡ ay de ti si mientes! — rugió Alarico.

— Está en el jardín. Es una flor milagrosa. Quien la toca es invulnerable: no puede ser herido por nada, y logra lo que quiere. Si me respetas, yo te la enseñaré.

— Vamos al jardín. Yo quiero tocar esa flor, y si la toco te respetaré.

Juntos fueron al jardín Blancaflor y su enemigo. Lo cruzaron muy de prisa, hasta llegar a una fuente, junto a la cual había una gruta semioscura y silenciosa. Entraron.

— Mírala, allá está — dijo Blancaflor, señalando un lirio [19] blanco que se erguía en alto, en un vaso de cristal, allá en un nicho que parecía un altar.

— ¿ Y quién me asegura que no me estás engañando ? — preguntó Alarico. — Ese lirio es hermoso, pero . . . ¿ Quién me garantiza que no es sino una flor inútil que pronto habrá de marchitar ? [20] Necio sería yo si respetara tu belleza sólo a cambio de un efímero amuleto . . . ¿ Quién podría probarme su virtud ?

— ¡ Yo !

— ¿ Cuándo ?

— Ahora mismo. Yo he tocado ese lirio varias veces, y soy invulnerable. Por eso, si quieres, trata de degollarme con tu espada. Será inútil. Agárrame de los cabellos, que así el golpe será más fácil, y hiere sin temor, con todas tus fuerzas. Después tocarás el lirio con tus labios. Nada podrá entonces prevalecer contra ti, y serán tuyos los honores y los poderes del mundo. ¡ Ea, vamos ! ¿ Qué aguardas ?

Movido por la curiosidad, Alarico sacó la espada, cogió de los cabellos a Blancaflor, y le dió un golpe tremendo . . .

18. to faint. 19. lily. 20. to wither.

La cabeza de Blancaflor rodó ensangrentada [21] por el suelo, y Alarico lanzó un aullido [22] profundo, al darse cuenta del crimen que acababa de cometer.

Alzó luego los ojos: en su vaso de cristal, el simbólico lirio
5 resplandecía [23] con una extraña luz suavísima y opalina...

[TEMA DE *Emilia Pardo Bazán*]

EJERCICIOS

I. *Contéstense en español:* 1. ¿Quién era Blancaflor? 2. ¿Qué color prefería esta joven? 3. ¿Qué guerrero invadió el país? 4. ¿Por qué se encerró Blancaflor en sus habitaciones? 5. ¿Quién apareció en la ventana de la casa de Blancaflor? 6. ¿Qué le prometió la joven al guerrero si él la respetaba? 7. ¿Qué virtud tenía el lirio? 8. ¿Cómo probó Alarico la virtud de la flor? 9. ¿Qué hizo el guerrero al ver que había cometido un crimen? 10. ¿Dónde resplandecía la flor maravillosa?

II. *Verdad o mentira que:* 1. Blancaflor era rubia. 2. La joven prefería el color azul. 3. La ciudad no le ofreció resistencia a Alarico. 4. El guerrero soltó a la joven porque ella prometió mostrarle una flor milagrosa. 5. Alarico no mató a Blancaflor.

III. *Estudio de palabras.* Escoja de las columnas A y B las palabras de sentido opuesto:

A	B
despacio	meter
comprar	ponerse
sacar	pobre
rico	con rapidez
olvidar	vender
quitarse	recordar
derecho	traición
lealtad	tímido
anochecer	amanecer
atrevido	izquierdo

21. covered with blood.   22. cry of horror.   23. was gleaming.

LA ROSA Y EL GENERAL

Una flor es una alma que se abre para alegrar el mundo. Es una joya perfumada y luminosa que la Tierra le ofrece al hombre, como símbolo vivo de su amor.

La rosa que Pilar le dió a su novio, cuando el tren partía, llevaba el aroma de ese amor ... 5

— Guárdala — le dijo. — Aunque se marchite, llévala contigo a todas partes.

Antonio de los Monteros la tomó en sus manos. Sentado en el tren la miró con infinita ternura, la hizo girar entre sus dedos, la besó, y bañándola con sus recuerdos y esperanzas, 10 vió que en sus pétalos delicados brillaba una lágrima temblorosa y cálida.

A poco, ya marchita, la selló en un sobre que puso en la cartera, como si fuese el alma misma de su amada.

El viaje fué muy largo ... 15

El joven de la rosa venía de Madrid a Méjico, el país de los grandes conos [1] nevados,[2] el país de las montañas ásperas que adornan los cactus agresivos, el país de los templos pre-

1. cone-shaped mountains.   2. covered with snow.

141

ciosos coronados de cúpulas de varios colores; Méjico, . . .
el país de las contradicciones sociales, el país de las revoluciones convertidas en sistema político, el país del misterio y
las leyendas . . .

5   A una de esas revoluciones venía Antonio, atraído por el
fulgor del incendio [3] que amenazaba destruír el orden antiguo
para crear uno nuevo. Venía lleno de esperanzas, a ofrecerle
a Méjico su experiencia y su valor.

    Cuando llegó al país de los aztecas, lo encontró dominado
10 por diversos grupos que se disputaban el poder.

    Las gentes del norte — « ciudadanos armados », como ellas
mismas se llamaban — eran hombres del campo, fuertes y
audaces, convertidos de la noche a la mañana en militares
astutos a quienes la victoria sonreía todos los días.

15   Los zapatistas [4] del sur eran también hombres del campo,
pobres y timoratos,[5] que peleaban [6] heroicamente por la po-
sesión de la tierra.

    ¿ No era pues lógico unirlos y organizarlos a todos, y luchar
por la misma causa hasta el fin ?

20   En la ciudad de Méjico, Antonio encontró un gobierno que
mantenía un orden ficticio, sostenido por una guarnición [7]
de fuerzas federales. Era inútil tratar con aquel gobierno,
y por eso él se propuso tomar contacto con las gentes del sur.

    — Usted no debe ir — le dijo el jefe de la guarnición.
25 — Allí corre el peligro de que lo fusilen.[8]

    Pero Antonio necesitaba conferenciar [9] con el general Za-
pata, jefe supremo de la revolución del sur. Iba a proponerle
la unión con las gentes del norte, cosa indispensable y urgente
para organizar la guerra y conseguir la paz, para levantar luego
30 la estructura social y económica del país sobre firmes bases de
libertad y de justicia.

    Acompañado de dos guías, Antonio salió de la capital en
automóvil. A poco de andar, los tres oyeron una descarga,[10]
y vieron un grupo de hombres armados.

3. fire.   4. followers of General Zapata.   5. timid, full of fear.   6. fought.
7. garrison.   8. may shoot.   9. to confer.   10. volley.

— ¿Pónde [11] van, amigos? — preguntó el que hacía de [12] jefe. — ¡Ríndanse áhi no más! [13]

Los tres viajeros se rindieron. No había otra cosa que hacer. Pero Antonio — notando que los ojos de aquellos hombres habían visto la canasta [14] de víveres [15] que él llevaba — comentó:

— Aquí traemos que comer y que beber. Bueno sería echarnos todos esto al pico,[16] antes de seguir.

Y sin esperar la respuesta, fué sacando de la canasta unos tacos,[17] unas quesadillas [18] de frijol, dos pollos asados, frutas y tortillas.

Los hombres miraron aquel maná [19] que les caía del cielo.

— ¡Vivo, muchachos! ¡Agarren y coman lo que quieran!

Los hombres se acercaron y cada uno fué agarrando lo que pudo, y se pusieron a comer, todos en silencio. Una gran satisfacción los invadía. Sin embargo, algo faltaba: el tequila, que iba a sellar entonces la amistad.

Antonio destapó [20] una botella, y se la ofreció al jefe. Éste bebió largamente, se secó los labios con el dorso [21] de la mano, y con la palma limpió la boca de la botella, que les pasó luego a sus compañeros.

Cuando todos bebieron, comenzaron las confidencias. Pero la naciente [22] amistad sufrió una parálisis, porque llegó un emisario con órdenes de conducir a los prisioneros a presencia del general González, a quien tanto le gustaban las investigaciones.

Traídos los tres, el general se encaró con [23] Antonio.

— Mire, amigo, usté [24] les puede contar cuentos a mis muchachos, pero a mí no. Lo voy a matar, y a sus compañeros también.

— Está usted en su derecho. Haga lo que quiera, pero déjeme explicarle por qué estamos aquí — le replicó Antonio.

11. *Pónde = Para dónde.*   12. was acting as.   13. *áhi = ahí;* and that's that.   14. basket.   15. provisions.   16. to do away with.   17. *tortillas* wrapped around a filling.   18. cheesecakes.   19. manna.   20. opened.   21. back.   22. growing.   23. faced.   24. *usté = usted.*

— No, amigo, a mí no me engaña usté ... Usté es un espía de los federales.

Y dirigiéndose a los soldados de su escolta, sentenció:

— ¡ Paren a estos señores junto a la peña, y mátenlos sin
5 más ni más !

Los soldados comenzaron a quitarles algunas prendas de vestir, que fueron poniendo en manos del general.   En el bolsillo del saco de Antonio hallaron una cartera llena de papeles.

— A ver, amigo. ¿ Qué papeles son esos ?

10 — Son muy importantes, mi general. Léalos usted. Ahí está mi salvoconducto,[25] y la carta del Jefe de la Revolución del norte para el Jefe de la Revolución del sur, diciéndole que es necesario unirnos todos contra los federales.

El general movió dubitativamente [26] la cabeza, tomó la
15 carta, y empezó a deletrearla [27] en voz baja.

Antonio pudo entonces contemplarlo a gusto.[28]

El general González era un hombre de aspecto ridículo y repugnante.   Era de pequeña estatura, enjuto,[29] de tez amarillenta.   Su rostro ostentaba [30] una nariz enorme y unos
20 ojillos de animal perseguido, desconfiados [31] y malévolos.   En su boca contraída [32] había una sonrisa agria y desdeñosa, que cuatro pelos del bigote [33] trataban de ocultar inútilmente. Vestía pantalones de cuero muy estrechos, chaquetín [34] negro y sombrero de charro.[35]

25 El general González era famoso por su crueldad y mal humor, y también por sus muchas desventuras [36] amorosas. Las mujeres eran su debilidad y su perdición, porque en todos los líos [37] en que con ellas se metía salía muy mal parado.

Al terminar la lectura, el general se sentía cansado, y sus
30 gestos, incoherentes y grotescos, parecían ocultar sus horribles emociones.   Sin embargo, la investigación continuó.

— ¿ Qué es eso ?

25. safe-conduct.   26. doubtfully.   27. to spell it.   28. at his pleasure.
29. lean.   30. displayed.   31. distrustful.   32. contracted.   33. moustache.
34. short jacket.   35. cowboy.   36. misfortunes.   37. scrapes.

— Unos billetes americanos. Usted puede cambiarlos, y darles algo a sus muchachos. En cuanto a la cartera, puede guardarla como un recuerdo.

El general la abrió, sacando de ella un sobre. Antonio se estremeció.

— ¿ Y esto qu'es ?

— Una rosa marchita ... Me la dió mi novia en Madrid. Pobre muchacha: nos amamos con toda el alma.

— Conque una rosa, ¿ eh, amigo ? ...

El general miró a su prisionero con una extraña fijeza.[38] Ya no sonreía desdeñosamente. Algún pensamiento revoloteaba en su cerebro. Lentamente abrió el sobre, vió la rosa marchita, y se la llevó a la nariz.

— Güele tuavía,[39] y güele bonito — dijo, procurando sonreír con dulzura, y luego preguntó en voz baja: — Hola, amigo, ¿ y cuánto dura el amor ?

— Dura hasta que le pegan a uno cinco tiros — contestó Antonio, y el otro murmuró muy quedito [40]:

— ¡ Ah, las mujeres ! ... Vea, amigo, llévese su flor — y en seguida, con voz áspera y sonora, les gritó a sus soldados, que estaban ya formados y listos esperando sus órdenes: — ¡ Quítense di'áhi ! ¿ No ven que ustedes no sirven pa [41] nada ? ... Las cosas hay qui'hacerlas cuando yo lo mando. No los mataron, y ahora ... ¿ ya pa qué ? ...

En esos momentos se oyeron los disparos [42] de la artillería federal sobre el campamento zapatista.

El general González cogió a Antonio del brazo, y murmuró a su oído:

— Hola, amigo, 'hora [43] vamos a ver si usté es tan afortunao [44] con las balas como es con las mujeres ... Y no se olvide usté qu'ia [45] los federales hay que entrarles recio y bien bonito,[46] ¿ sabe ? ...

---

38. firmness.   39. *Güele tuavía = Huele todavía.*   40. softly.   41. *pa = para.*   42. shots.   43. *'hora = ahora.*   44. *afortunao = afortunado.*   45. *qu'ia = que a.*   46. to fight them hard and viciously.

La tropa se formó y se puso en marcha.

Antonio de los Monteros la siguió, con una rosa marchita en la mano, y el general González, sintiendo su influjo [47] poderoso, le puso las espuelas a su caballo y entró en la batalla, impetuoso y gallardo como un muchacho de veinte años.

[DE « La flor y el general », DE *Gerardo Murillo*]

EJERCICIOS

I. *Contéstense en español:* 1. ¿ A dónde se dirigió Antonio ? 2. ¿ Qué le dió su novia al partir el tren ? 3. ¿ Guardó Antonio la rosa ? 4. ¿ Qué pasaba entonces en Méjico ? 5. ¿ Por qué era inútil tratar con el gobierno de la ciudad ? 6. ¿ Qué le iba a proponer Antonio al general Zapata ? 7. ¿ Salió solo Antonio de la capital ? 8. ¿ Qué les pasó a los tres viajeros ? 9. ¿ A dónde fueron conducidos ? 10. ¿ Por qué era famoso el general González ? 11. Además de dinero ¿ qué llevaba Antonio en la cartera ? 12. ¿ Le interesó la rosa al general ? 13. ¿ Por qué montó a caballo el general ? 14. ¿ Siguió Antonio a las tropas revolucionarias ?

II. *Verdad o mentira que:* 1. Pilar le dió una rosa a Antonio. 2. Antonio la puso en su cartera. 3. Antonio fué a la América Central. 4. El gobierno central de Méjico era muy fuerte. 5. Antonio se dirigió al norte en busca del general Zapata. 6. El general González era valiente. 7. Antonio y sus compañeros fueron fusilados.

III. *Estudio de palabras.* Traduzca usted estas palabras y forme con ellas tres grupos de palabras relacionadas:

camisa	manteo	geranio
rosa	falda	sobretodo
sombrero	oeste	este
clavel	lirio	jazmín
norte	zapato	sandalia
azucena	sur	poncho

47. influence.

CARMELA, MICHÍN Y YO

Carmela me amaba, y yo le correspondía. Pero no crean que le correspondía porque ella afirmaba siempre que yo era su novio ideal y que mis poemas no tenían iguales en el mundo. Yo le correspondía porque era una niña deliciosa. Tenía diez y seis años, ojos negros y vivos, cabellos castaños,[1] y una boquita... ¿ Cómo decirlo ? Una boquita llena de promesas, roja como la guinda.[2]

Yo la quería no sólo por sus encantos físicos, sino porque tenía algo de poético, de misterioso y de sublime, que me inspiraba los poemas más dulces y alarmantes. Figúrense: Carmela, a un mismo tiempo, tenía visiones, les rezaba a todos los santos del cielo, y creía en brujas y duendes,[3] y en hadas[4] y monstruos... Además, al insistir en que yo era « irresistible », entornaba[5] los ojos y hacía con los labios una especie de embudito[6] primoroso[7] que me hacía temblar.

Nuestros amores iban muy bien, pero no tanto como yo lo deseaba, porque entre Carmela y yo se metía siempre Michín,

1. brown.   2. cherry.   3. hobgoblins.   4. fairies.   5. she would half close.   6. little funnel.   7. beautiful.

mi poderoso rival. Carmela, Michín y yo formábamos un triángulo fatal. ¡ Ah, ese Michín !...

Michín era un gatico negro, sedoso [8] y ondulante,[9] de ojos vidriosos [10] y pérfidos. Eso, naturalmente, lo decía yo, porque
5 en verdad Michín era un gatico monísimo.[11] Después de lavarlo, Carmela lo cepillaba [12] y lo peinaba, lo perfumaba con ricas esencias francesas, le ponía un collar de terciopelo [13] con campanillas de oro, y luego ¡ a la rodilla !... Y allí lo acariciaba con esas sus manos blancas y suaves, que a mí me
10 gustaban tanto.

Michín era mi pesadilla.[14] Hasta celos me causaba, especialmente cuando Carmela me miraba con picardía,[15] después de darle un beso. Sentía yo entonces ganas de agarrarlo y de estrellarlo contra el suelo, sin piedad ni con-
15 sideración.

Y lo peor es que el bendito Michín adivinaba mis sentimientos, porque en más de una ocasión, cuando quise apartarlo de las rodillas de Carmela, me clavó sus fríos ojos enigmáticos, o me recibió con un gruñido [16] brutal, o aun se atrevió
20 a rechazarme con un arañazo [17] tremendo. ¡ Era insufrible !

Un día le dí al gato un ligero puntapié.[18] ¡ Santo Dios: nunca debí hacerlo ! El cielo de mis amores se nubló, y en vez de palabras tiernas y cariñosas, hubo sollozos [19] y lágrimas, y amagos [20] de tempestad y pataleta.[21] Carmela, en vez de
25 llamarme « ¡ bruto ! » o « ¡ criminal ! », me llamó « ¡ hereje ! »,[22] palabra que, en su boquita, era un insulto terrible . . .

Para desenojarla [23] ese día tuve que darle a Michín dos dulces de chocolate, y pasarle la mano desde el lomo hasta la punta de la cola; y más todavía: tuve que prometer que
30 escribiría un soneto en alabanza de su gatico « sin rival », señalando con primor [24] sus encantos exquisitos.

8. silky.   9. undulating.   10. glassy.   11. very pretty.   12. would brush.   13. velvet.   14. nightmare.   15. roguishly.   16. growl.   17. scratch. 18. kick.   19. sobs.   20. threats.   21. a fit.   22. heretic.   23. To pacify her. 24. nicely.

Decididamente Michín era el vértice [25] superior de nuestro triángulo fatal... ¿ Cómo ponerlo en su lugar ?

Se me ocurrió al fin un plan diabólico, que ejecuté en secreto, con toda diligencia.

Eran las ocho de la noche cuando volví a casa de Carmela, trayendo una caja de chocolates para Michín, y para Carmela dos cosas: un ramillete de orquídeas y el último número de *El Heraldo*, en cuya página literaria se hallaba impreso en letras azules mi soneto a Michín. Carmela cogió el periódico, y sin terminar la lectura del poema, exclamó:

— Dime, Pepito: ¿ qué significa esto ?

— ¿ Alguno de mis versos ?

— No, este aviso...

— A ver, mi amorcito.

Debajo del soneto yo leí, con estudiada dificultad:

FÁTIMA. *Ocultista*.[26] *Teléfono 777*.

— ¡ Ah !... ¿ Eso ?...

— Sí, Pepito. ¿ Qué quiere decir ocultista ?

— Nada... Esa Fátima será una de esas mujeres extranjeras, que viven a expensas de la tontería humana... Una bruja quizás...

— ¿ Una bruja ?... ¡ Ay, hijo !... ¡ Que me muero por verla !... ¿ Quieres llevarme ahora mismo a su casa ?

— ¿ A casa de una bruja ?... ¡ Eso nunca, mi cielo !

— Pero, si yo quiero verla... Por favor... Llévame. ¡ Te lo mando yo !

— En ese caso, ángel mío... Te llevaré por complacerte, pero te aviso que las brujas...

— A mí no me asustan. Conque... ¿ vamos ahora mismo ?

— Muy bien. ¡ Andando !

— ¡ Ah, qué bueno eres, Pepito ! Por eso te quiero tanto, ¡ oh !... ¡ Tanto ! — suspiró Carmela, brincando con infantil alborozo [27] y echándome los brazos al cuello.

25. vertex.   26. fortune teller.   27. joy.

Llamé a Fátima por teléfono. Media hora despúes Carmela y yo llegamos a una casona [28] colonial situada en una calle solitaria. Llamamos. Una voz profunda y cargada de amenazas respondió:

5 — ¡ Adelante, si se atreven !

Entramos, cogidos de las manos.

En una sala inmensa y oscura estaba la misteriosa Fátima, vestida de negro y sentada en el suelo, junto a una mesa muy baja y rodeada de sapos, culebras,[29] frascos de muchos colores, 10 cuadros, mapas y todas esas cosas indispensables en las habitaciones de una bruja.

— ¡ Ay, mira ! — gritó Carmela, señalando un gato disecado.[30] — ¡ Qué parecido a Michín !

El corazón me dió un salto. ¡ Qué pronto había llegado el 15 momento psicológico !

— ¡ Cómo, señorita ! — exclamó Fátima, asumiendo una admirable actitud de sibila y dando a su voz una severa y solemne inflexión. — ¿ Usted también ? . . . ¡ Pobrecita, qué desgraciada va a ser !

20 — ¿ Yo, señora ? — preguntó Carmela tartamudeando.[31] — ¿ Yo por qué ?

— Por el gato que tiene.

— ¿ Michín ? . . . ¿ Cómo lo sabe usted ?

— Porque veo, sí, veo su sombra infernal . . . Yo veo a su 25 Michín robándole a usted su felicidad . . . El gato es un animal maldito, que encarna la perfidia misma de Satanás . . . Yo fuí su víctima . . . Allá, en los dorados días de mi juventud, tenía yo un gato que era mi amor y mi delicia . . . El día lo pasaba en mi falda, y la noche en mi almohada, run-30 runeando [32] . . . También tenía yo un novio . . . ¡ Qué novio, Carmela ! . . . Era alto, moreno, inteligente, sumiso y galante . . . Un novio ideal, un artista de gran porvenir: sus cuadros ya habían atraído la aprobación de los críticos . . . Pero un día, ¡ qué día tan triste ! sucedió algo que nunca olvi-

28. mansion.　29. snakes.　30. stuffed.　31. stammering.　32. purring.

CARMELA, MICHÍN Y YO

daré: Fernando — que así se llamaba mi novio — dió al be-
sarme un grito espantoso: mi gato había saltado y le había
clavado las garras en la cara. Cuando se la lavé vi que tenía
los ojos reventados.³³ Lo llevaron al hospital. Era tarde:
¡ mi novio había quedado ciego para siempre!... El pobre 5
no pudo así realizar sus grandes ensueños de gloria, y a
pocos años murió de tristeza. Ese gato disecado que ahí ve
usted, Carmela, fué el autor de nuestra desgracia... ¡ Ay,
y cuánto he sufrido desde entonces!
La sibila calló, inclinó la cabeza y se puso a sollozar. 10
— Pepito, ¡ vámonos! — me susurró ³⁴ Carmela al oído,
pálida y nerviosa.
— Sí, huyamos, amorcito...
Media hora después dejé a Carmela en su casa.
Al día siguiente fuí a verla, y la hallé más dichosa que 15
nunca.
— ¿ Y Michín? — le pregunté al notar su ausencia.
— ¡ Se lo regalé a una amiga!
— ¿ Y por qué?
— Porque he temido por tus ojos, ¿ sabes, Pepín? 20
Comprendí entonces que Carmela me amaba « tanto, oh,
tanto! », y le dí un beso.
Dos horas después fuí a casa de Fátima, a pagarle sus
servicios y a darle las gracias por lo bien que había ejecutado
su parte en mi diabólico plan para deshacerme de Michín, mi 25
poderoso rival...

[TEMA DE *Ricardo Palma*]

EJERCICIOS

I. *Contéstense en español:* 1. ¿ Cuántos años tenía la novia de
Pepito? 2. ¿ Era rubia o morena? 3. ¿ Quién era el rival de
Pepito? 4. ¿ Cómo trataba Carmela al gato? 5. ¿ Qué ocurrió
cuando Pepito le dió un puntapié a Michín? 6. ¿ Qué hizo el

33. torn open.   34. whispered.

151

joven para desenojar a Carmela? 7. ¿Qué vió la joven en el periódico? 8. ¿A dónde fueron Carmela y su novio? 9. ¿Qué cosas vieron en casa de Fátima? 10. ¿Qué le había pasado al novio de Fátima? 11. ¿Cómo comprendió Pepito que Carmela lo amaba tanto? 12. ¿Por qué volvió el joven a casa de Fátima?

II. *Verdad o mentira que:* 1. Carmela no era supersticiosa. 2. El rival de Pepito era un perro muy viejo. 3. Pepito estaba muy celoso de Michín. 4. Un día el joven le dió al gato un puntapié. 5. Carmela oyó por la radio el aviso de la ocultista. 6. Fátima dijo que Carmela sería muy feliz. 7. Carmela le vendió el gato a una amiga. 8. Para deshacerse de su rival, Pepito buscó la alianza de Fátima.

III. *Estudio de palabras.* Traduzca estas palabras y forme tres grupos de palabras relacionadas:

fantasma	duende	brujo
ocultista	casa	criminal
choza	adivino	hada
ladrón	palacio	asesino
castillo	bandido	rancho

*   *   *

LA CENA

Eudoro era hombre de buena fe, y sin embargo, tenía horas de profundo desaliento,[1] y le parecía entonces que el cielo dista[2] mucho de la tierra, y que nuestras quejas y suspiros se pierden en el aire, sin llegar a Dios ni a sus alturas luminosas.

Creyendo que el claustro[3] está más cerca del cielo que del mundo, Eudoro entró en un convento.

1. discouragement.   2. is distant.   3. monastic life.

152

Asombró allí a todos sus hermanos. Por la áspera cuesta [4]
de la mortificación quería Eudoro ascender, sin darse cuenta
de que la duda lo inspiraba, porque, si estuviese seguro de ir
al cielo el día de la muerte, ¿ para qué quería acortar [5] la
distancia y tocarlo en vida con las manos ?   5

Fuese lo que fuese, Eudoro practicó las más duras morti-
ficaciones, y pasó días y noches en vela,[6] pidiéndole a Dios,
entre lágrimas y sollozos, que se dignase acercarse a su siervo [7]
penitente ... Pero todo fué inútil: sólo el aullido del viento
entre los árboles del huerto respondía a sus llamamientos.[8]   10

Descorazonado,[9] Eudoro salió del convento sin profesar,
y se dió a la vida del mundo y de los negocios con furiosa actividad. Se asoció con un amigo, prosperó en sus empresas, y
ya era muy rico, cuando éste lo traicionó,[10] dejándolo en la
miseria y haciéndolo pasar por tramposo [11] y por ladrón. Esto 15
fué lo que más le dolió, porque Eudoro estimaba su honra y
sufría verdadera vergüenza al verse despreciado por las gentes.
En su alma germinó entonces el odio al amigo traidor, y la sed
de venganza le amargó [12] los labios y la vida misma.

Una noche, al pasar por cierta calle desierta, Eudoro vió 20
al traidor contra un muro, acosado [13] por tres rufianes que
iban a matarlo. Eudoro titubeó un instante, y quiso alejarse,
pero no ... Como iba armado, cargó contra los rufianes, obli-
gándolos a huír, como lo hizo él también, antes de que el
traidor le diese las gracias por su ayuda.   25

Cerca de su casa, Eudoro oyó una súplica [14] doliente [15]:

— Una limosna [16] por Dios, hermano ...

Era un viejo mendigo,[17] flaco y haraposo,[18] que parecía un
cadáver por su tanta palidez [19] y su agonía.

— Mira, hermano — le respondió Eudoro. — Vente con- 30
migo. En mi casa cenaremos y si quieres, en mi lecho dormi-
remos juntos.

4. hill, way.   5. to shorten.   6. without sleep.   7. servant.   8. appeals.
9. Discouraged.   10. betrayed.   11. swindler.   12. made bitter.   13. cornered.
14. entreaty.   15. sorrowful.   16. alms.   17. beggar.   18. ragged.   19. pallor.

— Gracias, hermano.

Seguido del mendigo, Eudoro entró, encendió la luz, y le pidió que se sentase; en seguida calentó el caldo [20] que le había quedado del día anterior, trajo una hogaza [21] de pan
5 negro, y se sentó frente a su huésped, que sonreía dulcemente.

Los dos tomaron el caldo en perfecto silencio, pero Eudoro experimentaba un bienestar inexplicable, como si la vida fuese algo tan grato y tan ligero, que podía aun llorar.

Al terminar el caldo, el mendigo partió la hogaza de pan,
10 ofreciéndole a Eudoro la mitad. Notó éste entonces que su huésped tenía en las manos dos heridas casi imperceptibles, y que de las sienes [22] le salía una suave claridad que le rodeaba la cabeza y jugaba en sus cabellos, como juega el sol en el irisado [23] plumaje de ciertas aves.

15 — Pero tú, hermano... ¿Quién eres tú? — le preguntó Eudoro.

— Yo soy el camino, y la...

El mendigo no terminó la frase, porque Eudoro se había levantado, viéndolo transfigurado en un joven de soberana
20 hermosura, de rostro oval y cabellera rubia, que le caía en bucles [24] por la espalda.

— ¡Ah, Tú, Señor!... ¿Cómo te has dignado entrar en esta casa? — exclamó Eudoro echándose a los pies del Huésped Divino, que lo miraba con amor.

25 — Es muy sencillo, Eudoro. Yo soy quien vago, por los campos y los pueblos, por las calles y las plazas. Muchas noches he tenido que dormir en el suelo y sin comer, pero a cenar vengo siempre con quien haya devuelto bien por mal, y haya perdonado de corazón a su enemigo. Por eso vine a
30 cenar contigo esta noche de paz. No lo olvides.

Y el Señor se alejó suavemente, dejando a Eudoro sumido [25] en éxtasis profundo.

[TEMA DE *Emilia Pardo Bazán*]

20. broth.   21. loaf.   22. temples.   23. rainbow-hued.   24. curls.
25. sunk.

154

LA CENA

EJERCICIOS

I. *Contéstense en español:* 1. ¿Por qué sentía desaliento Eudoro? 2. ¿Por qué entró en un claustro? 3. ¿Cómo pasaba Eudoro el tiempo en el convento? 4. ¿Por qué salió del convento sin profesar? 5. ¿Qué hizo fuera del convento con su socio? 6. ¿Qué vió Eudoro cierta noche al pasar por una calle desierta? 7. ¿Mató Eudoro al traidor? 8. ¿Quién vino esa noche a casa de Eudoro? 9. ¿Cómo recibió Eudoro a su huésped? 10. ¿Qué cambio notó en él? 11. ¿Quién era el huésped de Eudoro? 12. ¿Por qué había venido a cenar esa noche con Eudoro?

II. *Verdad o mentira que:* 1. Eudoro entró en un convento. 2. Allí pasó el resto de su vida. 3. El socio de Eudoro era muy honorable. 4. Eudoro le salvó la vida al traidor. 5. Eudoro trató bien al mendigo que vino a su puerta. 6. El Señor cenó esa noche con Eudoro porque éste había devuelto bien por mal.

III. *Estudio de palabras.* Traduzca estas palabras y forme con ellas tres grupos de palabras relacionadas:

templo	reina	ingeniero
iglesia	rosario	profesar
pintor	penitencia	marqués
ermita	confesor	capilla
rey	princesa	confesarse
convento	médico	cirujano
abogado	rajah	comulgar
cura	misionero	conde
fraile	misa	príncipe
rezar	claustro	sacerdote

155

AMÉRICA Y LOS INMIGRANTES

Al hablar de los habitantes de los Estados Unidos, dijo Theodore Roosevelt en cierta ocasión: « Scratch an American, and you will find a foreigner. »

Esto puede decirse de los habitantes de todo el Continente,
5 porque éste no fué la cuna [1] del hombre, y sí es y ha sido asilo de millones de inmigrantes extranjeros.

Antes de 1492, año del Descubrimiento, América estaba ocupada por gentes cuyos remotos antepasados habían venido del Asia, y quizás algunos de la Oceanía. Después de 1492,
10 su territorio ha sido conquistado y ocupado por gentes venidas de Europa y Asia, y por gentes traídas del África para explotar y desarrollar sus riquezas.

América es tierra de inmigrantes.

En tiempos históricos podemos señalar dos grandes co-
15 rrientes de inmigración: la primera — de carácter hispánico al Sur y anglosajón al Norte — es anterior a las guerras de independencia; y la segunda — de carácter europeo y asiático — es posterior a dichas guerras.

En el Sur, la primera corriente se inició a principios del

1. cradle.

156

siglo diez y seis y continuó hasta fines del diez y siete. En el curso de dos siglos, los hispanos ocuparon un inmenso territorio; dominaron a los nativos y trajeron esclavos africanos; se mezclaron con todos ellos, y echaron las bases para la creación de una nueva cultura. 5

En el Norte, la primera corriente se inició a principios del siglo diez y siete y continuó hasta mediados [2] del diez y ocho. En el curso de unos ciento cincuenta años, los anglosajones ocuparon las costas del Atlántico, y sin mezclarse con los « indios » ni con los esclavos africanos, se dieron al empeño 10 de conservar puras su tradición y su cultura.

En ambos casos, esta primera corriente inmigratoria tuvo una importancia decisiva en la formación de las naciones americanas, porque les dió una alma y un sentido histórico, hispano al Sur y anglosajón al Norte. Y sin embargo, la 15 segunda corriente — que comenzó a mediados del siglo diez y nueve y continúa todavía — es de grande importancia también, porque a ella se deben en gran parte: el crecimiento [3] de la población de las Américas, el poder de su industria y su comercio, y su brillante avance cultural. 20

Es interesante señalar y comparar aquí algunos hechos significativos:

En 1776, al independizarse de Inglaterra, los Estados Unidos tenían unos cuatro millones de habitantes de origen anglosajón, unos ochenta mil esclavos africanos y unos tres- 25 cientos mil « indios ». Su territorio era pequeño, y pobres su industria y su comercio, su cultura científica y artística. Hoy los Estados Unidos ocupan un territorio mayor que el de Europa; poseen enormes riquezas, gran desarrollo comercial e industrial y gran poder militar y político; su cultura cientí- 30 fica no tiene ya rivales en el mundo, y su población, de unos ciento cincuenta y cinco millones, no es ya sólo de origen anglosajón, sino cosmopolita: ningún pueblo del mundo carece en ella de representación: millones de americanos son de ori-

2. middle.   3. increase.

gen holandés, irlandés, alemán,[4] escandinavo, italiano, polaco, hebreo, ruso, francés, español, africano, chino e « indio ».

En 1824, al independizarse de España, los países hispano-americanos tenían unos cuatro millones de habitantes de 5 origen hispano, y unos diez y seis millones de origen « indio » y africano, más o menos hispanizados. Su comercio y su industria eran muy pobres. No tenían cultura científica, aunque sí la tenían artística. Hoy esos países poseen grandes riquezas; su comercio y su industria crecen con vigor; su 10 cultura científica comienza a desarrollarse, y su población de unos ciento cincuenta millones, es también ya de origen cosmopolita: millones de hispanoamericanos son de origen italiano, alemán, holandés, inglés, escandinavo, hebreo, francés, polaco, ruso, chino y aun japonés. Buenos Aires, la 15 gran ciudad del Sur, es tan cosmopolita como Nueva York, la metrópoli del Norte.

Muy grande es la contribución que los inmigrantes les han hecho a las Américas. Ellos les han traído nueva vida, nuevas energías, nuevos entusiasmos, nuevas ideas y nuevas aspira-20 ciones. Las Américas han recibido con cariño a los inmigrantes, y les han ofrecido hogares, oportunidades y esperanzas, y ellos les han correspondido con sus esfuerzos y con su lealtad. Asimilados casi siempre, los inmigrantes se han transformado, y son americanos del Norte o del Sur.

EJERCICIOS

I. *Contéstense en español:* 1. ¿ De dónde vinieron los primeros habitantes de América ? 2. ¿ Qué grandes corrientes de inmigración podemos señalar en tiempos históricos ? 3. ¿ Cuándo se inició en el Sur la primera corriente ? ¿ Hasta cuándo continuó ? 4. ¿ Qué hicieron los hispanos en el curso de los siglos ? 5. ¿ Qué diferencia hubo entre la ocupación anglosajona y la hispana ? 6. ¿ Qué importancia tuvo la segunda corriente de inmigración ? 7. ¿ Qué contribuciones han hecho los inmigrantes ?

4. German.

II. *Verdad o mentira que:* 1. La América fué la cuna del hombre. 2. Los primeros habitantes de América eran de origen europeo. 3. Los hispanos no se mezclaron con los nativos de América. 4. Los Estados Unidos no son una nación cosmopolita. 5. Los países hispano-americanos no poseen grandes riquezas. 6. Los inmigrantes han contribuído mucho a las Américas.

III. *Estudio de palabras.* Escoja de las columnas A y B las palabras y frases de igual sentido:

A	B
antepasado	que precede
anterior a	seguir
carecer de	el que carece de libertad
continuar	abuelo
crecimiento	tener falta de
esclavo	los que componen una nación
ocupar	fuerza
población	cambiar de forma
poder	aumento
transformar	tomar posesión

*   *   *

EL MONSTRUO

Jordán y Alicia se amaban, pero su luna de miel fué muy extraña . . .

Alicia sentía un ligero sobresalto [1] cada vez que se veía a solas [2] con su marido. Sin duda ella hubiera deseado menos severidad, más espontánea ternura, pero Jordán era tan frío, tan callado . . .

1. sudden fear.   2. alone.

La casa en que vivían in-
fluía quizás no poco en sus so-
bresaltos. Fuera, la blancura
del patio silencioso producía la
5 impresión de un palacio encantado. Dentro, el brillo del
estuco confirmaba esa impresión. Además, al cruzar de un
cuarto a otro, todos se llenaban de ecos tristes y prolonga-
dos . . .

Allí pasaron los meses del verano, y cuando llegó el otoño
10 Alicia había echado un velo de olvido sobre sus sueños de
amor, y se pasaba las horas sin pensar en nada.

Poco a poco la pobre se fué adelgazando.[3] Una tarde salió
al jardín, apoyada en el brazo de su marido. Miraba indiferentemente a uno y otro lado. De pronto Jordán, con honda
15 ternura, le pasó la mano por la cabeza, y ella rompió en sollozos, sin moverse ni decir nada.

Fué el último día que estuvo levantada. El médico vino
a verla, la examinó con mucha atención, y terminó por orde-
narle un descanso absoluto.

20 — ¿ Qué dice, doctor ? ¿ Hay esperanzas ? — le preguntó
Jordán al médico.

— No sé . . . Su esposa tiene una gran debilidad que no

3. becoming thin.

160

me explico. Si mañana se despierta como hoy, llámeme en seguida.

Al día siguiente Alicia se sintió peor. Hubo consulta de médicos. Dijeron que era un caso de anemia agudísima, inexplicable. ⁵

En su alcoba Alicia se extinguía,[4] y en la sala Jordán se paseaba sin cesar de uno a otro extremo, como un autómata. A veces entraba a la alcoba, se detenía un instante a mirar a su esposa, y luego salía sin decir palabra . . .

Pronto Alicia comenzó a tener alucinaciones. Con los ojos desmesuradamente [5] abiertos, no hacía sino mirar la alfombra, a uno y otro lado de la cama. Una noche se quedó con los ojos fijos, abrió la boca y exclamó, rígida de espanto:

— ¡ Jordán ! . . . ¡ Jordán !

Corrió éste a la alcoba, y al verlo Alicia lanzó un alarido [6] de horror.

— Soy yo, Alicia, soy yo.

La joven lo miró, y al cabo de unos segundos le tomó la mano, y luego sonrió dulcemente.

Los médicos estaban perplejos. Tenían allí a una mujer joven y bella, cuya vida se extinguía sin saber ellos ni cómo ni por qué. En la última consulta dijo desalentado [7] el médico de cabecera [8]:

— El caso es inexplicable y desesperado. Ya no hay esperanzas de salvarla.

Y era la verdad. Alicia se iba, se iba sin remedio. Cada mañana amanecía más débil y mas pálida. Parecía que de noche la vida se le escapaba del cuerpo. Ya no podía ni mover la cabeza. Ya no permitía que le tocasen la cama, ni aun que le arreglasen el almohadón. Perdió luego el conocimiento, y al fin murió sin lanzar ni una queja, ni un gemido siquiera.

Cuando la criada entró a arreglar la cama, ya sola, miró un momento el almohadón.

4. was wasting away.   5. excessively.   6. scream.   7. discouraged.
8. doctor in charge.

—¡Señor!—dijo, llamando a Jordán. —En el almohadón hay manchas sospechosas.

Jordán se acercó. Efectivamente, en la funda [9] del almohadón, a ambos lados del hueco [10] que había dejado la cabeza
5 de Alicia, se veían algunas manchitas oscuras, que parecían de sangre.

—Parecen picaduras [11] — murmuró la criada después de un momento de observación.

—Levántalo contra la luz — ordenó Jordán.

10 La criada obedeció, pero lo dejó caer, exclamando:

—¡Ay, señor, si no puedo!

Jordán lo levantó. Pesaba muchísimo. Salieron con él, y lo pusieron en la mesa del comedor. Allí Jordán le cortó de un tajo [12] la funda y la envoltura.[13]

15 —¡Santo Dios! ¡Qué horrible!— gritó la criada, llevándose las manos a la cabeza.

—¡El Monstruo!— comentó Jordán, comprendiendo ahora la situación.

Entre las plumas del almohadón, moviendo lentamente
20 sus patas peludas,[14] respiraba un extraño animal, una especie de bola viscosa [15] e hinchada, y tanto, que apenas se le veía la trompa.[16] Era uno de esos parásitos de aves, que tanto gustan de la sangre humana: el Monstruo que le había chupado la sangre a su Alicia adorada, hasta quitarle la vida.

[DE « El almohadón de plumas », DE *Horacio Quiroga*]

EJERCICIOS

I. *Contéstense en español:* 1. ¿Dónde pasaron Alicia y su marido los meses del verano? 2. ¿Sabía el médico qué tenía Alicia? 3. ¿Qué dijeron los médicos en la primera consulta? 4. ¿Qué dijo el médico de cabecera después de la última? 5. ¿Cómo murió Alicia? 6. ¿Qué vió la criada en el almohadón?

9. slip. 10. indentation. 11. bites. 12. thrust. 13. covering. 14. hairy. 15. sticky. 16. proboscis.

7. ¿ Qué había dentro de él ? 8. ¿ Es bueno usar almohadones de plumas en tierras tropicales ? 9. ¿ Qué debe hacerse con las plumas antes de usarlas ? 10. ¿ Cómo era el monstruo ?

II. *Verdad o mentira que:* 1. El marido de Alicia era un hombre severo y callado. 2. Alicia se sentía muy alegre en su casa. 3. Poco a poco Alicia fué adelgazando. 4. Su esposo no llamó al médico. 5. Alicia recobró la salud. 6. El monstruo era un tigre.

III. *Estudio de palabras.* Escoja usted las palabras y frases que tienen sentido semejante en las columnas A y B.

A	B
tener desaliento	convento
claustro	aversión
prosperar	descorazonarse
odio	agradecer
dar gracias	ganar dinero
mendigo	esposo
amarse	ponerse delgado
marido	estar enamorados
callado	limosnero (que pide limosna)
adelgazar	silencioso

*   *   *

AGENTES SECRETOS   *Test*

Eran las seis menos cuarto. El sol comenzaba a dorar las copas de los árboles, y la niebla, al levantarse, llenaba de misterio las veredas y arboledas [1] de Palermo. Junto al rosedal [2] se paseaba un hombre, embozado [3] en su capa militar. Estaba nervioso.   5

De repente se detuvo junto a él un Mercedes [4] espléndido.

1. groves.   2. rose garden.   3. muffled.   4. Mercedes automobile.

— ¿ Eres tú, Olga ? — le preguntó el hombre a la muchacha que lo guiaba, notando que llevaba echado un velo negro.

— No hables así, que pueden oírnos. ¿ Me los trajiste ?

— No.

5 — ¿ Me los traerás hoy mismo ?

— ¡ Quién sabe ! Es tan difícil ... El viejo ése sospecha
de mí y me vigila muy de cerca.

— En todo caso, los necesito. No podemos entorpecer [5]
nuestras operaciones. Sé que se harán varios cambios en el
10 Alto Comando, y que van a movilizar las mejores unidades
del Ejército y la Marina.[6] Tenemos que neutralizarlas, y
destruír sin piedad al enemigo, que nos acosa demasiado en
todas partes. Tu ayuda es necesaria, ¿ comprendes ?

— ¿ Pero cómo quieres tú que yo me preste a ese juego
15 diabólico ?

5. delay.   6. navy.

Test

— El no hacerlo sería peligroso. El Jefe es implacable. Además, ¿ no vamos a premiar regiamente [7] tus servicios ? ... Yo seré tuya, tuya tan sólo y para siempre, y tú asumirás el mando supremo, cuando sea completo y definitivo nuestro triunfo. 5

— Así lo espero, y sin embargo, no me atrevo a traicionar a la Patria.

— La Patria ... ¡ Bah! ... ¿ Crees tú todavía en ese mito infantil y pernicioso ? ¿ No ves que el mundo no puede existir sino bajo el dominio absoluto de una gran potencia [8] 10 capaz de organizarlo ? Eso lo haremos nosotros, y la América será para la Humanidad, como tantas veces lo hemos prometido.

— Es cierto, pero no podemos entregársela a los extranjeros. 15

— ¡ A los amigos, dirás mejor! Sí, créemelo: tú vas a prestarle un servicio sublime a la Humanidad, que tanto necesita de paz, de justicia, de progreso y de bienestar para todos.

— Sí, para todos, y sin embargo ... 20

— ¡ Nada, nada! No te amilanes,[9] y manos a la obra. Pero ... ¡ cuidado, que alguien nos espía! ... ¡ Ay, qué rosas tan lindas! Míralas bien: así, cubiertas de rocío,[10] parecen hadas que sueñan entre perlas temblorosas. ¿ No podrías cortar una para mí ? 25

— Eso no, querida. La ley no permite ni tocar las rosas de Palermo. Mejor será que te compre unas. Te las dejaré en la tienda de Margot ...

— ¿ Esta tarde ?

— A la una. 30

— ¡ Oh, qué encanto! Las pondré en mi tocador,[11] junto a tu retrato.

Y como alguien se acercaba, los amantes terminaron su

7. to reward royally. 8. power. 9. Don't become terrified. 10. dew.
11. dressing table.

Test

coloquio.[12]   Desapareció el hombre, y la muchacha guió el Mercedes hacia el centro de la ciudad.

— Buenas tardes, Eleá — saludó Espil al entrar en el despacho de Luis Avelino.

5 — Hola, Pepe, ¿ qué te trae por acá ?

— Lo del Ministerio de Guerra y Marina.

— ¿ Qué hay ?   ¿ Que quiere dimitir [13] el Ministro ?   Ése es un chisme callejero [14] sin importancia.

— No, no es eso.

10 — ¿ Entonces ?

— Don Pedro Moreno, que acaba de suicidarse.

— ¿ Don Pedro ? . . .   ¡ Santo Dios !

— Sí, así como lo oyes, Eleá . . .

— A ver, cuéntamelo todo — ordenó el detective, ofre-
15 ciéndole a su amigo un cigarrillo y rogándole que se sentase junto al escritorio.

— ¡ Ah, pero qué cigarrillos tan ricos, Eleá ! ¡ Dónde los pescas ? — dijo el reportero encendiéndolo y echando en se-guida dos coronas de humo que se alejaron, una tras otra,
20 hasta perderse en la penumbra de un rincón lleno de libros.

Avelino no le hizo caso a esta pregunta medio imperti-nente, y le clavó a Espil esa mirada fría, inquisitiva y ágil que tan bien expresaba su inteligencia clara, lógica y capaz de obrar con la rapidez del rayo, saltando del análisis a la síntesis,
25 y del más mínimo [15] detalle a una conclusión pronta, audaz y definitiva.

— ¿ Estás seguro de que don Pedro Moreno ? . . .

— Claro, si acabo de verlo, y sólo espero que me digas algunos detalles de su vida para enviar mi crónica a la prensa.
30 Tú sabes que a los periodistas nos importa . . .

— Andar listos, y no ser demasiado indiscretos ni amigos de tergiversar [16] las cosas.   ¿ No es eso ?

12. conversation.   13. to resign.   14. street gossip.   15. slightest.   16. mis-representing.

166

—Sí, cómo no . . . Por eso venimos a consultar a los grandes detectives, o a ponerlos en la pista,[17] según el caso.

—Tienes razón, Pepe. Tú eres mi ángel de la guarda. Si no fuera por ti, ¿ cómo podría saber ni averiguar nada ?

—Me encanta que lo reconozcas. Pero volvamos al cuento: don Pedro Moreno acaba de suicidarse. ¿ Por qué ? . . . Tú lo conocías íntimamente.

—¿ Y tú crees que se ha suicidado ?

—Sí, cómo no. Uno de los empleados del Ministerio oyó un tiro en su oficina, al pasar por el corredor. Abrió la puerta, entró y vió al pobre viejo en el suelo, junto a su pistola. El empleado dió un grito, y salió a pedir auxilio. Acudimos al punto todos los que estábamos con el Ministro. Lo examinamos todo, sin tocar absolutamente nada. El muerto yacía solo en su oficina, y como ésta queda en el quinto piso, y la ventana estaba cerrada por dentro, no nos cupo duda: don Pedro se mató, y con su propia pistola.

—¿ Dónde tenía la herida ?

—En la sien, medio quemada y cubierta de sangre.

—¿ En qué sien ?

—En la derecha, por supuesto. No podía tenerla en la izquierda.

—Al contrario. Don Pedro era zurdo.[18]

—En ese caso . . . ¿ Pero qué quieres decir ?

—Que don Pedro fué asesinado.

—¡ Imposible ! ¿ Quién iba a asesinar a un hombre tan bueno ?

—Pues, ya lo verás . . . Antier[19] don Pedro pasó aquí dos horas conmigo. Estaba nervioso, y convencido de que uno de sus empleados se había robado algunos secretos del Ministerio. Pobre señor: era un oficinista[20] ejemplar: consagrado, diligente, leal y discreto, como deben ser los servidores públicos. Se pasaba los días enteros en la oficina, y no

17. track.   18. left-handed.   19. The day before yesterday.   20. office clerk.

obstante ... ¿ Cómo crees tú que pasaba en casa las horas que otros dedican al descanso ?

— No sé. Probablemente haciéndole cariños a la mujer ...

5 — No, no. Las pasaba leyendo los avisos clasificados de los diarios, ¿ sabes ? ... Don Pedro decía que eran más interesantes que tus crónicas.

— ¡ De veras ! ... ¡ Ah, qué inteligente, y qué gusto tan exquisito el suyo ! ... ¿ Y qué podía hallar de interés en 10 esos avisos tan vulgares ?

— Mil cosas. Un aviso inocente en apariencia puede encerrar una cita de amor o un mensaje [21] criminal.

— ¡ Oh, qué interesante ! Nunca me lo había figurado ...

— Es natural ... Hace dos días don Pedro tuvo una 15 especie de revelación: en un aviso escrito en clave,[22] y muy ingeniosa, halló una cita galante, y al mismo tiempo una referencia a ciertos secretos que sólo conocían él y el Ministro de Guerra y Marina. Alarmadísimo, no quiso hablarle a su superior sin consultarme a mí y sin nombrar al criminal, 20 porque no quería ver a su Departamento envuelto en un escándalo.

— ¡ Caracoles ! [23] ¿ Y tú que hiciste ?

— Concertamos un plan medio infantil y peligroso, tan peligroso que don Pedro ha sido la primera víctima. Ojalá 25 que sea la única. Los agentes secretos no se paran en nada para realizar sus planes.

— ¿ Y estás ya en la pista ?

— Por supuesto. Esta mañana mi agente Genaro halló a los dos amantes junto al rosedal de Palermo, pero no pudo 30 verles la cara, y cuando se les acercó, el hombre desapareció.

— ¿ Y la chica ?

— Huyó en un Mercedes espléndido, seguida por Genaro. Según parece, se trata de una francesita encantadora. Un pájaro de cuenta,[24] sin duda ... Ya lo sabremos ... Y 35 ahora, ¿ qué piensas escribir para la prensa ?

21. message. 22. code. 23. The deuce ! 24. dangerous character.

Test

— Lo que iba a escribir. Estoy seguro de que don Pedro se suicidó.

— Pero, ¿ puede un zurdo dispararse [25] una pistola en la sien derecha ?

— No es lo natural, y sin embargo . . .   5

— No, Pepe: don Pedro fué asesinado, como lo verás cuando le pongamos la mano al asesino y sepamos qué gobierno extranjero lo tiene a su servicio.

— ¿ Y crees tú ? . . .

— ¿ Y por qué no ? . . . Mira: entre esos libros hay varios 10 de geopolítica, esa ciencia maravillosa . . . En uno de ellos se dice que los americanos no tenemos el derecho de gobernar a nuestros pueblos, y que éstos deben ser parte de un solo Imperio, o de dos cuando más [26] . . .

— Ése es el colmo [27] . . . ¿ Y cómo vas a seguirle la pista 15 al asesino ?

— Ya lo verás . . . Dime, ¿ quién halló muerto a don Pedro ?

— El coronel Ruiz. Dice que entró en la oficina al oír la detonación. Y a propósito: bien pudo él . . .   20

— ¿ Qué ?

— Matar a don Pedro, salir al corredor y dar el grito de alarma.

— Eres un genio, Pepe, pero el coronel Ruiz es incapaz de semejante felonía.   25

— ¿ Quién sabe ? . . . Es muy ambicioso.

— Pero es patriota como el que más.[28] ¿ Cuántos empleados tiene el departamento de que era jefe don Pedro ?

— Cinco.

— ¿ Acudieron todos al grito del coronel Ruiz ?   30

— Todos, menos don Alfredo Martínez de Carvajal, que había salido a almorzar.

— ¿ Estás seguro ?

— Sí, cómo no. Don Alfredo salió a las doce y volvió a la una. La tragedia ocurrió a las doce y cuarto. De modo 35

25. shoot himself with.   26. at most.   27. limit.   28. as anybody.

que él no pudo . . . Si alguien mató a don Pedro, ese alguien es el coronel Ruiz.

— ¿ Por qué ?

— Por lo que él mismo dice. Si entró en la oficina al oír
5 la detonación, y no halló a nadie con el muerto, pues . . . Esto es tan claro como el sol.

— No tanto . . . En la oficina hay un ropero.[29] El asesino pudo encerrarse en él, y escapar cuando el coronel Ruiz salió en busca de auxilio.

10 — Es cierto, pudo escapar. Otras cosas pudieron suceder, pero de nada sirven las posibilidades. Para mí lo único positivo es: que uno de los empleados anda vendiendo secretos del Ministerio; que don Pedro sospechaba de él; que el pobre no se suicidó; que el coronel Ruiz entró en su oficina al oír la
15 detonación, y no halló a nadie con el muerto. Y si mi intuición no me engaña, la conclusión es clara: el coronel es un traidor y un asesino.

— Pepe, tu intuición es maravillosa . . . Pero como para mí lo único positivo es la culpabilidad de uno de los empleados,
20 ¿ quieres dejarme continuar mis pesquisas,[30] con la esperanza de confirmar tu intuición, si es posible ? . . . Mis agentes Genaro y Ambrosio le andan siguiendo los pasos a la francesita de Palermo, y puede suceder que aquí me la traigan esta tarde, para someterla a una indagatoria.[31] Dicen que es muy linda
25 y peligrosa, y muy interesante para un periodista, ¿ eh ? . . . Pues bien: espéralos ahí en esa sala, hasta ver en qué paran estas cosas. Mis agentes tienen instrucciones precisas, y las seguirán al pie de la letra.[32] ¿ Podrás hacer tú lo mismo ?

— Por supuesto, pero . . . ¿ y mi crónica para la prensa ?
30 ¿ Y mi coronel Ruiz ?

— Déjalo en mis manos, que si todo sale como lo espero, tú tendrás una crónica completa, y serás el primero en dársela al público. ¿ Me ayudarás ?

— Encantado, Eleá. Y como tú eres una alhaja, ¿ vas a
35 darme otro cigarrillo ?

29. wardrobe.   30. investigations.   31. questioning.   32. to the letter.

Test

— Claro, hombre. Toma esta cajetilla entera, métete en la sala, y no le digas ni una palabra a la francesita cuando venga.

— Bueno, si ella es linda ¿ para qué hablar ?... Hasta lueguito.   5

— Hasta lueguito, y que tengas buena suerte.

El detective, al verse solo, descolgó el teléfono y llamó:

— ¿ El coronel Antonio Ruiz ?... Habla con Luis Avelino... Sí, señor... ¿ Podría usted venir a mi despacho ahora mismo ? Es urgentísimo... ¿ Sí ?... Magnífico...   10
Aquí lo espero sin falta.

Colgó el teléfono, leyó dos páginas de un libro que tenía en el escritorio, meditó un poco, y escribió en la cartera algunas palabras, musitando: « ¿ Quién sabe ?... Estos juegos a veces dan buenos resultados. Lo veremos. »   15

— El coronel Antonio Ruiz, del Ministerio de Guerra y Marina — anunció el portero.[33]

— Que pase.

El coronel apareció en el despacho de Avelino. Era un hombre alto, atlético. Tenía el pelo rubio, los ojos zarcos,[34]   20
la nariz aguileña e imperiosa, y vestía con gallardía[35] el uniforme militar.

— Buenas tardes, señor Avelino.

— Bien venido, coronel Ruiz. Tenga la bondad de sentarse.

— Gracias. Sin duda alguna usted quiere hablarme de lo   25
sucedido en el Ministerio. ¡ Qué cosa tan terrible e inesperada ! Jamás me imaginé que don Pedro fuera a ponerle fin a sus días. Era un hombre tan correcto, tan equilibrado.[36]

— Y quizás por eso le pusieron fin a sus días.

— ¿ Qué dice usted ?... Eso no puede ser.   30

— Todo es posible en este mundo, ¿ sabe usted ?... Tenemos sospechas de que uno de los empleados de su departamento le anda vendiendo secretos del Ministerio a un gobierno extranjero.

33. doorkeeper.   34. light-blue.   35. elegantly.   36. well-balanced.

— ¡ Eso es absurdo ! Nuestro departamento jamás ha traicionado a la patria.

— De ello no estamos seguros, coronel Ruiz. Vamos a ver: ¿ qué sucedió hoy en el Ministerio ? Diga usted.

5   Con palabras claras, sencillas y precisas, el coronel Ruiz refirió punto por punto lo que había sucedido, concluyendo:

— Como usted ve, y aunque parezca increíble, don Pedro se suicidó, sin dejar ninguna explicación.

— Usted dice que entró en la oficina al oír la detonación. 10 Pues bien: ¿ cómo halló usted la puerta del ropero que hay en ella, junto al escritorio de don Pedro ?

— ¡ El ropero ! Pues, a la verdad . . . no sé . . . Ninguno pensó en ello . . .

— Y por eso es preciso que usted me ayude. Ahora 15 mismo hágame el favor de enviarme, uno por uno, a todos los empleados de su departamento. Uno de ellos es el asesino, y yo quiero someterlos a todos a un experimento, siguiendo ciertos métodos que usan los criminologistas de Viena . . . Mire usted: aquí tengo escritas cien palabras, entre las cuales 20 hay tres o cuatro relacionadas con el crimen de hoy. En forma de preguntas yo las iré leyendo, y el sujeto del experimento deberá darme como respuestas otras palabras que tengan una asociación inmediata con aquéllas. ¿ Comprende usted ?

— Sí, señor.

25   — Bien. A medida que vaya leyendo las palabras, iré señalando por medio de puntos el tiempo transcurrido [37] entre las preguntas y las respuestas correspondientes.

— ¿ Y qué espera deducir de todo ello ?

— Ahí viene lo interesante: por más hábil que sea el 30 culpable, al oír las palabras relacionadas con el crimen, o titubea un poco, o responde con excesiva rapidez, rompiendo así el ritmo del experimento. Así lo afirman los psicoanalistas . . .

— ¿ Y usted les da crédito a esos juegos de niños ?

37. elapsed.

— ¿ Se prestaría usted al experimento ?

— Por supuesto.   Empiece usted.

Avelino fué leyendo una por una las preguntas y señalando con puntos el tiempo que el coronel Ruiz gastaba en dar las respuestas.   5

— Bueno, ¿ y qué ha resultado ? — preguntó el coronel.

— Es curiosísimo.   En algunos casos usted ha tardado menos de medio segundo en dar la respuesta, y en otros un segundo . . .   Tendremos, pues, que analizar con cuidado todo esto.   Lo haremos más tarde.   Por ahora, vuelva usted al   10 Ministerio, y me envía a los demás empleados, según su rango.

— A sus órdenes, señor Avelino.

Uno por uno fueron llegando los empleados al despa-   15

cho del detective.   El último fué don Alfredo Martínez de Carvajal.   Era un hombre guapo, vivo y elegante, de unos treinta años de edad.   Sus modales denunciaban [38] al señorito bien,[39] educado en los grandes centros europeos.   Al entrar saludó con exquisita cortesía, y se llevó a la boca una boquilla [40] de oro   20 donde ardía un cigarrillo egipcio de aroma delicioso.

38. proclaimed.   39. good-for-nothing dude.   40. cigarette holder.

— Buenas tardes, señor Avelino. Mi colega, el coronel Ruiz, me acaba de decir que usted desea hablar conmigo.

— Sí, señor. Siéntese usted, señor Carvajal.

— Martínez de Carvajal dirá usted, por favor.

5 — ¡ Ajá ! . . . Discúlpeme ⁴¹ usted . . . ¿ Y qué podrá decirme el señor Martínez de Carvajal acerca del asesinato de don Pedro Moreno ?

— ¡ Del asesinato ! Pero . . . ¿ sospecha usted ? . . . ¡ Qué fantástico ! En el Ministerio estamos convencidos de que
10 don Pedro se suicidó.

— Y aquí estamos convencidos de que fué asesinado.

— Eso parece imposible. El coronel Ruiz entró al oír la detonación, y no halló a nadie con el muerto. ¿ En qué se funda usted para abrigar una sospecha de asesinato, tan
15 horrible y peregrina ? A menos que el coronel Ruiz . . . Pero no, eso sería el colmo de los colmos.

— Y por lo mismo debemos aclarar el misterio. ¿ Quisiera usted cooperar con nosotros ?

— Sí, ciertamente. ¿ En qué puedo servirle ?

20 — Ando haciendo un experimento. Ya se han sometido a él tres empleados y el coronel Ruiz. Creo que estoy ya en la pista, pero como debo considerar todas las posibilidades, y a usted le toca el turno . . . ¿ Me complacerá usted ?

— Encantado. Diga usted.

25 Avelino le explicó la índole del experimento, y comenzó a leer la lista de palabras, notando que Martínez de Carvajal iba contestando con aplomo ⁴² y rapidez asombrosa. Sin duda era un hombre inteligente, frío, calculador y de mucho mundo.⁴³

30 Ya había leído Avelino unas veinte palabras, cuando fué interrumpido por el timbre del teléfono.

— ¡ Uf, qué desastre ! . . . Perdone usted, un momento . . .

— Sí, ciertamente.

Avelino tomó el teléfono y comenzó a hablar, sin perder

41. Pardon me.   42. self-possession.   43. experienced.

Test

de vista a Martínez de Carvajal, que acababa de encender
otro cigarrillo y sonreía con cierto escepticismo medio afectado
y petulante.

— ¿ A ver ? . . . Sí, pues, con Eleá, diga usted . . . ¿ Qué ?
. . . Hable más despacio y más alto, que no le entiendo . . . 5
¡ Ah, ya ! . . . ¿ En la tienda de Margot ? . . . ¿ Qué ? . . .
¿ Pero es posible ? . . . ¡ Qué audaces ! ¿ verdad ? . . . Bueno
. . . Sí . . . Llévenla a la clínica del doctor Mariño . . . Yo
iré tan pronto como pueda. Adiós.

Avelino soltó el teléfono al ver que Martínez de Carvajal 10
se había levantado de su asiento, volviéndole la espalda, y
arrojando sin terminar el cigarrillo.

— Perdone usted la interrupción, que no será la única.
En mi despacho no hay tranquilidad para nada, usted comprende . . . ¿ Volvemos a nuestro experimento ? 15

— Sí, cómo no, pero antes ¿ podría usted hacerme el favor
de responderme dos preguntas ? No pude menos de oír su
conversación, y me pica la curiosidad . . .

— ¿ Qué preguntas ?

— Una: ¿ por qué lo llaman a usted Eleá ? 20

— ¿ No lo sabía usted ? Así me llaman los amigos. Se
trata de las iniciales de mi nombre, que acostumbro a poner
cada vez que firmo un documento cualquiera . . .

— ¡ Ah, sí ! . . . Luis Avelino, claro . . . ¡ Qué estupidez
la mía, no haberlo imaginado antes ! Y la otra: ¿ qué ha 25
pasado en la tienda de Margot ?

— Pues, verá usted, nada de importancia . . . Se trata
de una francesita a quien acaban de herir . . . Sin duda es
cuestión de celos y nada más.

— ¿ Y cómo la hirieron ? 30

— Es lo único interesante del caso. La hirieron con una
ametralladora,[44] como si estuvieran en Chicago . . .

— ¿ Y la hirieron de gravedad ?

— Sí, señor. Está agonizando.[45] Yo he ordenado que la

44. machine gun.   45. dying.

Test

lleven a la clínica del doctor Mariño. Si se puede salvar, él la salvará. Es un cirujano excelente. ¿ Y nuestro experimento ?

 — ¡ Oh, sí !... ¿ Lo continuamos ?

5 — Mejor será volverlo a comenzar.

 — Como guste. Estoy a sus órdenes.

 — Muchas gracias. ¿ Se acuerda de mis instrucciones ?

 — Sin duda. Yo debo decir una palabra relacionada con cada una de las que usted va leyendo. ¿ No es así ?

10 — Precisamente. Comenzaré: ¿ Espada ?

 — Vaina.[46]

 — ¿ Libro ?

 — Página.

 — ¿ Cocina ?

15 — Estufa.[47]

 — ¿ Palermo ?

 — Jardines.

 — ¿ Mar ?

 — Playa.

20 Avelino leyó cien palabras, notando que el joven había dicho « jardines » después de « Palermo », y « guardar » después de « ropero ». La primera vez había dicho « rosedal » y « encerrar », respectivamente.

 — Bien, ¿ y qué opina usted del experimento ? — pre-
25 guntó Martínez de Carvajal, sacando el pañuelo para secarse las manos.

 — Que es interesante — respondió Avelino sonriendo.

 — ¿ Lo cree usted ?... A mí me parece indigno de crédito. Eso lo hacían hace años los psicoanalistas, pero está
30 ya desacreditado entre los hombres de ciencia. En el psicoanálisis no creen ahora sino las mujeres histéricas y los charlatanes que las explotan.

 — Así parece, pero... A usted le gustan las rosas de Palermo, ¿ eh ?...

46. scabbard. 47. stove.

176

— ¡ Las rosas de Palermo ! ¿ Que quiere usted insinuar ?

— Nada, señor . . . Y a usted le gusta ir a respirar su fragancia mañanera, ¿ eh ? . . .

— Yo nunca voy a Palermo.

— Pero esta mañana, a las seis, usted estuvo allá, junto 5 al rosedal, con cierta francesita . . .

— ¡ Oh, pero qué fantástico ! Yo no me levanto jamás antes de las ocho, ni tengo relaciones con ninguna francesita.

— ¿ Y por qué no ? . . . Casi todas son tan monas . . .

— Señor Avelino: ¿ qué clase de juego o de coartada [48] 10 es ésta ? . . . ¿ Cómo se atreve usted a someterme a un interrogatorio tan insólito [49] y personal ? ¿ Qué es lo que usted quiere de mí ?

— Por el momento una cosa nada más. ¿ Dónde estuvo usted hoy entre las doce y la una de la tarde ? 15

— Almorzando, como de costumbre.

— ¿ Almorzando en la tienda de Margot, o comprando rosas para su mamá ?

— ¡ Basta, señor Avelino ! Lo que usted hace no lo puede tolerar un oficial de mi categoría. Yo le probaré a usted, y a 20 quienquiera, que no he estado ni en Palermo ni en Margot. ¿ Puedo retirarme ?

— Todavía no. En el Ministerio no lo necesitan, y aquí sí. Usted va a hacernos ahora mismo la confesión de sus delitos, y a firmarla también. Todo lo demás es inútil. A 25 usted lo tenemos cogido en una trampa, y no se nos escapará.

— Esto quiere decir que usted me detiene contra mi voluntad, y sin autorización legal de ninguna clase. Mi abogado se encargará de pedirle a usted cuenta de todo, ante los tri- 30 bunales de justicia, y entonces veremos quien tiene cogido a quien en una trampa, señor Avelino.

— Cálmese usted, y déjese de gritos y amenazas. Ahora mismo veremos si confiesa o no.

48. trap.   49. unusual.

Test

Los dos hombres callaron. La tensión nerviosa comenzó a crecer entre los dos. Avelino sonreía y Martínez de Carvajal temblaba de cólera. Por momentos parecía que habría de saltar sobre su contendiente,[50] para estrangularlo entre sus
5 manos . . .

Al cabo de quince minutos de absoluto silencio, Avelino tocó un timbre. La puerta se abrió y apareció en ella uno de sus agentes.

— Hola, Genaro, ¿ qué nuevas me traes ?
10 — Pocas, pero buenas, Eleá.

— A ver, cuéntamelo todo, desde el comienzo.

— Pues, como le dije por teléfono, después de lo de Palermo, me reuní con Ambrosio, y los dos seguimos a la chica por casi toda la ciudad. A eso de la una vino a la Calle Callao,
15 y se detuvo en la floristería de Margot, donde le entregaron un ramo de rosas. Yo noté que sacaba de él un rollito de papeles, que se echó al seno mientras las besaba. Se despidió y volvió al Mercedes, donde la esperaban dos caballeros. Poco después guió ella, sola, hacia Palermo. Nosotros la
20 seguíamos de cerca . . . De repente oímos varias detonaciones, el Mercedes se estrelló contra un muro, entre los gritos de la muchedumbre y los disparos que, con su ametralladora, seguían haciendo los dos caballeros, que huyeron en otro coche. La confusión fué tan grande, que no nos fué posible
25 seguirlos. Además, a nosotros nos pareció mejor ver qué le había sucedido a la chica. La hallamos sin sentido, cubierta de sangre. La pusimos en nuestro coche, y lo llamamos a usted. Siguiendo sus instrucciones, la llevamos a la clínica del doctor Mariño. Una de las enfermeras le sacó del seno
30 estos papeles.

— ¡ A verlos ! — ordenó Avelino vivamente, y se los pasó a Martínez de Carvajal. — Precisamente . . . Léalos usted en voz alta.

Sin desobedecer ni en lo mas mínimo, como un autómata,

50. adversary.

Test

el joven tomó los papeles en sus manos, húmedas y temblorosas.

— ¡ Qué tontería ! Son papeles en blanco — exclamó echándoles un vistazo.[51]

— Lea usted lo que dice la segunda hoja.

Martínez de Carvajal hizo un grande esfuerzo para recobrar su aplomo, y obedeciendo al detective leyó: « No siga usted ... A los traidores se les castiga sin piedad. L. A. » ... ¿ Pero cómo es posible ? Estos papeles ...

— Usted los halló en el escritorio de don Pedro Moreno. Yo mismo los coloqué allí, y de allí se los robó usted para dejárselos a su francesita en la tienda de Margot, creyendo que eran documentos de Estado. Eso es todo.

— ¡ No, no ! Esto es una infame coartada, y usted ha ido demasiado lejos ...

En este momento volvió a sonar el timbre del teléfono.

— ¿ A ver ? — preguntó Avelino tomando la bocina.[52] — ¿ Con Ambrosio ? ... Bien. ¿ Qué novedades hay ? ... ¿ Cómo se llama ? ... Ajá ... ¿ Y ha firmado su confesión ante el sacerdote, el médico y las enfermeras ? ... Magnífico ... Era todo lo que se necesitaba. ¡Adiós !

Avelino colgó el teléfono, y volviéndose a Martínez de Carvajal, le dijo en tono muy persuasivo:

— El juego ha concluído, querido amigo ... La señorita Olga de Nemours acaba de confesar sus felonías, y se prepara a bien morir.

51. glancing at them.   52. receiver.

—¡A morir!—gritó el joven. —¡No, no!

—Sí, a morir. Es natural... Estaba al servicio de un poder extranjero, y ya ve usted: le han pagado con balazos sus buenos servicios. ¡Pobre Olga!... ¿Y usted no quisiera hablar con ella?... Voy a llamar.

Avelino cogió el teléfono y llamó.

—¿A ver?... ¿Con el doctor Mariño?... Sí, con Eleá... ¿Podría doña Olga de Nemours hablar con don Alfredo Martínez de Carvajal?... Se entiende, sí, dos palabras... Gracias.

El detective le pasó el teléfono a Martínez de Carvajal, quien lo tomó temblando.

—¿Olga?... Sí, Alfredo... ¿Que te mueres, y me dejas?... ¡No, no, Olga mía!... Tienes que vivir, para mí, para nuestro amor... ¿Qué dices?... ¡No, nunca es tarde!... No puedo oírte... ¿Qué?... ¡Olga!... ¡Olga!... Sí, te mataron los agentes de Koscheff. Estoy seguro de ello, pero yo habré de vengarte. Te lo juro.

—Eso basta—sentenció Avelino, quitándole el teléfono a Martínez de Carvajal. —¿Verdad que todo ha concluído? ... Ahora lo mejor es que dicte su confesión, y la firme ahora mismo... Así lo ha hecho doña Olga, quien de seguro acaba de expirar.

—Usted tiene razón. ¡Todo ha concluído! Escriba usted: Yo maté a don Pedro Moreno, y me encerré en el ropero al oír que alguien se acercaba a la oficina. Lo maté con la pistola que hallé en su escritorio, al sacar esos papeles, creyendo que eran los planes del Ministerio para la movilización del Ejército y la Marina. De allí saqué yo antes otros documentos secretos, que puse en manos de Koscheff...

—¿De Koscheff?

—Sí, alias von Keppler...

—¿El Embajador?

—El mismo. Es un hombre peligroso.

—Lo sospechaba. ¿Hay algo más?

180

Test

— Nada más . . . Estoy a sus órdenes, Eleá.

— Muchas gracias.

Alfredo Martínez de Carvajal firmó su confesión, que el detective había escrito ya, y al acabar de firmarla gritó espantado:

— ¿ Y ahora qué será de mí ?

— A los traidores se les castiga con la muerte — sentenció Avelino.

Martínez de Carvajal se sumió [53] en el silencio, y en la puerta del cuarto vecino apareció el periodista Espil.

— ¿ Qué opinas ? — le preguntó Avelino, poniéndole en la mano la confesión del traidor. — ¿ Dejarás tranquilo al coronel Ruiz ?

— Sí, cómo no — respondió Espil al leerla. — Y mi crónica caerá sobre la Ciudad como una bomba atómica. Lo verás.

— ¿ Y no crees que es mejor no decir nada ? . . . Después de todo, no tenemos en nuestras manos a Koscheff ni a todos sus agentes . . . Mejor es hablar de esto cuando hayan caído en nuestras redes.

— ¿ Y mi crónica ?

— Y don Pedro Moreno, mártir del deber, ¿ no es digno de tu pluma ? . . . Un artículo en su elogio será por ahora lo más justo y discreto, ¿ eh ? . . .

— Tienes razón. Lo leerás mañana en todos los diarios de la Ciudad.

— Magnífico. Y de lo demás, ni una palabra por ahora, ¿ eh ? . . .

— ¿ Y la francesita ? . . .

— Requiescat in pace.[54]

— ¿ Y Martínez de Carvajal ?

— La justicia dirá lo que conviene.

53. was sunk.   54. May she rest in peace (Latin).

181

EJERCICIOS

I. *Contéstense en español:* 1. ¿ Quién se paseaba junto al rosedal de Palermo ? 2. ¿ Cómo iban a premiar los servicios del traidor ? 3. ¿ Cortó el hombre una rosa para Olga ? 4. ¿ Por qué llaman Eleá al famoso detective ? 5. ¿ Dónde fué asesinado don Pedro Moreno ? 6. ¿ Era don Pedro un buen empleado ? 7. ¿ Dónde halló don Pedro la cita de los amantes ? 8. ¿ Por qué tenía fe el detective en el coronel Ruiz ? 9. ¿ Quiénes siguieron a Olga hasta la tienda de Margot ? 10. ¿ Qué le sucedió a ella en esa tienda ? 11. ¿ Cómo murió Olga ? 12. ¿ Qué eran los « documentos » que Eleá había puesto en el escritorio de don Pedro ? 13. ¿ Confesó Martínez de Carvajal su crimen ? 14. ¿ Qué escribió entonces el periodista Espil ? 15. ¿ Hay muchos agentes secretos ahora en las Américas ?

II. *Verdad o mentira que:* 1. Don Pedro Moreno les vendió los secretos del Ministerio a los agentes secretos. 2. Martínez de Carvajal mató a su novia. 3. El detective vió a Martínez de Carvajal en la oficina donde murió don Pedro. 4. En el Parque de Palermo de Buenos Aires hay un hermoso rosedal. 5. La francesita del cuento murió en su casa. 6. El reportero de la prensa era un joven muy discreto. 7. Eleá le pidió a Espil que escribiera en elogio de don Pedro.

III. *Estudio de palabras.* Escoja usted las palabras de sentido opuesto que se dan en estas columnas:

A	B
comprar	vender
culpable	partir
derecho	último
llegar	complicado
nervioso	izquierdo
pregunta	inocente
primero	quieto
rápido	coger
sencillo	lento
soltar	respuesta

Test

LOS PUEBLOS INDÍGENAS DE AMÉRICA

Cuando Colón y sus compañeros españoles visitaron las Antillas en 1492 llamaron *indios* a sus habitantes, creyendo que habían llegado a la India, como él lo esperaba. Desde entonces se ha designado con este nombre falso a todos los indígenas del Nuevo Mundo, aunque ellos no procedían 5 de la India ni pertenecían a la misma raza.

Los primeros habitantes de América vinieron del Asia oriental, y quizás algunos de la Oceanía. Vinieron en oleadas [1] sucesivas, y sus descendientes, en el curso de los siglos y en regiones separadas, fueron adaptándose a su medio geográfico 10 y creando culturas originales e independientes del resto del mundo. Ninguna de ellas dejó por escrito [2] los anales de su existencia y desarrollo, y por esta razón su « historia » es complicada y está envuelta en mitos [3] y leyendas.

Se calcula en unos veinte millones el número de « indios » 15 que poblaban la América para el año del Descubrimiento. La mayor parte de ellos, y los más avanzados, vivían en las montañas, en tierras altas y frías. Fué allí donde los españoles hallaron los estados más prósperos: el de los Tolteca-Aztecas de Méjico, y el de los Incas del Perú. Sólo los Mayas 20

1. waves. 2. in writing. 3. myths.

183

Test

habían preferido las tierras bajas y calientes, pero su cultura se hallaba entonces en completa decadencia.

LOS MAYAS

Los Mayas fueron quizás los primeros pobladores [4] de América. Sus antepasados asiáticos vinieron varios miles de
5 años antes de Jesucristo. Vagaron por Alaska, el Canadá y los Estados Unidos, y entraron en la América Central posiblemente por el Mar Caribe, estableciéndose en Guatemala y en Honduras, donde floreció su cultura entre los años 200 y 600 de la era cristiana. Decayeron después. Emigraron
10 algunos al norte y se establecieron en la península mejicana de Yucatán, donde su cultura llegó a un alto nivel hacia el año 1200.

La «nación» Maya era una confederación de tribus [5] unidas por vínculos [6] religiosos mas bien que políticos o eco-
15 nómicos. Dependían del cultivo del maíz, y aunque eran buenos ingenieros y agricultores, no construyeron ciudades, ni caminos, ni sistemas de regadío, como los Aztecas y los Incas. Vivían en el campo, divididos en pequeñas comunidades, y sólo se reunían en los centros religiosos, donde cons-
20 truyeron templos y pirámides de singular hermosura, que decoraron con esculturas y relieves, [7] y con pinturas al fresco, [8] de ricos colores.

Los Mayas eran matemáticos y astrónomos, y excelentes artesanos. Tallaban [9] la piedra y la madera; hacían bellos
25 tejidos de algodón, objetos de barro y joyas de jade de formas exquisitas.

TOLTECAS Y AZTECAS

Los Toltecas y los Aztecas pertenecían al mismo grupo etnológico y hablaban idiomas semejantes.

Los Toltecas, venidos del norte, se establecieron en el

4. settlers. 5. tribes. 6. bonds. 7. bas-reliefs. 8. frescoes. 9. They carved.

Test

valle mejicano del Anáhuac hacia el año 600 de la era cristiana. Siglos después, en contacto con los Mayas, a quienes conquistaron, aprendieron de ellos las artes y las ciencias, aunque sin lograr ni su habilidad ni su refinamiento. Sin embargo, fueron los Toltecas quienes construyeron el templo y las 5 pirámides de Teotihuacán, que tanto admiran los arqueólogos y los viajeros.

Hacia el año 1200, los Aztecas invadieron el Anáhuac, después de vivir por siglos en los desiertos del sudoeste de los Estados Unidos y el norte de Méjico. Se establecieron en los 10 bajíos [10] del lago de Texcoco y levantaron la ciudad de Tenochtitlán, que ahora se llama Méjico.

Era Tenochtitlán una ciudad-estado, hermosa y extensa, que tenía muchos miles de habitantes cuando el conquistador Hernán Cortés la ganó para España en 1521. 15

Los Aztecas eran guerreros: desde Tenochtitlán, y por medio de la fuerza, establecieron su imperio sobre unos ocho millones de « indios » de muchas tribus, obteniendo de ellas tributos y víctimas para los sacrificios a sus dioses crueles y sanguinarios. De los Mayas y Toltecas aprendieron ellos casi 20 todas las formas de su cultura, sin lograr mejorarlas. Eran un pueblo que vivía de la presa,[11] en medio de un esplendor semibárbaro semejante al de sus antepasados asiáticos.

LOS INCAS

Los Incas no eran un pueblo, sino una casta superior que gobernaba un vasto imperio andino. 25

Hacia el año 1100 de la era cristiana, los Incas aparecieron en el valle peruano de Cuzco, habitado entonces por algunas tribus decadentes, restos de una nación desaparecida siglos antes.

En el curso de cuatrocientos años, y haciendo uso de la 30 diplomacia y de la fuerza, los Incas de Cuzco sometieron a cientos de tribus dispersas, que ocupaban un territorio de más

10. swamp lands.   11. booty.

185

Test

de un millón de millas [12] cuadradas. En 1531, cuando Francisco Pizarro lo ganó para España, el Incario [13] comprendía los países que hoy se llaman Ecuador, Perú y Bolivia; se extendía hasta el sur de Colombia y el norte de Chile y la
5 Argentina, y tenía unos seis millones de habitantes.

En la América « india » los Incas no tuvieron rivales ni como políticos ni como organizadores.

Se fundaba su imperio en un colectivismo agrario tan completo que otro igual no se ha visto en ninguna parte del
10 mundo. No existía en él la propiedad privada: se producía sólo para asegurar el bienestar social. El trabajo era obligatorio para todos los individuos hábiles, y estaba reglamentado [14] y controlado por la casta de los Incas.

El _ayllú_, base de la organización social, lo formaban diez
15 familias y era una comunidad cerrada que sus miembros individuales no podían abandonar para pertenecer a otra. Cada diez ayllúes constituían una _pachaca_, y así sucesivamente, de diez en diez, hasta las cuatro grandes divisiones que formaban el Incario y que gobernaban los _cápac-apus_ o príncipes de la
20 casta imperial, sometidos éstos a la autoridad suprema y única del Inca Mayor, a quien todos respetaban y obedecían como a « Hijo del Sol », es decir de dios, según la religión incaica. En el Incario la autoridad descendía del trono [15] a los más humildes hogares, y se hacía respetar por leyes y
25 prácticas rígidas y severas.

Tampoco como constructores tuvieron rivales los Incas de la América « india ». Asombran todavía las ruinas de sus templos y palacios, sus fortalezas, sus caminos, sus puentes y acueductos, y las de las _andenerías_ [16] o terrazas donde culti-
30 vaban el maíz y las papas, en las faldas de sus ásperas montañas, a veces en sitios casi inaccesibles para el hombre blanco.

Tenían los Incas buenos médicos y excelentes cirujanos [17] y artistas. Labraban el oro, la plata y el plomo, y conocían

---

12. miles.　13. Inca empire.　14. regulated.　15. throne.　16. built-up terraces.　17. surgeons.

Test

el uso del bronce; hilaban el algodón, y la lana de las llamas y las alpacas, que habían domesticado, tejiendo [18] con ella mantas y alfombras de gran mérito.

OTROS PUEBLOS

Otros pueblos indígenas de América lograron una cultura relativamente avanzada, como los Chibchas del interior de 5 Colombia, agricultores también como los Mayas. Los demás formaban tribus de guerreros y cazadores, que vivieron dispersas por casi todo el continente.

Ninguno de los pueblos indígenas pudo resistir el empuje [19] de los conquistadores españoles, porque ninguno tenía la 10 fuerza necesaria para ello. El Incario mismo, que estaba tan bien organizado, fué conquistado por ellos en pocos años: les bastó a los españoles destronar a [20] su casta dominante para asumir luego el gobierno de sus súbditos.[21]

EJERCICIOS

I. *Contéstense en español:* 1. ¿ Por qué llamó Colón « indios » a los habitantes de las Antillas ? 2. ¿ De dónde vinieron a la América sus primeros habitantes ? 3. ¿ Qué hicieron sus descendientes en el curso de los siglos ? 4. ¿ Qué sabemos de su historia ? 5. ¿ Cuántos indios había en América para el año del Descubrimiento ? 6. ¿ Quiénes entre ellos eran los más avanzados y dónde vivían ? 7. ¿ Qué era la « nación » maya ? 8. ¿ Cómo vivían y qué cultura tenían los Mayas ? 9. ¿ Cuándo se establecieron los Toltecas en el valle del Anáhuac ? 10. ¿ Qué aprendieron los Toltecas de los Mayas ? 11. ¿ Cuándo invadieron el valle del Anáhuac los Aztecas ? 12. ¿ Cómo lograron los Aztecas establecer su imperio ? 13. ¿ Cuándo aparecieron los Incas en el valle de Cuzco ? 14. ¿ Qué lograron los Incas en el curso de los siglos ? 15. ¿ En qué fundaban los Incas su imperio ? 16. ¿ Qué era el ayllú ? ¿ La pachaca ? 17. ¿ Alcanzaron los Incas un nivel cultural muy alto ? 18. ¿ Qué les sucedió a las naciones indígenas de América al llegar los españoles ?

18. weaving.   19. pressure.   20. to dethrone.   21. subjects.

II. *Llénense las rayas:* 1. Colón y sus compañeros creyeron que habían llegado a ———. 2. Los primeros habitantes de América vinieron de ———. 3. Se calcula en unos veinte millones ———. 4. Los más avanzados vivían en ———. 5. Los Mayas fueron quizás los ———. 6. Sus antepasados vagaron por ———. 7. Su cultura floreció entre ———. 8. La « nación » maya era una confederación de ———. 9. Los Toltecas y los Aztecas pertenecían al ——— y ———. 10. Fueron los Toltecas quienes construyeron ———. 11. Era Tenochtitlán una ——— que tenía ———. 12. De los Mayas y Toltecas los Aztecas aprendieron ———. 13. Los Incas no eran un pueblo sino ———. 14. En 1531 el Incario comprendía ——— y se extendía ———. 15. Los Incas fundaron su imperio en ———. 16. Cada diez ayllúes constituían una ———. 17. En el Incario la autoridad descendía del ———. 18. Asombran todavía las ruinas de ———. 19. Los Incas labraban ——— y conocían ———. 20. Ninguno de los pueblos indígenas pudo ———.

III. *Traduzca usted estos modismos y empléelos en oraciones originales:* a pocos días; acababa de; darle la gana; déjese de...; en cuanto a; en vez de; echar a; hacerle falta a; hacer pedazos; negarse a; ponerse en marcha; tener... años; tener fama de.

*   *   *

EN ESOS TIEMPOS ...

E ran los tiempos de don Porfirio, en tierras de Méjico... Tiempos de autoridades arbitrarias y de órdenes absurdas, como las que le dió el gobernador de Oaxaca al capitán Ruiz.

5   Era este gobernador un viejo general barrigón,[1] de carnes fláccidas,[2] de andar de pato y de ojillos grises que miraban con crueldad. Servía su empleo, que don Porfirio le había dado sin merecerlo, como algo que le pertenecía por derecho divino.

1. big-bellied.   2. soft.

188

Test

Por las mañanas recibía a todo el mundo en su despacho, y resolvía a su manera las cuestiones públicas y las privadas.

Una vez entró el capitán Ruiz, y cuadrándose [3] le dijo sonriendo:

—No hay novedad, mi general, sino que el sargento 5 Paniaga no se quiere aliviar.

—¡Cómo!—rugió el gobernador. —¿No le han hecho las curaciones que ordené?

—Sí, mi general, pero sigue malo, y cuando le da el ataque babea [4] como un perro, se enfurece [5] y ataca a todo el mundo. 10

—¿No tiene remedio?

—Así parece, mi general.

—Entonces hay que suprimirlo.[6]

—Como guste, mi general.

—Llévenlo lejos, al monte, y que allá dos soldados lo 15 fusilen. Así ninguno ha de padecer.

El capitán Ruiz hizo un grotesco saludo militar, salió, y se dirigió al cuartel, donde el sargento Paniaga, que había sido mordido por un perro rabioso, acababa de pasar por una crisis violenta, y estaba tirado en el suelo, sobre un petate [7] sucio. 20

Al día siguiente dos soldados lo sacaron en secreto de Oaxaca, lo metieron al tren, y lo condujeron al monte, siguiendo las instrucciones de sus superiores. Mas al llegar a la orilla, le propuso uno de ellos:

—Oye, Paniaga: el Viejo quiere que te matemos, pero, 25 la verdad, no nos sentimos con ánimo de hacerlo . . . ¿Por qué te hemos de matar, sólo porque estás enfermo? Mira: nosotros diremos en Oaxaca que te fusilamos. Tú te metes al monte, y no vuelves a estas tierras, ¿sabes?

—Está bien, amigos. Se les agradece. 30

Los soldados volvieron a la ciudad, y Paniaga entró en el monte. Al anochecer empezó a sentirse enfermo. Buscó un refugio. En lo alto de una peña [8] halló una cueva. A gatas [9]

3. coming to attention.   4. he drivels.   5. rages.   6. to do away with him.
7. floor mat.   8. rock.   9. On all fours.

189

se metió en ella, pero al hacerlo se vió atacado por una enorme víbora de cascabel,[10] ágil y horrible.

La lucha fué breve. Como la cueva era muy estrecha, el hombre no podía defenderse, y la víbora lo mordía a cada
5 manotazo que le tiraba.

— ¡ Virgen de la Soledad ! — gritó desesperado el pobre Paniaga, y haciendo un esfuerzo supremo se echó sobre el reptil, aplastándolo con el peso de su cuerpo.

El terror y el veneno [11] hicieron presa [12] en su organismo,
10 perdió el conocimiento, y se quedó tendido y bocabajo sobre la víbora . . .

La noche cobijó [13] la tierra, penetró en la cueva, y cubrió de silencio la tragedia.

Al día siguiente Paniaga abrió los ojos, creyendo que
15 estaba en otro mundo . . . ¿ Cómo podría vivir en éste, después de lo sucedido la noche anterior ?

10. rattlesnake.   11. poison.   12. took hold.   13. covered.

Test

El sargento se sentía tranquilo, como aligerado [14] de un gran peso, o de un dolor insufrible. Se levantó, salió de la cueva, se vió a la luz del sol las mordeduras [15] que tenía en las manos, y notó que el cuerpo y las ropas estaban bañados en un sudor fétido y pegajoso [16] . . . Apareció entonces ante su conciencia la terrible lucha con la víbora, y movido quizás por un instinto de venganza, cogió un palo y volvió a entrar en la cueva.

Allí estaba su enemiga, pero muerta, con el vientre [17] reventado, como si dentro de él hubiese hecho explosión un cartucho [18] de dinamita . . .

Paniaga pensó entonces en la Virgen de la Soledad, y lleno de gratitud bajó a un arroyo, se bañó, lavó sus ropas, se restregó [19] las heridas con unas yerbas,[20] y al anochecer tomó el camino de Oaxaca.

Una noche, cansado y muerto de hambre, Paniaga apareció en su casa, donde sus familiares lo recibieron como una aparición del otro mundo . . . Les contó lo sucedido, y resolvió permanecer oculto varios días, para evitar una desgracia.

La noticia del extraño suceso se esparció por la ciudad, y vino al palacio del gobernador.

— ¿ Qué me dicen ? . . . ¿ Que Paniaga vive todavía ? . . . ¡ Lo veremos ! — rugió Su Excelencia, y en seguida mandó buscar a Paniaga.

Cuando lo encontraron, él, personalmente, lo llevó al cuartel.

— ¡ Fusilen a este miserable ! — le dijo al capitán Ruiz — y háganlo ahora mismo, sin pérdida de tiempo.

— Pero, mi general, si la cosa fué un milagro . . . ¿ Cómo podemos ? . . .

— Nada de eso, capitán. Sepa usted que mis órdenes nadie puede desobedecerlas, ¡ ni los hombres, ni las víboras !

— Apunten . . . ¡ Fuego ! — les gritó el capitán Ruiz a sus soldados.

14. relieved. 15. bites. 16. sticky. 17. belly. 18. cartridge. 19. rubbed. 20. herbs.

Se oyó una descarga cerrada, y el sargento Paniaga cayó muerto junto a uno de los muros del cuartel de Oaxaca...

[DE « El soldado, la serpiente y el gobernador »,

DE *Gerardo Murillo*]

EJERCICIOS

I. *Contéstense en español:* 1. ¿Cómo servía su empleo el general? 2. ¿Qué hacía por la mañana? 3. ¿Qué tenía el sargento Paniaga? 4. ¿Qué orden le dió el gobernador al capitán? 5. ¿Mataron los soldados al sargento? 6. ¿Dónde se metió el sargento? 7. ¿Qué le sucedió al entrar en una cueva? 8. ¿Cómo se sentía el sargento al día siguiente? 9. ¿Por qué bajó a un arroyo? 10. ¿A dónde se dirigió luego? 11. ¿Qué ordenó el gobernador al saber que Paniaga vivía? 12. ¿Obedecieron esta vez los soldados la orden del general?

II. *Verdad o mentira que:* 1. El gobernador era muy guapo. 2. El capitán le dijo que el sargento no se quería aliviar. 3. El gobernador lo mandó fusilar. 4. Los soldados cumplieron la orden de matarlo. 5. Paniaga perdió el conocimiento después de matar a su enemigo. 6. Al día siguiente el sargento se sintió peor que nunca. 7. Paniaga se bañó en un río. 8. Después de bañarse Paniaga se escondió en su casa. 9. El gobernador mandó otra vez que fusilasen a Paniaga. 10. Esta vez tampoco se cumplió su orden.

III. *Estudio de palabras basado en las últimas lecturas de este libro.*

Traduzca estas palabras y dé una o más palabras relacionadas con ellas: abertura, aconsejar, adelantado, adormecido, agarrar, alcance, alejarse, almuerzo, altura, amabilidad, amarillento, anochecer, apacible, arreciarse, arrodillarse, asiento, aspereza, atraso, atrevido, ayuda, cacería, calentar, cerradura, comienzo, complacer, conocimiento, consejero, cortesía, crecimiento, creencia, cría, detallado, endulzar, enfermera, ennegrecido, enseñanza, enterrarse, entristecer, espera, esperanza, familiar, flaqueza, floristería, grandeza, herencia, herida, hortelano, lector, lejano, mediados, mejorar, mirada, mordedura, negruzco, niñez, norteño, novedad, obrero, oyente, pensamiento, pérdida, pesca, productor, recibimiento, refrescar, regreso, renovar, resfriado, respuesta, rezo, rojizo, ropero, solidez, terrestre, timidez, tontería, traicionar, tristeza, viajero.

Palabras engañosas: delito, desgracia, devolver, gracia, gracioso, guardar, lectura, pariente, realizar, registrar, resignación, vulgar.

El prefijo *des–:* desalentar, descansar, descolgar, descuidar, desobedecer.

Es seguidas de consonante: escándalo, escultura, especie, espíritu, espléndido, esqueleto, estatura, estrangular, estructura, estupendo.

El sufijo *–azo:* balazo, derechazo, izquierdazo, machetazo, manotazo.

El sufijo *–dor:* amenazador, cazador, encantador, exportador, gobernador, labrador, morador, predicador, servidor.

El sufijo *–oso:* asombroso, bondadoso, cariñoso, envidioso, milagroso, peligroso, poderoso, sudoroso, ventajoso.

*   *   *

EL PADRE NICANOR

La Capilla del Carmen era pobre, y sin embargo en mi niñez allá iba yo a oír misa los domingos, prefiriéndola a otros templos de Marineda. Yo no sabía entonces por qué, pero ahora lo comprendo: en la Capilla del Carmen decía misa el Padre Nicanor.   5

El Padre Nicanor tenía unos setenta años, y era pequeño y enjuto de cuerpo, y dulce y huraño [1] como pocos. Vivía con su ama Dolores, y con un gato y con un canario que cantaba a la maravilla. Su casa era menos que modesta y sin rastros

1. shy.

de aseo,[2] porque Dolores, a pesar de su amabilidad, trabajaba muy poco y se pasaba los días recordando los buenos tiempos idos, olvidando que en el mundo existen escobas [3] y alimentos. Por eso en aquel hogar se veían escenas como ésta:

5 Volvía de misa el Padre Nicanor, y sintiéndose casi muerto de hambre, se decía a sí mismo, lleno de esperanzas: — « Es la horita del chocolate » ... — y se sentaba a la mesa. Pasaba un cuarto de hora, pasaba media hora, pero no ocurría nada. Al fin gritaba, con voz tímida y cariñosa:

10 — ¡ Doña Dolores ! ... ¡ Doña Dolores !

— ¿ Qué se le ofrece ? [4] — le respondía la vieja desde lejos.

— ¿ Y mi chocolate ?

— ¡ Ay, señor ! — exclamaba ella. — Hoy no estoy para nada ... ¿ Sabe qué día es hoy ?

15 — Jueves, 6 de febrero, día de Santas Dorotea y Revocata.

— Sí, justamente. Pero ... ¿ sabe una cosa ? ...

— ¿ Qué, doña Dolores ?

— Pues que hoy hace veintiséis años murió de cólico uno de mis cuñados ... ¡ Ay, que Dios lo tenga en Su gloria, y a

20 mí me dé paciencia y resignación !

Y Dolores comenzaba a llorar.

El Padre Nicanor nunca le preguntó a su ama si el haber muerto de cólico uno de sus cuñados era razón para no prepararle el desayuno. Al contrario: sin decir nada, lo que

25 hacía era ir a la cocina, abrir la alacena,[5] sacar de ella una onza [6] de chocolate y comérsela poco a poco, con la ayuda de un vaso de agua. Después se ponía a tratar de consolar a la vieja, que lloraba como un niño por el alma de su cuñado.

— Pero, doña Dolores, mire usted ... Dios ... La con-

30 formidad cristiana ... No llore usted ... Si sigue llorando no podremos ser amigos ...

— Entonces mañana tendrá usted su chocolate — le respondía ella con aspereza.

2. neatness.   3. brooms.   4. What do you want?   5. cupboard.
6. ounce.

194

— Si no lo digo por el chocolate, mujer. Es que la religión nos manda que no desesperemos, y que nos sometamos todos a la voluntad divina, aceptando cada uno la situación que ...

Dolores se ponía roja, daba un bufido [7] comparable al *¡ fu!* de los gatos, y exclamaba:

— ¡ Sí, ya entiendo, ya!... Ahora mismo me voy a poner el almuerzo, para que no tenga que echarme nada en cara.[8]

— ¡ Pero ... doña Dolores!... Usted lo toma todo por donde quema [9] ... ¡ Ah, todo sea por Dios! — murmuraba el Padre, y se envolvía en su piadoso [10] silencio.

Dolores no sólo era respondona.[11] Tenía mal humor, y cuando le daba la ventolera [12] se salía a la calle, y el Padre Nicanor tenía que ir a la cocina a mondar [13] las patatas y picar las coles para el caldo, pues si no lo hacía se quedaba sin comer. Pero nada de esto lo molestaba ni entristecía [14] tanto como los fracasos [15] de sus sermones. Porque, si alguna mala hierba crecía en su conciencia, era el deseo de componer y predicar [16] un sermón de esos que quedan para siempre impresos en la memoria de las gentes. ¿ Qué no daría él por componer un sermón de ésos?... ¡ La mano derecha, si fuera necesario! Tan vivo y tan grande era ese deseo, que el Padre se encerraba en su estudio, en las horas quietas y silenciosas de la noche, y allí leía, consultaba los textos sagrados, y escribía y escribía, pero en vano: el sermón no le salía en la forma deseada.

Pobre Padre Nicanor. Él no era como esos grandes predicadores que él había oído en el Seminario. Y sin embargo ... ¿ Por qué no tratar de serlo? « La constancia todo lo vence » — se decía — « y la gracia divina llega siempre al corazón de los humildes. » E inspirándose en tan nobles ideas, se ponía de rodillas al pie de la imagen de la Virgen, pidiéndole ayuda:

7. snort. 8. to accuse me of anything. 9. You take everything the wrong way. 10. benign. 11. saucy. 12. when she became really stubborn. 13. to peel. 14. saddened. 15. failures. 16. to preach.

Test

— Madre mía: bien se ve que yo no sirvo para nada. Yo soy como un trapo [17] viejo, o como un perrillo faldero,[18] que apenas puede ladrar. Pero ... ¿ por qué no me concedes el don [19] de la elocuencia? Mira: yo quiero ir por el mundo
5 predicando las enseñanzas de tu Hijo. Yo quiero convertir a los infieles [20] y traer al redil [21] las ovejas perdidas. Yo quiero que mis palabras tengan el brillo, la fuerza, el ritmo y la armonía que deben tener los buenos sermones. Yo quiero expresar con elocuencia ese fuego interior que me quema el
10 alma, poniéndolo a tu servicio. ¡ Ayúdame, Virgen Santa! ¡ No me dejes, Madre mía !

El Padre Nicanor seguía en su empeño, pero el sermón, *su sermón*, no lograba la forma deseada. Y por eso el pobre se veía reducido a decir misa en la Capilla del Carmen, a donde
15 no acudían las gentes principales y elegantes de Marineda. En cambio, las gentes humildes decían primores del buen apóstol de Cristo, y lo amaban con devoción. En las calles, al verle pasar arrastrando los pies y sonriendo con esa vaga sonrisa peculiar de las almas bondadosas, todos se decían con
20 misterio: « Es un santo. » En todos los hogares se referían mil anécdotas de su vida ejemplar: que una vez había vendido los zapatos para darle « algún dinerito » a una mujer que se moría de hambre; que si le pedían limosna, les daba el rosario, o el pañuelo que llevaba en el bolsillo; que se pasaba
25 días enteros sin comer, por darles un bocado a los niños desamparados [22]; que por curar con sus manos a un soldado herido había perdido la ocasión de asistir a las bodas de un amigo muy rico y generoso; que una noche no había dormido por cuidar de un perro que había hallado en el camino mu-
30 riendo de frío; y que esto, y que aquello ... El Padre Nicanor era un santo.

Una noche el Padre se acostó temprano, porque había cogido un fuerte resfriado.[23] Hacía un tiempo malísimo. Llovía a cántaros,[24] y el viento de las montañas sacudía las

17. rag.   18. lap dog.   19. gift.   20. pagans.   21. fold.   22. needy. 23. cold.   24. It was pouring rain (was raining bucketfuls).

196

Test

casas de Marineda y rugía furiosamente en las bocacalles.[25]
Pero el Padre Nicanor, quieto y a oscuras, sentía un profundo
bienestar: las sábanas del lecho, limpias y secas, le calentaban
ya los huesos, y el pecho le funcionaba mejor. De repente se
oyó en la puerta de la casa un fuerte aldabonazo.[26] El buen 5
anciano saltó del lecho, y a medio vestir acudió a la puerta,
encontrándose allí con una mujer mal vestida que chorreaba
agua.[27]

— Padre Nicanor — le dijo en tono suplicante, tratando
de besarle la mano. — Mi hermano se muere, como una 10
bestia del monte, sin quererse confesar. A ver, santito mío,
si va y lo convence, para que no se vaya así al otro mundo.
¡ Venga, venga, por favor !

— ¿ Quién es su hermano ?

— El escribano Roca. 15

— ¡ Santo Dios ! ¿ Qué dice usted ?

— Lo que oye, Padre mío. Aunque no lo crea, hermana
soy de ese hombre, que está podrido [28] de dinero. Y no crea
que vengo por lo de la herencia, no ... Pobre soy y tengo
cuatro hijos, pero pobre he de morir y no me quejo. Lo que 20
yo no consiento es que mi hermano se muera sin confesión, ni
que se ría de mí su ama de llaves. ¿ Quiere venir a salvarlo ?

— Pues, a la verdad, — arguyó el Padre Nicanor — yo no
sirvo para convencer a nadie, ni mucho menos a ese hereje del
escribano Roca ... Vaya usted por el Padre Incienso, que 25
él sí sabe convencer.

— ¿ El Padre Incienso ? ... Ése será fuerte y elocuente,
pero aquí en Marineda no hay otro como usted.

— ¿ Cómo es eso ? ... ¿ Y por qué no ?

— Porque usted es un santo. 30

¡ Oh eterna flaqueza humana ! Al oír esas palabras el
Padre Nicanor se sintió halagado,[29] y tanto, que exclamó
lleno de júbilo [30]:

— ¡ Doña Dolores, ... mi paraguas !

25. street intersections. 26. knocking. 27. was dripping wet. 28. rotten.
29. flattered. 30. joy.

197

— ¡ Su paraguas ! — bufó [31] el ama desde lejos. — ¿ No se acuerda que el paraguas se lo regaló usted ayer a doña Trinidad ?

El Padre Nicanor vaciló un momento, y luego indicó con
5 timidez:

— Todo sea por Dios. Entonces tráigame usted el manteo [32] y el sombrero.

El ama se los trajo, y la mujer echó a andar seguida del apóstol. El viento arreciaba,[33] y la lluvia, penetrando el
10 raído [34] manteo, le llegaba ya a las carnes al Padre Nicanor. Era una lluvia helada, cruel, que le mordía hasta los huesos. Y no era corta la distancia a la casa del escribano.

Como dos sombras, la mujer y el Padre cruzaron una plaza y se perdieron a lo largo de una callejuela oscura y soli-
15 taria. Ya lejos, advertía él una extraña sensación: le parecía que el alma se le había convertido primero en agua y luego en un pedacito de hielo. « Virgen Santa », — pensaba — « consérvame un poco de fuego, una chispita no más. No dejes que me hiele del todo. »... Y continuaba andando detrás
20 de la mujer. La chispita de fuego disminuía. Era ya sólo un punto medio rojizo en el fondo de un abismo [35] negro ... Al llegar a la casa del escribano la chispita titiló,[36] y se quedó tan pálida que parecía haberse extinguido por completo. El Padre Nicanor pensó: « ¡ Ah, si me diesen un traguito [37] de
25 aguardiente, o siquiera una copita de vino añejo ! » [38]

La hermana del escribano Roca llamó briosamente [39] a la puerta. Apareció entonces una mujer enorme, de ojos saltones,[40] queriendo impedirles la entrada.

— ¡ Aparta, bribona ! [41] — exclamó la otra. — Aparta,
30 que aquí viene el Padre Nicanor. ¡ Aparta, condenada, saco de pecados !

La mujerona quedó como paralizada, y al cabo de unos segundos murmuró:

31. snorted. 32. long cloak. 33. was becoming stronger. 34. worn-out. 35. abyss. 36. flickered. 37. small drink. 38. old. 39. vigorously. 40. protruding. 41. vixen.

— Pase, pase, Padre Nicanor, y que Dios le ayude.

El Padre entró. La chispita de fuego renació al soplo de [42] aquel recibimiento, y al subir las escaleras, se fué convirtiendo en una llama que ardía con vigor.

El escribano estaba en su lecho de muerte. Su afanosa [43] respiración se oía en toda la alcoba, y su pecho subía y bajaba, como si fuese a estallar.[44] Y sin embargo, al ver al Padre rugió el escribano:

— ¿ Qué le trae aquí ? ¡ Lárguese usted !

El Padre Nicanor avanzó y se arrodilló junto al lecho del enfermo.

— ¿ Pero qué demonios hace usted ? — rugió de nuevo, lleno de ira.

— Rezo — le contestó el Padre — para que usted se confiese, se arrepienta y se salve.

— ¿ Y eso qué le importa a usted ?

42. in the breath of.   43. labored.   44. to burst.

— Mucho — afirmó el Padre, irguiéndose, y creciendo en voz y en estatura.

— ¡ No, qué demonios ! Mi alma es mía, y muy mía, y se acabó. . . . Conque, lárguese usted y déjeme en paz.

5 — Nada de eso, señor escribano. Óigame usted. En cama estaba yo con un fuerte resfriado, cuando su hermana vino en mi busca, con la esperanza de salvarlo. Aquí me tiene usted: un pobre viejo, calado hasta los huesos.[45] ¿ Y cree usted que a mí no me importa su alma ?

10 — ¡ No, qué va ![46] . . . ¡ Lárguese de aquí !

— Calma, calma, señor . . . Vea usted: yo he de morir muy pronto. Sí, lo sé . . . ¿ Y usted cree que voy a presentármele a Dios sin haber cumplido con mi deber ? Se equivoca usted. Yo no he hecho nada en este mundo, pero 15 ahora sí voy a hacer algo: salvarlo a usted, y lo salvaré. De aquí ni Dios me saca sin haberlo conseguido. ¡ Óigalo usted !

La voz del Padre vibró con tan extraña energía y tan seguro dominio, que el escribano guardó silencio, y terminó por confesarse y recibir la absolución.

20 Al día siguiente llegaron juntas al cielo las almas del escribano Roca y del Padre Nicanor.

— Pase usted, padre mío — le dijo el escribano.

— No, señor escribano, usted primero — le dijo el Padre Nicanor, sonriendo con esa vaga sonrisa peculiar que en el 25 mundo sólo tienen las almas bondadosas.

[TEMA DE *Emilia Pardo Bazán*]

EJERCICIOS

I. *Contéstense en español:* 1. ¿ Qué misa prefería oír la autora de este cuento ? ¿ Por qué ? 2. ¿ Cómo era el Padre Nicanor ? 3. ¿ Quiénes formaban su familia ? 4. ¿ Era el ama muy trabajadora ? 5. ¿ Se desayunaba siempre a tiempo el padre ? 6. ¿ Preparaba a veces el padre sus comidas ? 7. ¿ Qué tenía a veces que

45. soaked to the skin.   46. Oh yeah ?

Test

hacer antes de comer? 8. ¿Qué le molestaba más al curita? 9. ¿Qué le pedía a la Virgen? 10. ¿Qué decían de él las gentes humildes? 11. ¿Qué anécdotas se contaban de él? 12. ¿Por qué se acostó temprano una noche el Padre Nicanor? 13. ¿Quién llamó a la puerta del cura? 14. ¿Por qué se sintió halagado el buen padre? 15. ¿Estaba lejos la casa del escribano? 16. ¿Qué le pasaba al escribano? 17. ¿Dejó el ama de llaves entrar al padre? 18. ¿Qué terminó por hacer el escribano Roca? 19. ¿Qué ocurrió el día siguiente?

II. *Verdad o mentira que:* 1. El Padre Nicanor era un viejo muy bondadoso. 2. Doña Dolores era muy trabajadora. 3. Al volver de misa el padre siempre hallaba el desayuno listo. 4. Doña Dolores siempre estaba de buen humor. 5. El padre componía sermones muy elocuentes. 6. El cura tenía fama de santo. 7. Esa noche el cura salió sin paraguas a pesar del mal tiempo. 8. El escribano no quería confesarse. 9. El padre no insistió en salvar al escribano. 10. Esa noche murieron el padre y el escribano.

III. *Estudio de palabras.* Escoja de las columnas A y B las palabras y frases del mismo sentido:

A	B
apacible	ponerse de rodillas
enjuto	señal
rastro	dulce
extinguir	delgado
consolar	aliviar la pena
bocacalle	apagar
arrodillarse	entrada de una calle

EL CUENTO DE MARÍA DEL MAR

Los tres muchachos bebían café en un cuarto destinado a los pequeños reporteros de LA PRENSA, el diario más respetable de Santa Ana.

— ¡ Ah, qué vida! — exclamó Darío.   — Aquí no pasa
5 nada, y sin embargo tenemos que escribir un cuento nuevo, interesante.   ¿ Qué haremos ?

— Inventémoslo — respondió Elías.

— ¡ Eso no! — protestó Martín.   — Según el Director, a los lectores hay que darles sólo la verdad.

10 — ¡ Al diablo con ella! — proclamó Elías.   — ¿ Por qué no la fantasía ?   La verdad mata.   La fantasía es vida y libertad.

— Pero la verdad es la fuente única y suprema de la felicidad social — sentenció Martín, imitando la sonora voz del
15 Director, y su ademán solemne e imperioso.

Test

Y los reporteros siguieron bebiendo café, preocupados y silenciosos.

Pobres muchachos. Su deber era despertar y sostener el interés del público de una ciudad colonial, quieta y adormecida, donde se deslizaba la vida como el agua por suavísima ⁵ pendiente.[1]

Esa noche no sabían qué hacer. De pronto entró Ema.

— ¡ Hola, amigos ! ¿ Qué tal ? ¿ Tristes y llenos de humos y de ensueños ?

— Sí, Ema, a menos que tú vengas a traernos un grano ¹⁰ de buen sentido y un rayo de esperanza — comentó Martín con cierta ironía.

— ¿ Y por qué no ? Figúrense que esta tarde . . .

— Estuviste en un concierto colosal . . .

— No, pero sí en un té [2] maravilloso. ¡ Algo fantástico ! ¹⁵

— ¡ De veras ! ¡ Ah, esta Ema ! . . . Va a un té, charla de mil tonterías [3] con gentes estiradas [3] e insípidas, y luego dice que ha estado con los ángeles.

— Eso es, precisamente. Figúrense que doña Engracia Escalante . . . ²⁰

— *Llevaba de plumas dos turbantes* [4]*/con lindas cebollitas rutilantes* [5]*/y bellos bananitos de diamantes* . . . Así, y dicho en verso, ¿ no ? . . .

— No, Martín, no te burles. Doña Engracia es un encanto. Esta tarde me dijo que en el Caserón del Carnero . . . ²⁵

— ¡ Bah . . . bah ! . . . ¿ Qué sabe ella de ese barrio [6] horrible, donde sólo viven criminales peligrosos ?

— Y donde puede haber materiales para un cuento . . .

— Quizás . . . ¿ Y qué más te dijo doña Engracia ?

— Que en el Carnero hay un caserón maldito. ³⁰

— ¿ Y lleno de brujas y de duendes ? ¡ Bah ! . . . ¡ bah ! . . . Es lo de siempre.

— No, no, Martín. Déjame seguir, y déjate de tantos ¡ bahs ! y de tantas rimas, que nada tienes de poeta . . .

1. slope. 2. tea. 3. stuck-up. 4. turbans. 5. sparkling. 6. district.

— Gracias, Emita ... ¿ Y qué más ?

— Como les decía, en el Carnero hay un caserón en ruinas, con una cruz de sangre en la puerta, que nadie sabe explicar. Si uno lo pregunta, la gente responde con frases evasivas y
5 vagas indicaciones. Dicen que lo mejor es no acercarse al caserón, y pasar de largo,[7] sin hacer preguntas.

— Y en ese caso ¿ qué puede importarnos ?

— Mucho. ¿ No ves que allí hay un misterio ? ... ¿ Por qué no vamos a revelarlo ?

10 — ¿ Tú, con nosotros y al Carnero ? ¿ Estás loca ?

— Un poquito quizás. Pero ... ¿ vamos ahora mismo ? Entramos en el caserón, lo indagamos[8] todo, y tendremos un cuento real, interesante, que firmará María del Mar.

— ¡ María del Mar ! ... ¿ Y quién es esa sirena ?

15 — Es la hija de mi fantasía. Su nombre lo compuse con letras y sílabas de los nuestros. ¿ No lo ven ? E*ma*, *Darí*o *El*í*as*, *Martí*n ... Es un nombre precioso, de profunda resonancia, como dice doña Engracia Escalante.

— ¿ Y crees tú que nos permitirá escalar[9] algo ?

20 — ¡ Sí, cómo no ! Con ese nombre podremos escalar muros, techos, lo que sea, y subiremos a los más altos círculos literarios. ¡ Es muy vibrante !

— Y muy acuático.

— Como tú quieras, Martín. Pero ... ¿ vamos al Car-
25 nero ? Yo lo tengo todo listo: taxi, lazos, linternas y pistolas, por si acaso ... Somos los Mosqueteros de LA PRENSA, y María del Mar ...

— Una sirena en escabeche.[10]

— ¡ No, no, Martín ! ¡ Será un éxito ! ¿ Vamos, mosque-
30 teros ?

— ¡ Adelante ! — gritaron Elías y Darío, con entusiasmo mosqueteril. — ¡ Todos para uno, y cada uno para todos ! ¡ Al Carnero, y por la gloria de María del Mar !

7. to pass by without stopping. 8. we will investigate. 9. to climb. 10. pickled.

— Bien — dijo Martín sonriendo. — Vayan los tres, si quieren. Yo los espero aquí, a ver qué me traen. Si pierden el juicio, bueno es que yo conserve el mío, para que no pierdan su empleo los Mosqueteros de LA PRENSA, como dice ahora esta niña que, aun siendo tan linda, tiene cabeza de chorlito.[11] 5

— Gracias, Martín. Eres muy gentil. Y ahora...¿ al Carnero ?

— ¡ Adelante !

La noche era oscura y tempestuosa. En la plazoleta del Carnero los tres mosqueteros le pidieron al chofer que los 10 esperase, y echaron a andar por las desiertas y torcidas calles del barrio peligroso. De repente brilló un relámpago,[12] y se oyó un trueno formidable, cuyos ecos se perdieron en las montañas lejanas.

— ¡ Ah, qué bueno ! — dijo Ema a media voz. — El cielo 15 nos ayuda. Si sigue tronando,[13] nadie nos oirá, y los relámpagos nos mostrarán el camino mejor que las linternas. Por aquí... Miren: ¡ allá está !

Anduvieron dos cuadras,[14] y al cabo se hallaron frente a su maldito caserón. 20

Era alto, macizo,[15] de muros y tejados [16] ruinosos, que parecían resignados a caer de un momento para otro.

Con las linternas lo fueron examinando. En su puerta principal, muy recia y marcada con el número 13, había una cruz roja, ennegrecida,[17] que sin duda había sido impresa con 25 sangre. Las ventanas estaban protegidas por fuertes rejas de hierro, de hechura [18] colonial.

— ¡ Aquí, mosqueteros ! — ordenó Ema, que se había alejado un poco de sus amigos. — ¿ Ven esa ventanita tan alta ? Es la única que está abierta. ¿ Cómo podríamos alcanzarla ? 30 Si tuviéramos una escala...

— ¿ Y María del Mar ? — preguntó Darío. — ¿ No dijiste

11. is rattleheaded. 12. lightning flash. 13. thundering. 14. blocks.
15. massive. 16. roofs. 17. blackened. 18. workmanship.

205

Test

que era escalante ? [19] ... Probémoslo: yo me pongo contra el muro; tú, Elías, te paras en mis hombros, y tú, Emita, en los de Elías.

— ¿ Yo ? ... ¿ Una señorita ?

5 — Sí, tú, una señorita ágil, atrevida, moderna ...

— ¿ Y si nos ven ?

— La noche está muy oscura.

— ¿ Y si brilla un relámpago ?

— Te agachas [20] ...

10 — ¡ Perfecto ! ... Bueno, ¡ arriba y por la gloria de María del Mar !

En menos de dos minutos quedó tan bien hecha la escala mosqueteril, que Ema pudo alcanzar la ventanilla. Entró y ató dentro el lazo que llevaba a la cintura. Por él subieron 15 los dos muchachos, y la indagación [21] comenzó.

En una pared de la sala principal se veían un sombrero negro de anchas alas y una capa negra también. Los tres jóvenes se estremecieron: aquello parecía la silueta de un ahorcado [22] ... Sin embargo, ellos continuaron, con cierta 20 aprensión y mucho cuidado, porque las tablas del piso temblaban y crujían, llenando los cuartos de ecos inquietantes.

El caserón no estaba del todo desmantelado. En muchos cuartos quedaban algunos muebles viejos, especialmente arcas,[23] cofres [24] y estantes [25] con libros amarillentos y varia-25 dos. Todo lo fueron registrando, con la esperanza de hallar a cada momento una daga,[26] unas manchas de sangre, o algún esqueleto humano. Curiosearon [27] por todas partes. En la cocina vieron las cenizas del último fuego, y en una alcoba algunas prendas de vestir. Pero en ninguna parte hallaron 30 el rastro seguro de un crimen. Esto no los desalentó. ¿ Acaso todos los crímenes dejan rastros visibles y fáciles de seguir y de interpretar ?

19. a climber. 20. You will crouch. 21. investigation. 22. man hanging from the gallows. 23. chests. 24. coffers. 25. bookcases. 26. dagger. 27. They pried around.

Test

EL CUENTO DE MARÍA DEL MAR

Los tres mosqueteros, serios y diligentes, recogieron los datos necesarios. Dos horas después, al regresar, en el taxi comenzaron a cambiar impresiones. Sólo de una cosa estaban seguros: quien había vivido en el maldito caserón era un usurero viejo y excéntrico. En lo demás no estaban de acuerdo.

— El asunto es muy sencillo — proclamó Darío. — El usurero vivía solo, y estaba podrido de dinero. ¿ No tenía tantas arcas y tantos cofres ? Todo para guardar el dinero. Lo daba a interés, y les chupaba la sangre a los necesitados, y muy especialmente a las viudas y a los huérfanos.[28] Además, era entendido en leyes. ¿ No tenía códigos[29] y comentarios en su despacho ? Sin duda cargaba intereses muy altos, y cuando no le pagaban a tiempo, él demandaba[30] a sus pobres clientes ante los tribunales, y luego se quedaba con sus bienes. Era enemigo del pueblo. Pero una noche dos bandidos vinieron a visitarlo. Él se encerró en su alcoba, cuya puerta forzaron violentamente los bandidos. ¿ No vieron que su cerradura estaba hecha pedazos ?... El usurero se negó a decir dónde ocultaba el dinero y los bandidos lo llevaron a la cocina, le aplicaron fuego a los pies, y él tuvo que decirles donde tenía su tesoro. Los bandidos se repartieron el dinero, y quemaron los documentos de crédito que hallaron. ¿ No vieron allá cenizas negras, como de papeles quemados ? Después cerraron las puertas y ventanas, menos una, y al salir, y para que la justicia no se enterase del crimen, pusieron en la puerta esa cruz de sangre, como para decirle al mundo: « Aquí murió un enemigo del pueblo. ¡ Dejad que se pudra[31] solo ! »

— Querido Darío — comentó Elías. — Tu imaginación es fecunda, y tu lógica implacable. Pero dinos: si tus bandidos torturaron al viejo, y lo dejaron morir, y si nadie después entró en el caserón, ¿ por qué no hallamos sus restos ?... Para mí el usurero fué un pobre diablo, amigo de ciertas ideas

28. orphans.   29. codes of law.   30. he would sue.   31. that he rot.

207

subversivas. ¿ No leyeron los títulos de algunos de sus libros ?
¿ No vieron dos o tres que la religión condena ? Sin duda
el viejo no era muy discreto, y no supo guardar silencio. Y,
naturalmente, su fama comenzó a circular. Una noche de
5 invierno cayó un rayo en el pino que crecía junto a la alcoba.
¿ No le vieron una cortada ³² profunda en el tronco ? El rayo
la hizo, y después hizo pedazos la cerradura de la puerta. El
viejo, lleno de miedo, huyó por la ventana, y fué a morir de
frío en los bosques. Al día siguiente los vecinos, viéndose
10 libres de su enemigo, y atribuyendo a Dios su tremendo castigo, imprimieron la cruz de sangre, que es señal de repro-
bación pública. ¡ Eso es todo !

— ¡ No, no ! — exclamó Ema con vehemencia. — Ahí hay
algo más. Una aventura romántica, sin duda ... ¿ No
15 vieron en la alcoba un lindo mantón de Manila,³³ y unas
zapatillas ³⁴ de seda, pequeñitas y bien hechas ? Bien se ve
que en casa del usurero vivía una joven. Claro: una sobrina
suya, huérfana, muy hermosa y algo coqueta, que tenía novio.
Pero el viejo, que no apreciaba la solicitud con que ella lo
20 cuidaba, se enamoró de la sobrina. Una noche vino borracho
al cuarto de la muchacha, y forzó la puerta rompiendo la
cerradura, y ella, llena de miedo, saltó por la ventana. Sola
anduvo por las oscuras calles del Carnero, hasta que llegó a
casa de su novio, y le contó lo que pasaba. El novio, que era
25 guapo y valiente, y muy celoso, acudió inmediatamente al
caserón. Halló al viejo en su despacho, y le clavó un puñal
en la espalda. Luego se echó a cuestas el cadáver, y antes de
arrojarlo en el cráter del Roncador, con el puñal imprimió en la
puerta esa cruz de sangre, en señal de venganza y maldición.

30 Era la una de la mañana cuando los mosqueteros llegaron
a su cuarto de LA PRENSA, cada uno con su cuento, mejorado
con los adornos de la fantasía.

— ¡ Albricias, Martín ! — gritó Ema al saludar a su amigo,
que los esperaba con un libro en la mano. — Traemos datos

32. gash.   33. Spanish shawl.   34. slippers.

Test

para un cuento real e interesante. ¿ Sabes lo que sucedió en
el caserón del Carnero ?

— Lo sé, y no es nada extraordinario . . .

— ¿ Cómo, tú ? . . .

— Sí, lo sé, y sin tener que ir al bendito caserón. Es muy ₅
sencillo. Oigan ustedes lo que dice Freile en la página 68 de
sus _Crónicas de Santa Ana de las Doncellas:_

« En el Carnero, y marcado con el número 13, hay un
caserón colonial que tiene en la puerta una cruz ennegrecida,
que parece de sangre. Las gentes tontas y las desocupadas ³⁵ ₁₀
le dan mil explicaciones al hecho, cada una a su manera.
Pero la verdad es que, a fines del siglo pasado, vivía en el
caserón don Benito Paniagua, con su mujer y su cuñada.
Cuando vino el cólera, que fué terrible, murió en Coyaima
don Prudencio, hermano de don Benito, famoso por sus varias ₁₅
lecturas y obras de caridad. A don Benito le tentó ³⁶ la codicia,³⁷ y fué a Coyaima a recoger la herencia. La trajo en
ocho baúles y en varias arcas, pero también trajo el cólera
con ellas. La gente lo sospechó. Nadie quiso entrar en el
caserón, y por orden del alcalde se le puso en la puerta una ₂₀
cruz de almagre,³⁸ para que nadie se acercase y evitar así el
contagio. Sus tres moradores ³⁹ perecieron sin auxilio. La
cuñada de don Benito se había encerrado en su cuarto para
morir en paz, por lo cual fué preciso romper la cerradura, para
sacar el cuerpo y enterrarlo con los otros dos. Y fué tanto el ₂₅
miedo que la gente le cogió al caserón, que desde entonces
nadie ha querido vivir en él, y se va cayendo poco a poco y sin
remedio. »

Martín cerró el libro, sin hacer ningún comentario, y los
mosqueteros se quedaron callados, sospechando que María ₃₀
del Mar no escalaría esa noche los peldaños ⁴⁰ del templo de
la gloria.

[TEMA DE _Emilia Pardo Bazán_]

35. idlers.   36. tempted.   37. greed.   38. red ocher.   39. inhabitants.
40. steps.

EJERCICIOS

I. *Contéstense en español:* 1. ¿Qué hacían los tres muchachos esa noche? 2. ¿Quién entró de repente? 3. ¿Qué le había dicho doña Engracia a la muchacha? 4. ¿Por qué decidieron los cuatro ir al Carnero? 5. ¿Con qué nombre iban a firmar el cuento? 6. ¿De qué se componía ese nombre? 7. ¿Qué cosas tenía listas Ema? 8. ¿Cuál de los cuatro no quiso ir al Carnero? 9. ¿Cómo estaba la noche? 10. ¿Qué se veía en la puerta del caserón? 11. ¿Cómo entraron los tres mosqueteros? 12. ¿Qué hallaron en la sala principal? 13. ¿Estaba desmantelado por completo el caserón? 14. ¿Qué vieron los jóvenes en la cocina? 15. ¿Cómo explicó el misterio cada uno de los mosqueteros? 16. ¿Qué hora era cuando volvieron a su cuarto de *La Prensa?* 17. ¿Quién sabía lo que había pasado en el caserón? 18. ¿Dónde dió él con la clave del misterio?

II. *Verdad o mentira que:* 1. La vida en Santa Ana era muy activa. 2. Ema les trajo a sus amigos noticias de un caserón misterioso. 3. Los tres mosqueteros fueron a pie a la plazoleta del Carnero. 4. El caserón parecía a punto de caer. 5. En la puerta del caserón había una cruz azul. 6. Los tres jóvenes entraron en el caserón por la puerta principal. 7. En el caserón había arcas, cofres y estantes. 8. Cada uno de los tres explicó el misterio a su manera. 9. Martín tenía la verdadera explicación. 10. Él la halló en un libro.

III. *Estudio de palabras.* Escoja de las columnas A y B las palabras y frases de igual sentido:

A	B
arrojar	ebrio
escalar	echar
borracho	subir
diario	quitar la vida
prenda de vestir	esperar
aguardar	periódico
matar	parte del vestido

210

LA ECONOMÍA HISPANOAMERICANA

I

LAS INDUSTRIAS BÁSICAS

Las industrias básicas de la América hispana son la agricultura, la minería y la ganadería. Estas industrias han existido allí casi siempre: existieron, hasta cierto punto, en tiempos prehispánicos; se diversificaron y desarrollaron mucho en tiempos coloniales; y en tiempos republicanos, 5 especialmente en los últimos sesenta años, han logrado un incremento fenomenal.

En tiempos prehispánicos, los indios primitivos vivían principalmente de la caza y de la pesca; pero los indios adelantados de Méjico, Centro América, Colombia, el Ecuador, el 10 Perú y Bolivia cultivaban la tierra y producían maíz, papas, frijoles, cacao, frutas, algodón, tabaco, henequén [1] y otras cosas; explotaban algunas minas de oro, plata, esmeraldas y otras piedras; y criaban algunos animales que habían domesticado, como el *guajolote* de Méjico, y las llamas y alpacas 15 del Perú. En esos tiempos la producción era suficiente para satisfacer las necesidades de cada región. No existía la exportación.

En tiempos coloniales se intensificó la producción de las minas, y se iniciaron: el cultivo del trigo, de la caña de azúcar, 20 del arroz, de la cebada y de muchas frutas y legumbres, importadas de Europa y del Asia; la cría de ganados vacunos,[2] caballares, lanares [3] y porcinos,[4] y la de varias aves de corral; y la explotación de los bosques. En esos tiempos aumentó mucho la producción, y la América hispana comenzó a ex- 25 portar a Europa grandes cantidades de oro, plata y esmeraldas, y también azúcar, cacao, tabaco, resinas y maderas.

Sin embargo, ha sido en tiempos republicanos cuando la América hispana ha logrado su alto nivel de producción. Se

1. sisal hemp.   2. cattle.   3. sheep.   4. swine.

211

inició en ellos el cultivo del café, la linaza, el centeno,[5] la uva [6] y otras plantas; y se ha modernizado e intensificado la producción de trigo, arroz, cebada, carnes, vinos, frutas y legumbres, y también la de cobre, estaño,[7] plomo, plata, oro,
5 platino y piedras preciosas.

Aunque no se han desarrollado todavía todas las riquezas naturales de la América hispana, ya es ella un gran productor de muchos artículos que tienen una posición dominante en el mercado internacional. La América hispana está a la cabeza
10 del mundo en la producción de café, azúcar, linaza y bananos, y ocupa un lugar de enorme importancia en la producción de trigo, maíz, centeno, cebada, algodón, henequén, carnes, lanas, cueros, petróleo, oro, plata, platino, estaño, plomo y piedras preciosas. El Brasil es el mayor productor de café
15 del mundo; Cuba el de azúcar; la Argentina el de linaza; Méjico el de plata; Bolivia el de estaño; Chile el de nitrato; Colombia el de platino y esmeraldas. La Argentina y el Uruguay son los mayores exportadores de trigo, carnes, lanas y cueros; Venezuela el de petróleo; Chile el de cobre, y
20 Méjico el de henequén.

La América hispana produce alimentos y materias primas [8] en cantidades tan grandes, que los países de Europa y de la América del Norte dependen ya de ella para mantener su alto nivel de vida y su actividad industrial. Sin la América his-
25 pana y sus productos esos países no podrían prosperar ni defender su vida y su economía.

El progreso de la economía hispanoamericana es impresionante: su población, que en 1890 era de unos sesenta millones de habitantes, llega ahora a unos ciento cuarenta y
30 cinco millones; su riqueza se ha triplicado, y su comercio exterior, que para ese año era de sólo unos ciento cincuenta millones de dólares anuales, llega ahora a cerca de cuatro *billones*, como puede verse en el cuadro siguiente, que publicó hace poco la Unión Panamericana:

5. rye.   6. grape.   7. tin.   8. raw materials.

Test

Ojeada [9] a la América Hispana

Año de 1947

PAÍS	ÁREA (millas cds.)	POBLACIÓN	PRINCIPALES PRODUCTOS DE EXPORTACIÓN	COMERCIO EXTERIOR (en miles de dólares) Exportaciones	Importaciones
Argentina	1,078,773	16,108,573	Trigo, carnes, linaza, lanas, cueros ...	1,588,000	1,308,000
Bolivia	412,778	3,854,000	Estaño, plomo, plata, antimonio ...	79,000	51,000
Brasil	3,287,190	48,000,000	Café, algodón, cacao, cueros, piedras preciosas, nueces ...	1,146,000	1,217,000
Colombia	439,828	10,097,840	Café, petróleo, oro, esmeraldas, platino, bananos, cueros ...	254,000	346,000
Costa Rica	19,653	771,503	Café, bananos, cacao, fibras, maderas ...	23,000	33,000
Cuba	44,218	5,051,850	Azúcar, tabaco, ron,[10] manganesio ...	747,000	520,000
Chile	286,396	5,577,880	Cobre, nitrato, cueros, vinos, malta, frijoles ...	280,000	270,000
Ecuador	115,830	3,241,311	Arroz, cacao, café, minerales ...	46,000	45,000
El Salvador	13,176	1,977,849	Café, azúcar, oro, plata, bálsamos ...	40,000	36,000
Guatemala	50,647	3,678,000	Café, bananos, chicle, fibras, maderas ...	52,000	57,000
Honduras	59,161	1,257,646	Bananos, cocos, plata, ganados, maderas ...	18,000	29,000
Méjico	758,551	23,425,000	Plata, plomo, estaño, café, henequén, algodón ...	443,000	665,000
Nicaragua	57,145	1,149,066	Oro, café, maderas ...	21,000	21,000
Panamá	28,575	622,575	Bananos, cacao, cocos, fibras, cueros ...	9,000	76,000
Paraguay	149,907	1,225,956	Carnes, maderas, algodón, cueros ...	21,000	22,000
Perú	482,258	7,991,777	Algodón, azúcar, cobre, plata, petróleo ...	154,000	168,000
Santo Domingo	19,332	2,150,746	Azúcar, cacao, café, tabaco	83,000	53,000
Uruguay	72,153	2,350,000	Lanas, carnes, cueros, linaza, trigo ...	163,000	219,000
Venezuela	352,143	4,397,918	Petróleo, café, cacao, oro, ganados ...	692,000	606,000

9. glance.   10. rum.

II

HACIA LA INDUSTRIALIZACIÓN

Muy a menudo, al hablar de los países hispanoamericanos, se asocia el nombre de cada uno de ellos con el artículo que más exporta a los mercados extranjeros. Se dice, por ejemplo, que el Brasil es el país del café, la Argentina el de la carne y
5 el trigo, y Chile el del nitrato, y así sucesivamente ... Esto no corresponde siempre a la realidad de las cosas, ni describe bien la situación. Es cierto que en casi todos los países hispanoamericanos ha existido la tendencia a concentrar muchos esfuerzos en la producción de algún artículo de exportación,
10 pero, por una parte, en casi todos ellos se han producido muchos artículos para el consumo interior, y por otra, algunos países han entrado ya en el campo de la industrialización.

Para mejor comprender este hecho, pongamos un caso, quizás el menos conocido en los Estados Unidos:
15 De Colombia se dice que « es el país del café suave », por ser el mayor productor y exportador de este excelente tipo de café. Pero, además de café suave, Colombia produce y exporta petróleo, oro, platino, esmeraldas, bananos, aceites vegetales, maderas, resinas, bálsamos y otras cosas; y para
20 su consumo interior, que es considerable, produce carnes, azúcar, maíz, trigo, cebada, arroz, papas, yucas,[11] frijoles,

11. cassava.

Test

frutas de diversas clases, algodón, tabaco, y mil cosas más. El café representa en Colombia el 80% de *sus exportaciones*, es cierto, pero cierto es también que sólo representa el 15% del valor total de su *producción nacional*. Además, Colombia ha entrado ya en el campo de las industrias manufactureras, [5] y en sus fábricas se producen cigarros, cigarrillos, tejidos de lana, rayón, algodón y *sisal*, pastas alimenticias,[12] dulces, cervezas,[13] jabones, artículos de cuero, de vidrio y de loza, cemento, muebles, sombreros, calzado,[14] etc., etc. Colombia progresa rápidamente: Medellín, su segunda ciudad, era en [10] 1920 una villa [15] quieta de unos 65,000 habitantes: hoy tiene unos 250,000 y es un centro industrial de gran vigor y actividad.

Y si podemos decir esto de Colombia, ¿ qué decir del Brasil, la Argentina, Chile y Méjico, los países del Sur que más han avanzado en el campo de las industrias manufactureras ? [15] Se necesita leer varios libros para entender en todos sus aspectos el complicado proceso de su industrialización. Aquí sólo podemos ofrecer algunos datos generales, y afirmar que el Brasil y la Argentina avanzan a pasos de gigante [16] ... La ciudad de San Pablo, que a principios del siglo tenía unos [20] 100,000 habitantes, tiene ahora cerca de 2,000,000; y la de Buenos Aires, que entonces tenía unos 200,000, tiene ahora más de 3,000,000. Al crecimiento de la población corresponde el de la producción industrial: San Pablo no es sólo el centro del comercio del café brasileño: es un centro industrial que [25] produce una estupenda variedad de artículos, desde fósforos hasta refrigeradoras. Algo semejante puede decirse de Buenos Aires: ya no es sólo el puerto de exportación de las carnes y el trigo argentinos: es una poderosa metrópoli, rica, activa y cosmopolita, que sorprende por el vigor de sus industrias. [30] En estos momentos el número de obreros industriales de la Argentina es mayor que el de los labradores y peones de sus grandes haciendas de trigo y de ganados.

12. food pastes.   13. beer.   14. footwear.   15. town.   16. in gigantic strides.

215

La economía de Hispano América es todavía del tipo colonial: gran parte de su producción consiste en artículos alimenticios y materias primas, que exporta a Europa, al Canadá y a los Estados Unidos. Pero, debido a las dos guerras
5 mundiales, a la inmigración de gentes, de capitales y de técnicas, y a la paralización que las industrias han tenido en Europa, Hispano América ha despertado, y desde 1920 viene luchando por industrializarse, para lograr así la prosperidad que merece. En los países ya mencionados, y también en
10 Cuba, el Perú y el Uruguay, se han construído fábricas de diversas clases, y grandes centrales hidroeléctricas, y se han fomentado mucho las vías de comunicación y de transportes terrestres, marítimos y aéreos, facilitando así la producción y el intercambio comercial.

15 Antes de 1920, Hispano América exportaba casi todos sus productos a Europa y a los Estados Unidos. Ahora comienza a desarrollarse el comercio inter-hispanoamericano, destinado sin duda a cambiar radicalmente la posición económica del Continente: en estos momentos los productos argentinos, por
20 ejemplo, van a Chile y a Bolivia; los chilenos van a la Argentina, a Colombia, al Ecuador y a Méjico, y así sucesivamente. Este proceso habrá de crecer a medida que crezcan la industrialización y los transportes.

Algunos ven un peligro en la industrialización de Hispano
25 América, creyendo que ella amenaza la economía de los países industriales de Europa y de Norte América. Así no piensan los economistas más ilustrados ni del Norte ni del Sur. Al contrario: creen ellos que la industrialización de Hispano América podrá levantar el nivel de vida de sus grandes masas
30 populares, y podrá darles un mayor poder adquisitivo, con lo cual sus relaciones comerciales con Europa y Norte América serán mayores y más ventajosas para todos.

La completa industrialización de la América hispana necesitará del esfuerzo de todos sus pueblos, la inversión [17] de

17. investment.

216

capitales extranjeros, y la ayuda de técnicos extranjeros también. Los Estados Unidos poseen capitales y técnicos. ¡ Qué grandes son las posibilidades para los jóvenes norteamericanos que quieran ir a los países del Sur a ayudarles a ser lo que pueden ser: un factor decisivo en la defensa de la 5 Civilización y de la Democracia !

EJERCICIOS

I. *Contéstense en español:* A. 1. ¿ Ha existido siempre la agricultura en la América hispana ? 2. ¿ Qué cultivaban los indios antes del Descubrimiento de América ? 3. ¿ Qué cultivos se iniciaron en los tiempos coloniales ? 4. ¿ Cuándo se inició en Hispano América el cultivo del café, la uva y la linaza ? 5. ¿ Ocupa la América hispana una posición dominante en la producción de algunos artículos ? 6. ¿ Qué produce en grandes cantidades ? 7. ¿ Ha crecido mucho la población de los países hispanoamericanos ? 8. ¿ Cuántos *billones* (miles de millones) valen las exportaciones de Hispano América ?

B. 1. ¿ Produce la Argentina sólo carnes y trigo ? 2. ¿ Qué país es el mayor productor de café suave ? 3. ¿ Produce Colombia sólo artículos de exportación ? 4. ¿ Cuál es el centro industrial más vigoroso del Brasil ? 5. ¿ Es Buenos Aires una metrópoli rica, poderosa y cosmopolita ? 6. ¿ Por qué se dice que la economía de Hispano América es todavía del tipo colonial ? 7. ¿ Quieren industrializarse todos los países hispanoamericanos ? 8. ¿ Es ventajosa para todos la industrialización de la América hispana ? 9. ¿ Cómo pueden ayudarle a la América hispana los Estados Unidos ? 10. ¿ Es bueno ayudarle ?

II. *Verdad o mentira que:* 1. El Brasil no produce sino café. 2. Colombia produce café, azúcar, tabaco, oro, esmeraldas y petróleo. 3. Chile es el mayor exportador de cobre del mundo. 4. Los Estados Unidos y Europa necesitan de la producción hispanoamericana. 5. La Argentina es el país más industrializado de Hispano América. 6. Méjico no produce ni plata ni plomo. 7. Las riquezas naturales de la América hispana no se explotan.

III. *Estudio de palabras.* Escoja de las columnas A y B las palabras de sentido opuesto:

A	B
a menudo	atrasado
actividad	destruír
adelantado	pedir
construír	paralización
exportar	norte
ofrecer	nunca
poderoso	rara vez
primitivo	débil
siempre	importar
sur	moderno
grande	pequeño
inteligente	estúpido

*　　*　　*

EL ABUELO DE LOS CACOS[1]

— Díganos, tío Lucas: ¿por qué llaman cacos a los ladrones?

— Eso no se sabe bien, muchachos — respondió el viejo rascándose la cabeza. — Unos dicen que Caco fué el dios de
5 ellos, pero otros dicen que fué su abuelo, porque todos son cacos y se le parecen mucho...

— ¿De veras? ¿Y cómo fué eso?

— Pues oigan el cuento, y no me acosen con preguntas:

Hace años había en el reino tres ladrones habilísimos, lla-
10 mados Queco, Quico y Caco. Vivían en ciudades distintas, sin trabajar ni hacer nada bueno. Fama tenían de astutos, pero nadie sabía quién era el más. Unos decían que Queco,

1. sneak thieves.

218

Test

otros que Quico ... A mí me parece que Caco era, si no el
más astuto, sí el más bellaco ² de los tres. Es cuestión de
opiniones, y cada uno tiene la suya.

A Queco lo prendieron un día por casualidad. El Rey le
mandó sacar los ojos, y luego le hizo su consejero, con la 5
esperanza de acabar con los otros dos.

Un día, los amigos de Quico le dijeron que Caco era una
maravilla, y que en el reino no había otro como él.

—¡Bah!—exclamó Quico. —Eso no lo creo, y si se
me antoja ahora mismo iré a buscarlo, porque no es tan fiero 10
el león como lo pintan.

Los amigos de Caco también dieron en ³ decirle que Quico
era una maravilla, y él exclamó:

—¡Bah!... ¿Saben que he de verme con Quico? Yo
quiero probarlo. 15

Una tarde los dos ladrones se encontraron al pie de un
peñón ⁴ que había en el camino, lejos de la ciudad.

—¿A dónde bueno? ⁵ — le preguntó Quico a Caco, que
venía con el sombrero en la mano y la chaqueta al hombro,
muerto de calor. 20

—Voy en busca de un tal Quico, que tiene fama de ser
ligero de manos para ganarse la vida. ¿Y usted?

—En busca de un tal Caco, que se tiene por mejor.

—¡Yo soy Caco!

—¡Y yo soy Quico! 25

Los dos se dieron un abrazo y se sentaron a platicar.⁶

—¡Pero qué suerte, compadre!—dijo Quico. —¡Encon-
trarnos cuando menos lo pensábamos! Yo quería conocerlo.

—Lo mismo digo yo, compadrito. ¿Y sabe que allá
arriba, en ese peñón tan alto, estoy viendo una águila ⁷ en su 30
nido? Si usted es tan bueno como dicen, ¿por qué no sube
y le roba los huevos?

—¿Y por qué no?... Difícil no ha de ser.

2. biggest knave.   3. started to.   4. large rock.   5. Where are you going?
6. to chat.   7. eagle.

219

— Pero la gracia está en robárselos sin molestar al pajarito ...

— Por eso no se aflija, compadre — concluyó Quico, y empezó a quitarse los zapatos.

5 En pocos minutos, gateando [8] con mucho cuidado, llegó Quico a la cima del peñón. Se le acercó al águila, le metió una mano debajo, le robó un huevo y se lo puso en el bolsillo de los calzones.[9] Luego otro, y otro ... Cuando vió que no tenía sino tres, bajó muy contento y seguro de su triunfo.

10 — ¿ Qué hubo ? — le preguntó Caco, que lo esperaba abajo haciéndose el dormido.[10] — ¿ Cómo le fué con el pajarito ?

— Bien, como era de esperar.

— ¿ No me va a decir que le robó los huevos sin espantarlo ?

15 — Si no lo cree, aquí le traigo los huevos, que no me dejarán mentir.

Quico se metió la mano al bolsillo y se quedó perplejo, porque no halló sino un huevo.

8. climbing.   9. trousers.   10. pretending to be asleep.

— ¡ Pero si le saqué tres al águila ! ¡ Se lo juro por mi mamita ! — protestó Quico con acento de gran sinceridad.

— Tres eran — asintió Caco, mostrándole los otros dos.

— ¿ Pero cómo es posible ?

— Lo es, compadrito . . . ¿ No ve que yo me le fuí detrás 5 hasta la cima del peñón, y se los saqué del bolsillo ? Y si no le saqué el tercero fué porque resolví bajar a esperarlo aquí, mientras usted se lo robaba al pajarito.

— ¡ Ay, Madre de Dios ! Bien se ve que el compadre Caco es bien ligero de manos y de pies. Lo reconozco, y lo con- 10 vido a casa, por si podemos entretenernos en algo. ¿ Quiere ?

— Como guste, compadrito.

Al llegar, los dos ladrones supieron que a la mujer de Quico le acababa de nacer un niño, y Caco se ofreció de padrino.[11]

— ¡ Qué bueno ! — dijo Quico — pero esto hay que cele- 15 brarlo, ¿ no le parece ? ¿ Quiere que vayamos al palacio del Rey ? . . . Su Sacra [12] Real Majestad lo tiene bien protegido, pero en la bodega,[13] en una botija negra, esconde un vino que es de lo mejor del mundo. ¿ Vamos a robarle un par de dama-juanas ? [14] Así lo aliviaremos un poco . . . 20

— ¿ Y por qué no, compadrito ?

Cuando llegaron al palacio, dijo Quico sonriendo:

— Aquí lo quiero ver, compadre. Ahora le toca el turno. Entre por el vino, y no se tarde, que tengo seca la garganta.

— Como guste, compadrito. 25

Caco subió el muro, llegó al techo, quitó unas tejas, se descolgó [15] para adentro, y en menos de un dos por tres volvió con las damajuanas llenas.

La fiesta comenzó:

— ¡ Salud, compadre ! 30

— ¡ Salud, compadrito !

Dos horas después se quedaron dormidos, roncando [16] que daba miedo.

11. godfather. 12. sacred. 13. wine cellar. 14. demijohns. 15. slipped down. 16. snoring.

221

Test

El robo se descubrió en palacio, y el Rey llamó a su consejero.

— Queco, — le dijo — anoche se entraron en la bodega y me robaron parte del vino que tenía reservado para ciertas
5 ocasiones. Rastro no dejaron los ladrones. ¿ Qué haré ?

— ¡ Ay, quien vista tuviera, con ellos anduviera! [17] — suspiró el ciego. — Su Majestad: mande hacer un mono de brea,[18] y hágalo amarrar [19] bien a la tinaja, y verá lo que resulta.

10 Al otro día fué Caco quien propuso:

— Compadrito, muy seca tengo la garganta. ¿ Qué le parece si vamos al palacio por otras damajuanas ?

— A mí me toca el turno, ¿ no ?

— Así es, conque ¡ andando !

15 Quico entró en la bodega del Rey, y al ver en lo oscuro al mono de brea le dijo:

— Oiga, compadre: ¿ anda en la misma diligencia por aquí ?

El mono se quedó mudo. Figúrense lo que iba a decir.

20 — Mire, compadre — insistió Quico. — Conmigo no se haga el gringo,[20] porque a mí ninguno me desprecia. Quítese de ahí, que no me gustan los mirones [21] cuando ando ocupado. Quítese, le digo, que si no yo no respondo . . .

Y el mono de brea, tan fresco.

25 — ¡ Toma éste entonces! — rugió Quico, dándole en el pecho un derechazo [22] tan fuerte, que el brazo se le metió hasta el codo.[23]

— ¡ Suéltame, ladrón, o te mato de una vez! [24] — volvió a rugir Quico, tirándole un izquierdazo tan fuerte como el otro.

30 Y el mono de brea, tan fresco.

Prendido en la brea estaba Quico cuando Caco apareció.

17. if I had my sight, I'd be with them. 18. pitch. 19. have it tied. 20. don't play dumb. 21. snoopers. 22. blow with his right fist. 23. elbow. 24. right away.

— Ayúdeme, compadre, que no me puedo soltar — gritó Quico desesperado.

— ¿ Pero qué pasa, compadrito ? ¿ Así se deja coger por un mono de brea ? ... Bien se ve que para ladrón no sirve, compadrito, y como viene gente, aliviarlo quiero.

Caco sacó entonces el machete, le cortó a Quico la cabeza, la echó en un saco, llenó una damajuana, y se salió sin que nadie lo viese.

A la viuda le dijo que Quico se había quedado en la iglesia rezando, y él siguió bebiendo, tan tranquilo ...

Tempranito vino el Rey a ver a Queco.

— Mi buen consejero ¡ qué le parece ! en el mono de brea quedó cogido uno de los ladrones, pero sin cabeza.

— ¡ Ay, quien vista tuviera ! — suspiró el ciego. — ¡ Ésos sí que son maestros del arte !

— Sí, pero, ¿ qué haremos ahora ?

— Su Majestad: mande sacar el cuerpo, y que lo arrastren por las calles, y ahí donde llore una mujer al verlo, que marquen la puerta con una cruz. Ya veremos lo que se debe hacer.

Así se hizo.

Al ver el cuerpo, la viuda de Quico empezó a llorar.

— Aquí tiene que ser — dijo el jefe del piquete.[25] Pero, al hacer la cruz en la puerta, apareció Caco, chorreando sangre de una mano, pues el muy bellaco se acababa de dar en ella un machetazo.

— ¿ Ustedes son parientes del muerto ? — preguntó el jefe.

— ¿ Qué está soñando, mi sargento ? — respondió Caco.

— ¿ No ve cómo tengo la mano ? Mi pobre mujer se figura que no podré ir al trabajo, y anda llorando, creyendo que no tendrá que comer ahora que le acaba de nacer un angelito.

— Así será, — concluyó el jefe — pero yo tengo que dar cuenta de esto.

25. picket.

Los del piquete que se van y Caco que sale, y con mucho disimulo fué poniendo una cruz aquí y otra allá...

— Mi buen Queco, — le dijo el Rey a su consejero — tu idea no sirvió, porque no dejaron ni una puerta sin su cruz.
5 ¿Qué haremos?

— ¡Ay, quien vista tuviera, con ellos anduviera! — suspiró el ciego. — Lo único que se me ocurre es que lleven el cuerpo a la orilla del río, y lo vigilen antes de enterrarlo, por si acaso quieren rescatarlo.[26]

10 Así se hizo.

La noche estaba muy fría, y a la orilla del río tiritaban [27] dos guardianes, junto al cuerpo, cuando Caco apareció en una mula, vestido de fraile.

— ¡Ave María Purísima! — les dijo al saludarlos.
15 — Sin pecado concebida — respondieron, santiguándose.

— Hermanos, ¿a quién se le ocurre velar [28] aquí a un muerto, con el frío que está haciendo? Pobres hermanos míos... Yo apuesto [29] que mal no les vendría un poco de aguardiente para calentarse.

26. to recover it.   27. were shivering.   28. to watch over.   29. I will bet.

Test

— ¡ Ay, padrecito ! — exclamaron los guardias, agarrando la botella que les ofrecía. — ¡ Qué bueno es usted !

— Beban, hermanos, y beban cuanto quieran, mientras yo rezo por el alma del difunto.

Los guardianes se bebieron tan pronto y con tanto gusto 5 la botella, que el sueño les bajó y se pusieron a roncar.

Caco se desmontó, sacó un par de hábitos que llevaba, y se los puso a los guardianes. Después los afeitó bien,[30] les hizo la coronilla,[31] puso al muerto en la mula, y salió al trote [32] para el cementerio. 10

El viento comenzó a soplar, y los guardianes despertaron.

— Oiga, padre — le dijo el uno al otro. — Ya es hora de que se recoja en el convento. Mire que está amaneciendo.

— Y usted, padre, ¿ qué hace que no se va ?

— A usted, padre, le digo. 15

— A mí no me venga con bromas, padre.

Y padre va y padre viene,[33] y los guardianes se picaron y se agarraron a pelear. Atontados [34] estaban de tanto pegarse, cuando al fin se reconocieron, y se quedaron mirando a todos lados.

— ¿ Y el padre ? 20

— ¿ Y el muerto ?

— ¡ Ah, ahora lo veo ! . . . El que vino vestido de fraile nos dió que beber, nos puso estos hábitos, nos afeitó y todo, y se largó llevándose al muerto.

— Pues sí, claro . . . ¿ Y qué hacemos ahora ? 25

— Huír del reino, que si no nos cuelgan.

Así lo hicieron.

Dos horas después llegó Caco a casa de la viuda.

— Comadrita [35] — le dijo. — A Quico le cortaron la cabeza en un enredo,[36] pero yo cumplí mi deber y llevé el cuerpo 30 al cementerio. Aquí tiene los mil pesos que llevaba en el bolsillo. Con ellos podrá vivir hasta que el niño crezca y le ayude. Yo me voy.

---

30. he shaved them closely. 31. tonsure. 32. at a trot. 33. And father this and father that. 34. Dazed. 35. My dear friend. 36. free-for-all.

— ¿ Y me deja tan sola ? . . . No se vaya, compadrito, que yo lo estimo mucho.

— En ese caso . . .

Y Caco se quedó y se casó con ella.

5 La familia le fué creciendo pronto a Caco, el muy bellaco. Por ahí andan los hijos, y los nietos, haciendo de las suyas,[37] y lo curioso es que todos tienen la nariz ganchuda,[38] como la del mismo Caco, y las uñas tan largas como las suyas. . . .

[TEMAS DEL FOLKLORE POPULAR]

EJERCICIOS

I. *Contéstense en español:* 1. ¿ Cómo se ganaban la vida Queco, Quico y Caco ? 2. ¿ Cuál de los tres era el más astuto ? 3. ¿ Qué le pasó a Queco ? 4. ¿ Dónde se encontraron una tarde Caco y Quico ? 5. ¿ Qué le propuso Caco a Quico ? 6. ¿ Cuántos huevos le robó Quico al águila ? 7. ¿ Por qué se quedó Quico perplejo al meter la mano en el bolsillo ? 8. ¿ Quién y cómo le había sacado del bolsillo dos huevos ? 9. ¿ Qué había pasado en casa de Quico cuando los dos ladrones llegaron ? 10. ¿ Por qué fueron al palacio del rey ? 11. ¿ Qué le propuso al rey su consejero Queco ? 12. ¿ Qué le sucedió a Quico en las bodegas del palacio ? 13. ¿ Qué hizo Caco al ver a su compadre prendido en la brea ? 14. ¿ Qué le dijo después a la viuda ? 15. ¿ Qué le propuso al rey su consejero la segunda vez ? 16. ¿ Qué hizo el jefe del piquete al ver llorar a una mujer ? 17. ¿ Qué hizo Caco así que se fueron los del piquete del rey ? 18. ¿ Y ahora qué le propuso Queco al rey ? 19. ¿ Qué les dió Caco a los guardias ? 20. ¿ Qué hizo el ladrón al verlos dormidos ? 21. ¿ Qué pasó cuando los guardias despertaron ? 22. ¿ Qué hizo Caco en vez de huír del reino ? 23. ¿ En qué se parecen todos los cacos ?

II. *Verdad o mentira que:* 1. Queco, Quico y Caco eran muy honrados. 2. Los tres vivían en la misma ciudad. 3. El rey le mandó sacar los ojos a Caco. 4. En casa de Quico se encontraron por primera vez Caco y Quico. 5. Quico le robó tres huevos al

37. playing his old tricks. 38. hooked.

Test

águila. 6. Para celebrar el nacimiento del hijo de Quico los dos compadres resolvieron ir al templo de la ciudad. 7. Quico quedó prendido del mono de brea al darle un derechazo. 8. La mujer de Quico lloró al ver el cuerpo de su esposo. 9. Caco le dijo al sargento que él y la mujer eran parientes del muerto. 10. Caco enterró a su compadre en el cementerio. 11. Caco y los guardias huyeron del reino.

III. *Traduzca estos modismos y empléelos en frases originales:* acababa de; ahora mismo; a solas; bien se ve; darse cuenta de; del todo; echar a; en cambio; es que; hace años; hacer de las suyas; hacerse pasar por; hacerse el dormido; hay que; le toca a él; llover a cántaros; mandar hacer; más bien; no ... sino; ¿ no le parece a usted ? pensar en; por aquí; por si acaso; ¿ qué se le ofrece ? romper en; tan ... como; tenerse por; volver a entrar; ya no.

*   *   *

CORZAS[1] Y ONDINAS[2]

I

En una loma alta del Moncayo, allá en el siglo XIV, vivía en su castillo el famoso caballero don Dionís, después de haber servido al rey en las guerras contra los infieles.

Una vez, estando de caza con su hija Constanza, don Dionís tuvo que acogerse,[3] durante las horas de la siesta, en una cañada[4] por donde corría un riachuelo,[5] con ruido manso y apacible.

Hacía más de dos horas que se hallaban recostados[6] en la hierba y a la sombra de los árboles, charlando con los monte-

1. Roe Deer. 2. Water Sprites. 3. to take shelter. 4. ravine. 5. small stream. 6. resting.

ros [7] acerca de las aventuras del día, cuando vieron unos corderos,[8] y con ellos un zagal [9] que los conducía silbando.

— A propósito de aventuras, — dijo uno de los monteros — ahí viene Esteban, que bien puede darnos un rato divertido.

5 — ¿ Pues qué le acontece al zagal ? — preguntó don Dionís con curiosidad.

— Le acontece que, aun siendo cristiano, él cree estar poseído de poderes sobrenaturales.

— ¡ De poderes sobrenaturales ! — exclamaron todos.

10 — Como lo oyen . . . Figúrense que, según lo afirma, las corzas que andan por estos montes no lo dejan en paz. Y no sólo esto. El pobre jura que, en más de una ocasión, las ha sorprendido charlando y concertando [10] las burlas que han de hacerle, y riéndose a carcajadas cuando celebran las que

15 le hacen.

— ¡ Ah, pero qué gracioso es eso ! — exclamaron a un tiempo don Dionís y su hija. — Vamos a charlar un rato con Esteban.

Uno de los monteros llamó al zagal y lo trajo a presencia

20 de sus señores.

Era Esteban un mozo de unos veinte años, robusto, de nariz ancha y ojos azules, y de cabellos rojos que le caían sobre la espalda. Según parecía, era un simple, aunque un tanto suspicaz [11] y malicioso, como todos los rústicos.

25 — A ver, Esteban — le dijo don Dionís. — ¿ Es cierto que tú tienes poderes sobrenaturales, como afirman por ahí ?

— ¿ Yo, señor ? . . . — respondió el zagal, echando una mirada de desconfianza alrededor.

— Sí, tú. Cuéntanos lo que hay.

30 — Pues . . . A mí no me gusta hablar de estas cosas, porque con el diablo no sirven los juegos, sino el garrote y las oraciones, según me lo aconsejó el cura del lugar. Pero, si usted insiste . . .

— Sí, hombre, y vamos derecho al asunto.

7. hunters.   8. lambs.   9. shepherd.   10. agreeing on.   11. distrustful.

Test

—A eso voy, señor, pero resulta que, debido a los cazadores, ya no quedan ciervos [12] en estos montes. Yo le hablaba
de eso a un amigo, y él me dijo:

—Oye, Esteban, yo no sé por qué tú no los ves, porque,
precisamente, hace dos semanas que yo vi una manada [13] de 5
unos veinte, a juzgar por el rastro que encontré.

—¿Y hacia qué sitio iban? —le pregunté.

—Hacia la Fuente de los Álamos [14] —me contestó.

Yo no eché en saco roto la advertencia,[15] y al caer el sol me
fuí solo a la Fuente. La noche entera la pasé escondido entre 10
los álamos, esperando... De cuando en cuando pude oír el
bramido de los ciervos, por acá y por allá, y noté que se movía
el ramaje [16] de los árboles, pero no logré ver ni un ciervo de
Dios.

No obstante, cuando vino el día y yo llevé mis corderos 15
al río, noté que sus aguas estaban un poco turbias [17] en la
orilla, y hallé el rastro de varios ciervos, y lo que es más extraño, hallé también el de unos pies de niña, unos pies tan
pequeñitos como...

El zagal, instintivamente, dirigió la vista a los pies de Cons- 20
tanza; pero como lo mismo hicieron todos los demás, la hermosa
niña se apresuró a ocultarlos bajo su falda, protestando:

—¡Oh, no!... Por desgracia yo no tengo los pies tan
pequeños como los de las hadas...

—Así parece —continuó Esteban. —Pero la cosa no 25
paró ahí, sino que otra vez, estando yo escondido en el sitio
por donde habían de pasar los ciervos, oí gritos y carcajadas
semejantes a los de las muchachas que van a la Fuente con
sus cántaros, y de repente oí una voz fresca y vibrante que
decía: 30

¡Por ahí no, compañeras,
porque ahí está escondido
el bruto de Esteban!

12. deer.   13. herd.   14. poplars.   15. I did not forget his remark.   16. foliage.   17. muddy.

Al llegar a este punto de la relación del zagal, los presentes no pudieron contenerse y soltaron todos una carcajada estrepitosa.[18]

Esteban, por su parte, parecía muy inquieto, y mientras
5 todos reían, dirigía los ojos a varios sitios, como queriendo descubrir algo entre los árboles.

— ¿ Qué es eso, Esteban ? . . . ¿ Qué te pasa ? — le preguntó uno de los monteros.

— Fué algo muy extraño — continuó él. — Cuando me
10 levanté para sorprender a la persona que había dicho lo que les conté, salió de entre los árboles una corza blanca como la nieve, y luego se alejó, seguida de un tropel [19] de corzas de su color natural, que iban riendo a carcajadas. Su eco resuena aún en mis oídos, se lo juro a ustedes.

15 — ¡ Bah ! — exclamó don Dionís. — Mira, Esteban: no nos hables más de esto. Lo mejor es que te vayas a cuidar de tus corderos, y si los espíritus malignos te vuelven a molestar, ya sabes: duro con ellos,[20] con tu garrote y tus oraciones . . .

20 Esteban obedeció, y don Dionís dispuso que continuasen la interrumpida cacería,[21] porque habían pasado las horas del calor, y el viento refrescaba ya los campos y los montes.

II

Entre los monteros de don Dionís había uno llamado Garcés, hijo de un antiguo servidor de la familia, y por tanto [22]
25 el más querido de sus señores.

Garcés tenía más o menos la edad de Constanza, y desde muy niño se había acostumbrado a servirla en todo, adivinando siempre sus deseos y tratando de satisfacer sus caprichos. Por eso los envidiosos decían que el joven era adulador [23]
30 y rastrero,[24] y los demás se compadecían de él, porque lo veían enamorado de la niña « sin merecerla ».

18. noisy.   19. large number.   20. hit them hard.   21. hunt.   22. for that reason.   23. fawner.   24. groveling.

Test

Si esto era así, su amor se explicaba, debido a la hermosura de Constanza. Se hubiera necesitado un pecho de roca y un corazón de hielo para estar junto a ella sin prendarse de [25] sus encantos.

La *Azucena del Moncayo*, la llamaban todos, y bien merecía [5] este nombre, porque Constanza era tan airosa, tan blanca y tan bella como las azucenas.

Y sin embargo, algunos decían que la niña no era lo que parecía, pues había tenido por madre a una gitana [26] medio loca y hechicera. Esto ninguno se atrevía a afirmarlo con [10] seguridad, pero « se sospechaba », porque don Dionís había estado en el Egipto, y de allí había vuelto al castillo con su hija . . .

El carácter de Constanza, a veces retraído [27] y melancólico, y otras tan alegre y bullicioso [28]; la exaltación de sus ideas; [15] sus caprichos, tan extravagantes; sus raras costumbres, y hasta el hecho mismo de tener negros los ojos y las cejas,[29] siendo tan blanca y tan rubia, habían contribuído a aumentar las murmuraciones de las gentes, y aun el mismo Garcés había llegado a creer que su señora era algo especial, y no se parecía [20] a las demás mujeres . . .

Por eso Garcés fué el único que escuchó con verdadera curiosidad los cuentos de Esteban, y por eso fué quien comenzó a revolver en su mente las más absurdas ideas e imaginaciones. [25]

« No cabe duda », se decía, « que eso de hablar las corzas es pura aprensión [30] de Esteban, que es un tonto si los hay . . . Pero . . . ¿ Quién dice que no haya algo de verdad en lo que afirma ? Cosas más extrañas se han visto en el mundo, y una corza blanca puede haberla . . . ¡ Oh, si yo pudiera coger [30] viva una corza blanca para ofrecérsela a mi señora ! »

Así pensando pasó Garcés la tarde, y cuando don Dionís resolvió volver al castillo, aquél se separó de la comitiva [31]

25. falling prey to.   26. gypsy.   27. retiring.   28. lively.   29. eyebrows.
30. baseless idea.   31. retinue.

sin ser notado, y echó a cabalgar en busca del zagal, por lo más espeso e intrincado del monte.

La noche había entrado cuando llegaron al castillo don Dionís y sus compañeros.

5 — ¿ Y Garcés dónde está ? — preguntó Constanza.

— ¡ Presente ! — gritó el joven, entrando un poco sofocado [32] y sudoroso. — Perdóneme, mi señora, si he faltado un momento a mi obligación; pero allá en el monte, como aquí, sólo me ocupaba en servirla.

10 — ¿ En servirme en el monte ? . . . No comprendo . . .

— Sí, señora. He averiguado que existe la corza blanca. Así lo afirman varios pastores,[33] y aquí se la he de traer, viva o muerta, con la ayuda de Dios.

— ¡ Bah ! — exclamó Constanza, con aire de burla.

15 — Déjate de corzas blancas y de cacerías nocturnas. Mira que el diablo anda suelto y vive tentando a los simples . . . Y si tú te empeñas en andarle a los talones,[34] va a dar que reír contigo [35] como con el pobre Esteban.

— Señora, — interrumpió Garcés — yo no he visto nunca

20 al diablo, pero conmigo no habrá de reírse, porque ese privilegio sólo en usted sé tolerarlo.

Constanza vió el efecto que su burla había producido en el enamorado joven, y sin embargo insistió:

— ¿ Y si ves la corza blanca, y ella se te ríe en la nariz, y

25 si al querer matarla ella te habla, y a ti se te cae la ballesta [36] de las manos, y ella huye y desaparece como un relámpago ? . . .

— ¡ Oh ! en cuanto a eso, — exclamó Garcés — si yo la hallo a tiro de ballesta, no se irá sin una flecha en el cuerpo,

30 aunque se ría de mí y me hable en latín . . .

En este punto del diálogo terció [37] don Dionís, y con cierta gravedad mezclada de ironía, le dió a Garcés muchos consejos, mientras Constanza, al oírlos, reía como una loca . . .

---

32. out of breath.   33. shepherds.   34. following him closely.   35. he'll make you a laughingstock.   36. crossbow.   37. intervened.

Durante la comida, la credulidad de Garcés fué el tema de la conversación general. Pero cuando todos se retiraron, él se dijo a sí mismo: « ¿ Y qué ? ... Más de lo que han reído no lo harán si voy esta noche al monte. Y si es cierto lo que dicen los pastores... ¡ Ah, cómo he de saborear [38] mi triunfo ! »

Y armó su ballesta, y se dirigió a la Fuente de los Álamos.

Como buen cazador, anduvo un rato examinando las trochas [39] y veredas, los árboles, los accidentes del terreno, las curvas del río y la superficie de las aguas.

— Aquí — se dijo, y se escondió entre los árboles.

El río se deslizaba [40] allí por entre las rocas y los árboles de la orilla, y formaba luego un remanso [41] de aguas que parecían quietas y profundas.

Todo estaba en silencio.

Garcés esperó en vano varias horas, pero a eso de la media noche, lleno de sorpresa oyó el eco de algunas voces melodiosas que cantaban:

El arquero [42] no verá de noche
Y tarde vendrá la mañana ...
Ven con tus ondinas
        ¡ Oh Reina Blanca !

Ven a jugar con nosotras
en la noche de plata ...
Ven a cantar y a reír y jugar
        ¡ Oh Reina Blanca !

Mientras flotaba en los aires la canción, Garcés se mantuvo inmóvil. Después, con mucho cuidado, apartó un poco las ramas, y no sin experimentar un ligero sobresalto, vió un tropel de corzas que bajaban del monte con dirección al remanso del río.

38. to enjoy.   39. short cuts.   40. was gliding by.   41. backwater.
42. archer.

233

Delante del tropel, más agil y más linda, y más juguetona [43] que sus compañeras, iba una corza blanca que, al correr y saltar, parecía no tocar el suelo con los pies.

Aunque Garcés, al oír la canción pudo ser víctima de la 5 alucinación, la verdad del caso es que, ni en la forma de las corzas, ni en sus movimientos, ni en sus bramidos, había nada con que no estuviese familiarizado un cazador práctico como él en esta clase de expediciones nocturnas.

Así lo comprendió él, y por ello calculó el sitio en que se 10 hallarían pronto las corzas, cogió entre los dientes la ballesta, y arrastrándose como una serpiente, fué a situarse a unos cuarenta pasos más lejos del lugar en que antes se encontraba. Allí esperó el tiempo suficiente para que las corzas estuviesen ya dentro del río, a fin de hacer el tiro más seguro.

15 Al oír ese ruido peculiar del agua que se agita con violencia, Garcés se levantó, dió un paso y tendió la ballesta, pero

43. playful.

Test

al buscar el objeto que había de herir, de sus labios escapó un
¡ oh ! de asombro, hondo e involuntario.

Las corzas habían desaparecido. En su lugar, y jugando
a la luz de la luna, Garcés vió un grupo de bellísimas muchachas que entraban y salían del agua, haciéndola saltar en   5
chispas luminosas sobre las plantas y las flores de la orilla.

La mirada del montero iba de unas a otras.

De pronto salió del agua una muchacha, blanca como la
nieve... Las otras la rodearon inmediatamente, y comenzaron a cantar y a bailar: 10

> *Noche de luna,*
> *noche de plata ...*
> *Venid, genios del aire,*
> *espíritus invisibles*
> *de la tierra y del agua,*   15
> *venid a gozar con nosotras*
> *de la noche santa.*
>
> *Venid zumbando*
> *cual bellos insectos*
> *de luz y de plata ...*   20
> *Venid que os esperan*
> *las tiernas ondinas.*
> *Venid que con ellas ríe y canta*
>   *¡ su Reina Blanca !*

Garcés, obedeciendo a un impulso más poderoso que su 25
voluntad, de un salto se puso en la margen del río.

¡ El encanto se rompió !

Por eso, al tender la vista en torno suyo,[44] vió tan sólo un
tropel de corzas que huían por entre los árboles.

— ¡ Ah ! — exclamó — bien sé yo que éstas deben ser 30
cosas del diablo... Por fortuna esta vez me ha dejado la
mejor presa.

Y en efecto, la corza blanca, al escapar, se había enredado [45]
en una rama.

44. around him.   45. had become entangled.

El joven le apuntó con la ballesta, pero se detuvo al oír un grito amenazador:

—¡Cuidado! ¿Qué haces, Garcés?

El joven dejó caer la ballesta, y vió a su lado a Constanza,
5 que le decía entre risas:

—Gracias, amigo... ¿No la ves?—y señaló con el dedo a la corza blanca que huía como un relámpago por entre los árboles del monte.

[TEMA DE *Gustavo A. Bécquer*]

EJERCICIOS

I. *Contéstense en español:* 1. ¿Dónde vivía don Dionís? 2. ¿Por qué creía Esteban que estaba poseído de poderes sobrenaturales? 3. ¿Cómo era el zagal? 4. ¿Le gustaba a Esteban hablar de lo que le sucedía en la Fuente de los Álamos? 5. ¿Quién era Constanza, dónde nació y cómo tenía los pies? 6. ¿Qué oyó Esteban estando una vez escondido en el sitio por donde habían de pasar los ciervos? 7. ¿Cuándo continuaron la cacería don Dionís y sus monteros? 8. ¿Por qué estaba enamorado Garcés de la Azucena del Moncayo? 9. ¿Por qué creía él que su señora era algo especial? 10. ¿Qué hizo Garcés cuando don Dionís resolvió volver a su castillo? 11. ¿Qué le dijeron los pastores a Garcés? 12. ¿Qué hacía Constanza mientras don Dionís le daba consejos a Garcés? 13. ¿Qué hizo el joven montero antes de ir a la Fuente de los Álamos? 14. ¿Qué hizo antes de esconderse? 15. ¿Qué oyó a eso de la media noche? 16. ¿Cómo era la corza que iba adelante del tropel? 17. ¿Qué vió Garcés al tender la ballesta para herir a la corza blanca? 18. ¿Qué hacían las muchachas? 19. ¿Dónde se enredó la corza blanca al huír por entre los árboles? 20. ¿A quién vió el joven al apuntarle a la corza con la ballesta?

II. *Verdad o mentira que:* 1. Esteban era un rústico suspicaz y malicioso. 2. Una mañana el zagal vió en la orilla del río el rastro de unos pies de niña. 3. Garcés era hijo de un antiguo servidor de la familia de don Dionís. 4. A Garcés no le gustaba servirle a la Azucena del Moncayo. 5. Constanza tenía los ojos azules y los cabellos negros. 6. Garcés era un joven tímido y un cazador inexperto. 7. Bañándose en el río estaba Garcés cuando vió el tropel de corzas. 8. El joven mató a Constanza.

III. *Estudio de palabras.* Escoja usted de las columnas A y B las palabras de sentido opuesto:

A	B
dejar en paz	dejar de
echar a	acercarse
hallar	diario
irse	perder
ligero	pesado
melancólico	molestar
nocturno	unirse con
separarse	alegre
alejarse de	quedarse
tonto	inteligente

*   *   *

ESO SUCEDIÓ EN ICA

Don Pepe de la Mentirola es un viejo soldado que sorprende y deleita [1] a sus oyentes,[2] porque es amigo de decir las cosas con cierta llaneza,[3] aunque las altera un poco, hilvanándolas [4] con entera libertad.

Esa noche nos tenía encantados, hablándonos de sus amo- 5
res.

— Sí, señores, — decía — yo me enamoré una vez.
— ¿ De veras, don Pepe ?
— Sí, y de una chica de Ica . . .
— ¿ De Ica ? . . . ¿ Y eso qué es ? 10
— Es el pueblo peruano donde el diablo perdió el poncho
. . .

---

1. pleases.   2. hearers.   3. directness.   4. stringing them together.

— Hola, don Pepe, ¿ y cómo fué eso ?

Parece que el señor de la Mentirola se sintió halagado por mi humilde curiosidad, porque encendió un cigarrillo y volvió a soltar la sin hueso.[5]

5 — Pues sucedió que, cuando Nuestro Señor Jesucristo andaba por el mundo en su borrica, dando vista a los ciegos y devolviendo a los tullidos [6] el uso y el abuso de sus miembros, llegó una vez a un desierto del Perú. De trecho en trecho [7] se alzaba una palmera,[8] bajo cuya sombra el Divino Maestro
10 se detenía a descansar con sus discípulos.

El desierto parecía infinito, sin principio ni fin. Caía la tarde, y los viajeros tenían ya miedo de dormir a campo raso,[9] cuando con el último rayo del sol vieron a lo lejos la silueta de un campanario.[10]

15 El Señor se puso la mano sobre los ojos en forme de visera y dijo:

— Allá se ve un pueblo. Pedro, tú que entiendes de geografía, ¿ puedes decirme qué pueblo es ése ?

San Pedro se relamió muy orgulloso, y contestó:

20 — Maestro, ésa es la Ciudad de Ica.

— Pues pica, hombre, pica . . .

Jesús y Pedro picaron sus borricas, y seguidos de los demás apóstoles, que iban a pie, se acercaron a Ica, pero antes de entrar se pararon, para hacerse presentables. Se limpiaron
25 los trajes, se peinaron, se ajustaron bien las sandalias, se perfumaron las barbas, y siguieron la marcha.

Al verlos, los iqueños se pusieron felices; recibieron con músicas y palmas a sus ilustres huéspedes, y los alojaron [11] en el mejor hotel que allí había, el cual, dicho sea en justicia,
30 no era tan bueno como los de Nueva York.

Al día siguiente la Cámara de Comercio de Ica dispuso muchos agasajos,[12] y tantos, que se pasaron ocho días como un suspiro. Todo Ica fué una fiesta. El pan y las frutas se

5. started to talk.   6. maimed.   7. At intervals.   8. palm tree.   9. in the open air.   10. belfry.   11. lodged.   12. entertainment.

comieron sin tasa ni medida,[13] y los vinos anduvieron de boca en boca,[14] llenando de alegría los corazones. Aquello parecía un cielo. Los médicos no ganaron nada, ni los boticarios[15] vendieron sus drogas ni sus píldoras, porque no hubo esa semana ni siquiera un dolor de muelas,[16] ni un sarampión ver- 5 gonzante.[17] Los abogados no tuvieron pleitos, y, lo que es verdaderamente milagroso, no ocurrió pelotera[18] alguna en los hogares, y a las suegras se les endulzaron[19] los ojos y las lenguas.

¡ Ica era la gloria ! Se respiraba paz en ella, y alegría y 10 contento. Sus habitantes veían que allí moraba[20] el Sumo Bien,[21] y los discípulos de Cristo sonreían de gusto, y tanto, que San Juan, encantado con las iqueñas, escribió varias poesías honrando sus gracias y bellezas, las cuales poesías se publicaron en la primera página del periódico local. 15

Pero el octavo día el Señor recibió un telegrama urgente en que lo llamaban de Jerusalén, y Él, temiendo que el cariño de los iqueños le pusiera obstáculos al viaje, llamó a San Pedro, se encerró con él en su cuarto y le dijo:

— Pedro, los hortelanos de Jerusalén se han declarado en 20 huelga, y por eso, y sin que nadie lo sepa, tenemos que re-gresar mañana antes de amanecer.

— ¿ Es decir que nos iremos a la francesa ?[22] . . .

— Precisamente . . . Tú tienes que arreglártelas[23] como mejor puedas. 25

— Muy bien . . . Se hará lo que convenga.

San Pedro se sentó a su escritorio, sacó su pluma fuente, y en menos de diez minutos escribió una linda carta para los iqueños, explicándoles la situación y dándoles las gracias por todas sus bondades. 30

Al amanecer todos salieron de Ica, camino de Jerusalén.

---

13. without let or hindrance.   14. were the talk of the town.   15. druggists.
16. toothache.   17. simple case of measles.   18. quarrel.   19. became softened.
20. was dwelling.   21. Greatest Good.   22. we will take French leave.
23. to arrange things with them.

Cuando habían andado unas dos millas, en silencio, el Señor volvió los ojos y preguntó:

— Conque tú dices, Pedro, que esa aldea se llama Ica?

— Sí, Maestro.

5 — Pues, hombre... ¡ Qué rica es Ica !

Como los periódicos de todo el mundo dieron cuenta detallada de LAS FIESTAS DE ICA, el diablo leyó todas las noticias en París, y tomando el primer avión [24] que pudo, se dirigió a Lima, un poco alarmado. Convocó allí a sus mejores amigos, que eran doce, y resolvió ir con ellos a Ica, disfrazados.[25] Pero como los malditos corresponsales [26] no habían descrito el traje de Jesús, no le quedó al diablo otro recurso que ponerse un poncho, a ver si podía ocultar el rabo [27] y no lo reconocían los maliciosos iqueños.

15 Fueron a Ica en sus borricas. Los iqueños, al verlos, creyeron que el Señor regresaba con sus discípulos, y salieron a recibirlos, con la esperanza de que al fin se decidieran a establecerse allí para siempre, porque sin duda Ica podría en ese caso convertirse en un gran centro de turismo internacional.

Como dijimos antes, todo era paz y dicha y contento en Ica y sus alrededores. Pero como el diablo no puede ver con buen ojo la dicha de nadie, se propuso desde el primer momento meter en todas partes no sólo la nariz, sino el rabo, que es peor.

El Rabón [28] y sus compañeros llegaron a Ica a tiempo que se celebraba la espléndida boda de dos mozos muy queridos en el pueblo.

— ¡ Ni llamado con campanilla ! [29] — dijo sonriendo.

30 — En mejor oportunidad no habríamos podido llegar. Vamos a ver cómo les aguamos [30] la fiesta.

Desgraciadamente para él, los novios habían confesado y

24. plane. 25. disguised. 26. reporters. 27. tail. 28. Devil. 29. Just as if they had sent for us ! 30. we can spoil.

comulgado [31] esa mañana, y por consiguiente, los trucos [32] del diablo no tenían eficacia contra ellos. Con todo, a las primeras copas que bebieron los iqueños, abrió él operaciones: un joven comenzó a dirigirle palabras atrevidas a la novia, y una vieja a echarle miradas de amor al novio. Era una vieja gordísima que parecía un barril de gasolina que esperaba una chispa del joven para producir un incendio que no pudiesen apagar ni los bomberos.[33]

Las cosas no pararon ahí. Los abogados se concertaron [34] para crear pleitos; los médicos y boticarios para subir el precio de sus recetas [35] y remedios; las suegras para sacarles los ojos a los yernos; las mujeres casadas para volverse más pedigüeñas [36] y dominantes, y los maridos más irritables y olvidadizos [37] ... Además, todos los que allí estaban se pusieron a hablar de la cuestión social, las huelgas, las luchas de clases y las bombas atómicas, y los políticos se dieron a pronunciar discursos formidables, exagerando la necesidad de crear nuevos impuestos, tasando [38] hasta los estornudos,[39] para evitar así los peligros que amenazaban con destruír a Ica y su civilización.

Aquello era la anarquía, el caos, con todos sus horrores. Las horas corrían, y ya no se bebía por copas sino por botellas.

La pobre novia estaba muy afligida, y andaba de un lado a otro, rogándoles a todos que se calmaran, pero en vano. « El diablo se les ha metido en el cuerpo », pensó, y acercándosele sin conocerlo, lo tomó por el poncho.

— Pero, señor, — le dijo — vea usted cómo anda esto. Estas gentes quieren hasta matarse.

— ¿ Y a mí qué me importa ? — dijo el Rabón. — Yo no soy de aquí. ¡ Que se maten, si quieren ! Mejor para el cura y para mí, pues le serviré de sacristán.[40]

— ¡ Jesús, y qué mala entraña tiene usted ! ¡ La Cruz le

31. received communion. 32. tricks. 33. firemen. 34. got together.
35. prescriptions. 36. demanding. 37. forgetful. 38. taxing. 39. sneezes.
40. sexton.

hago!—exclamó la muchacha, sin calcular el efecto de sus palabras y haciendo la señal de la Cruz.

¡Ahí fué Troya![41]... El diablo dió un berrido[42] formidable y trató de escapar, pero como la novia lo tenía sujeto, a él no le quedó más remedio que sacar la cabeza por la abertura del poncho, dejándoselo entero a la doncella.

El Rabón se evaporó junto con sus camaradas. Desde entonces dice la fama que de vez en cuando viene a Ica en busca de su poncho, y que cuando viene hay allí las de Caín,[43] y...

Pin Pin
San Agustín
que aquí el cuento tiene fin.

[DE « Dónde y cómo el diablo perdió el poncho »,
DE *Ricardo Palma*]

EJERCICIOS

I. *Contéstense en español:* 1. ¿ De qué hablaba esa noche don Pepe de la Mentirola ? 2. ¿ Qué es Ica ? 3. ¿ A dónde llegó una

41. That's when the trouble began. 42. bellow. 43. there is the devil to pay.

vez Nuestro Señor ? 4. ¿ Qué vieron los viajeros con el último rayo del sol ? 5. ¿ Qué hicieron el Maestro y los apóstoles antes de entrar en Ica ? 6. ¿ Cómo los recibieron los iqueños ? 7. ¿ Qué tal era el mejor hotel de Ica ? 8. ¿ Por qué se pasaron ocho días como un suspiro ? 9. ¿ Qué cambio se notó en la vida del pueblo ? 10. ¿ Cuál de los apóstoles escribió versos honrando la gracia de las iqueñas ? 11. ¿ Quién leyó en París las noticias de las fiestas de Ica ? 12. ¿ Cómo fué el diablo a Ica ? 13. ¿ Por qué se puso poncho el Rabón ? 14. ¿ Reconocieron los iqueños al diablo ? 15. ¿ Qué pasó en Ica con la llegada del diablo y sus agentes ? 16. ¿ Por qué perdió el poncho el Rabón ? 17. ¿ Qué anacronismos ha notado usted en el cuento de don Pepe de la Mentirola ?

II. *Verdad o mentira que:* 1. El Señor y los apóstoles llegaron una mañana a Ica. 2. Todos iban montados en borricas. 3. Al verlos los iqueños se pusieron felices. 4. En Ica todos se divirtieron mucho con la llegada del Señor. 5. San Lucas escribió poesías en honor de las iqueñas. 6. El Señor tuvo que regresar a Jerusalén. 7. El Maestro y sus apóstoles se despidieron de los iqueños. 8. El diablo tomó en Londres un avión al leer las noticias de Ica. 9. El Rabón se puso poncho porque llovía a cántaros. 10. Cuando la joven hizo la señal de la cruz, el diablo se escapó con poncho y todo.

III. *Estudio de palabras.* Escoja usted de las columnas A y B las palabras de sentido semejante:

A	B
aguar	extinguir
alterar	turbar
apagar	fundar
dar las gracias	la sin hueso
establecer	pedir
infinito	agradecer
lengua	echar a perder
pararse	inmenso
el Rabón	detenerse
rogar	diablo

CHIMÁN PUMA[1]

—¿Vas a mercar el azogue,[2] marchante?[3] — me
preguntó un indio, ofreciéndome un tubito de caña, con
gesto enigmático y ritual.[4]

— Sí, hombre — le respondí, pagándole lo que me pidió.

5 —¿ De dónde lo sacas ?

— A saber,[5] a saber ...

—¿ Vas a mercar el azogue, marchante ? — me preguntó
hora y media más tarde otro indio, con el mismo gesto enigmático y ritual.

10 — Sí, cómo no. ¿ De dónde lo sacas ?

— A saber, a saber ...

Y así con todos los indios de Huehuetenango,[6] mi pueblo
natal. El mercurio que vendían en sus tubitos de caña era
de excelente calidad. ¿ Pero de dónde lo sacaban, y por qué
15 cada uno de ellos vendía sólo un tubito, y daba la misma
respuesta al preguntarle ?

1. Sorcerer-Puma. 2. to buy quicksilver. 3. dealer. 4. ceremonial. 5. Who
knows ? 6. (a town in Guatemala).

¿ Dónde estaría la mina ? ... ¡ Ah, si yo la descubría y la explotaba, de seguro me haría inmensamente rico !

¿ Dónde estaría ?

Sin perder la esperanza de saberlo, regresé a mi casa y busqué a Ramos, seguro de que él me ayudaría, sirviéndome 5 de guía. Ramos era un joven de pura raza maya, de cabellos negros y lacios,[7] de ojos algo oblicuos y de pómulos [8] salientes y muy altos, como uno de esos personajes mitológicos que figuran en los bajo relieves de los templos. Era de Chemal, y de niño había asistido a la escuela, se asociaba con los 10 blancos, y conocía muy bien a las gentes de su raza.

— Hola, Ramos — le dije sonriendo al encontrarme con él. — ¿ Quieres hacerme un favor ?

— Si se puede, don Efraín.

— ¿ Quieres acompañarme a Todos Santos, y más allá ? ... 15

— Con mucho gusto. ¿ Cuándo salimos ?

— Ahora mismo.

— Muy bien, don Efraín.

Montado en una buena mula salí con Ramos esa mañana, camino de Todos Santos, pues yo sospechaba que por esos 20 lados [9] podría estar la mina de cuya explotación habría de depender mi porvenir, y el de mi familia.

Chiantla, Calaveras, Rosario ... Los pueblitos humeaban [10] al pie de las montañas, y de cuando en cuando se oían las esquilas [11] de algún rebaño de ovejas. El camino subía 25 por lomas y lomas de piedra. El cielo estaba muy azul, y bajo la fragancia de los pinos y los pinabetes [12] mi imaginación se desplegaba al viento como una bandera victoriosa.

Durante el viaje traté de ganarme la confianza de Ramos. Le conté muchos secretos de mi vida, y aprovechando alguna 30 ocasión le pregunté:

— ¿ Sabes tú dónde está la mina del azogue que se vende en Huehuetenango ?

7. straight.   8. cheekbones.   9. in that neighborhood.   10. were giving off smoke.   11. bells.   12. fir trees.

245

— No, señor, pero sí sé que la cuida un hombre poderoso.

— ¿ Lo conoces tú ?

— Pocos lo han visto, pero son muchos los que se han curado los males siguiendo sus consejos. Todo lo sabe, y por
5 eso hay que temerlo. Con seguridad que a estas horas ya sabe que vamos a buscarlo.

Estas palabras me extrañaron. ¿ Cómo podía ese hombre saberlo todo ? ¿ Y cómo sabía Ramos que yo deseaba ver a ese hombre ?

10 — ¿ Y por qué crees que él ya sabe algo de nuestro viaje ?

— Porque es *chimán*, es decir, brujo.

— ¿ De veras ?

¡ Brujo !... Muchas veces había oído yo hablar de estas cosas ... Brujos hay en Guatemala, pero yo me reía de ellos,
15 lamentando que todavía quedasen en mi país esas reliquias de su antigua idolatría.

Al expirar la tarde llegamos a la meseta donde reposa el pueblito de Todos Santos, habitado sólo por indios.

¿ Cómo describir la tristeza que sobre él flotaba al atar-
20 decer,[13] cuando brotaban ya en el cielo las primeras estrellas, y cantaban los gallos, y los árboles se perdían en la penumbra ?

Hacía un frío intenso. Al lado de una ceiba [14] — reminis- cencia de las viejas creencias mayas, según las cuales el hombre desciende de un árbol — se veía una iglesita blanca,
25 cerrada y hostil.

Frente al Cabildo,[15] le pregunté a una sombra que cabe- ceaba [16] sobre un banco:

— ¿ Dónde podré dormir esta noche ?

— A saber, a saber — me respondió la sombra, sin levan-
30 tarse.

— ¿ Dónde podré comer algo ?

— A saber, a saber ...

Convencido de que nadie nos daría posada [17] en su rancho,

13. in the late afternoon.   14. silk-cotton tree.   15. town hall.   16. was nodding.   17. lodging.

me acosté junto a Ramos bajo los portales del Cabildo, en un lecho que preparamos con nuestros ponchos. A la mañana siguiente el frío me despertó muy temprano. Ramos había desaparecido. Le compré una taza de café a una mujer que lo vendía en la calle, entré después en varios ranchos, y me senté a charlar con sus moradores. Todos eran gente apacible y amistosa, pero callada y astuta. Ninguno sabía nada de la mina. Ellos vendían el azogue en Huehuetenango, es verdad, pero a ellos se les entregaba ya preparado, en tubitos de caña, y esto lo hacía sólo el hombre que podía hacerlo.

— ¿ Quién ?

— El Hombre del Monte.

— ¿ Quién es, y dónde vive ?

— Por allá por Chitzajay . . .

— ¿ En qué sitio ?

— A saber, a saber . . .

¿ Quién podría jamás penetrar en el alma de un indio no siéndolo ?

Un día entero pasé en Todos Santos, sin lograr descubrir el sitio donde vivía el Hombre de la Montaña, y sin ver a Ramos, que al fin vino a reunirse conmigo bajo el portal del Cabildo.

La mañana siguiente salimos de Todos Santos hacia Chitzajay, situado en una región cubierta de selvas inmensas, donde no se ven ranchos ni sombra de vida humana.

¡ Chitzajay ! . . . ¿ Qué podría haber de extraordinario en ese lugar? . . . ¡ Nada ! . . . ¿ Un indio brujo ? . . . ¿ Y qué importancia podría tener eso ? . . . ¡ Ninguna ! De seguro era un indio como tantos otros. Y sin embargo . . . Además de que ese indio cuidaba la mina que a mí me interesaba, yo noté que, a medida que avanzábamos, Ramos se ponía más y más inquieto, y parecía transformarse. El más ligero ruido le hacía volver la cabeza, asustado, y por último, después de algunas horas de marcha, se detuvo diciendo:

— Hasta aquí no más, don Efraín. Yo ya no paso adelante.

— ¿ Pero qué te pasa ?   ¿ Qué te dijeron en Todos Santos ?

— Que no lo acompañara.   ¿ No ve que vamos solos y ÉL es dueño del monte ?

— ¿ Pero qué puede hacer ÉL contra nosotros ?

5   Ramos meditó un rato, y respondió:

— Es por mi alma, don Efraín, es por mi alma ... En el monte hay hombres que pueden hacerse dueños del alma de uno, porque tienen un *nahual* [18] muy grande, ¿ sabe ?

— ¿ Un *nahual?*   ¿ Y eso qué es ?

10   — Mira, Efraín, — me respondió Ramos, en tono confidencial — eso no lo entienden los blancos.   Por eso nada temen.   Pero cada hombre tiene, además de su alma, un *nahual* que siempre lo acompaña, y cuya forma puede el hombre tomar bajo ciertas condiciones... Mientras más 15 fuerte es el *nahual,* más fuerte es el hombre.   Y este hombre que tú buscas es *Chimán Puma* ... Con esto te lo digo todo.

El carácter misterioso y amenazador de estas revelaciones contrastaba con la belleza clara y apacible del paisaje.   El cielo era de cobalto; de las cañadas se levantaban nieblas de 20 oro que trepaban por las montañas, y en todas partes se oía el canto melodioso de los pájaros.   Al pie de los árboles, en cuyos troncos florecían las más exquisitas orquídeas, había espesas alfombras de musgo,[19] y a cada paso se veían plantas olorosas, de mil formas y colores.

25   Profundamente interesado en las confidencias de Ramos, le pregunté:

— ¿ Pero cómo puede uno distinguir su *nahual?*

— No sé cómo te lo dijera, pero escucha: el alma es una cosa fina, sutil y tierna, que se puede perder si uno se descuida 30 o se echa encima la cólera de un *nahual* más fuerte que el de uno.   El alma está en el cuerpo, pero puede salirse de un golpe y para siempre.   Y si un hombre como yo cae en el círculo hecho en el suelo por un *chimán,* perderá su alma a no ser que un amigo ...

18. guardian animal spirit.   19. moss.

Sin acabar la frase, Ramos se detuvo, y señalando con el dedo un recodo [20] del camino gritó:

— Mira: ¡ allá ESTÁ ÉL !

Por un momento yo no vi nada, pero pronto, con los ojos dilatados por la sorpresa, vi la cabeza de un puma que nos 5 miraba fijamente desde lo alto de una roca. Mi primer impulso fué sacar el revólver 38 que llevaba al cinto,[21] y hacerle fuego al felino, pero Ramos se abrazó a una de mis rodillas y gritó suplicante:

— ¡ No le tires, Efraín ! ES ÉL. No le tires ¡ por Dios ! 10

Confieso que el grito de Ramos me paralizó momentáneamente, y cuando quise hacer fuego ya el puma había desaparecido entre los árboles.

— Ya lo viste, Efraín. Yo sé que ES ÉL. Yo me vuelvo.

Y en sus ojos había un hondo terror, como si fuera presa 15 de un maleficio.[22]

— Pero, Ramos, si eso es un puma y nada más.

— No, Efraín, yo te digo que ES ÉL, un antiguo enemigo de mi gente. Éstas son cosas que deben guardarse en secreto, sabes, pero escucha: cada hombre tiene su *nahual* conforme 20 al día en que nace, y naturalmente ...

Ramos volvió a callar.

En ese momento comenzó a sonar un tambor [23] tras la maleza [24]: Tun-tún ... tun-tún ... tun-tún ... ¿ Dónde precisamente ? Nadie hubiera podido decirlo, porque se oía 25 lejos, cerca, a la derecha, a la izquierda ... Una niebla densa nos envolvía, y el camino daba vueltas y vueltas entre los árboles, donde ese tun-tún vibraba siempre, monótono, horrible, obsesionante.[25]

A los pocos minutos ya no vi ni los cascos [26] de la mula. 30 Sentía sus pasos, y su movimiento se transmitía a mi cuerpo, cadenciosamente,[27] pero a mí me parecía que todo era una pesadilla. Mis nervios comenzaron a fatigarse. Por fortuna

20. turn.   21. belt.   22. under a spell.   23. drum.   24. underbrush.
25. haunting.   26. head.   27. rhythmically.

sopló el viento, disipando las nieblas, y el camino se hizo menos tortuoso. El tun-tún del tambor había callado, y al cabo de unas dos horas de marcha llegamos a un potrero [28] donde había un corral junto a un arroyo cuyas aguas brillaban 5 al sol.

Ramos y yo decidimos almorzar al pie de los árboles que estaban en el centro del corral. Yo me sentía muy cansado, y me tendí a la sombra, mientras mi guía hacía fuego para preparar un poco de café.

10 ¿ Me dormí un momento ? No lo sé. Recuerdo, sí, que de pronto oí el ruido de muchas pisadas,[29] sobre la tierra reseca del corral. Abrí los ojos y me incorporé [30] a medias para ver lo que pasaba. El corral estaba lleno de ganado, y Ramos, con el cuerpo curvado por el terror, invocaba la protección 15 de Dios y de los santos.

Un recio viento norteño estremeció el follaje de los árboles. El ganado empezó a ventear y a juntarse, como cuando se ve sorprendido por alguna fiera del bosque. Las vacas mugían,[31] y un toro padre rascaba inquieto y furioso la tierra con las 20 pezuñas.[32]

Recordando al puma que habíamos visto hacía pocas horas, saqué mi 38 especial, me levanté y recorrí el potrero en todas direcciones. No había nada, absolutamente nada, y sin embargo se hubiera dicho que algo indefinible y misterioso 25 flotaba en el aire caldeado [33] y lleno de luz.

Ramos se me acercó lleno de espanto.

— ES ÉL, Efraín, ¡ ES ÉL !

Sentí enojo ante el miedo de mi compañero, pero ante la inexplicable inquietud del ganado yo mismo experimenté una 30 vaga sensación de desconfianza. Lo que sucedía era desconcertante.

Sin saber por qué, a toda prisa me bebí unos tragos de café y le ordené a Ramos que le pusiera el freno [34] a la mula.

28. pasture. 29. steps. 30. sat up. 31. were bellowing. 32. hoofs. 33. hot. 34. bridle.

250

Partimos en silencio. Poco después resonó de nuevo el tun-
tún del tambor, implacable, amenazador ...

Varias horas anduvimos por una sabana [35] ligeramente on-
dulada, y al caer la tarde llegamos a una plazoleta sombreada
por tres ceibas gigantescas entre las cuales se levantaba un 5
rancho sucio y miserable. Nos acercamos. Ramos temblaba.
Junto a la puerta, sentado en una piedra blanca, estaba un
viejo negruzco e inmóvil, arrugado,[36] de pelo hirsuto,[37] negro,
y de nariz aguileña.

— ¡ ES ÉL, Efraín ! — cuchicheó [38] Ramos, quedándose 10
paralizado.

¿ Chimán Puma ? ...

A pesar de mi conocimiento del país y de los indios, confieso que sufrí una gran desilusión. Yo esperaba encontrar
algo más impresionante. ¿ Podía *eso* ser el Hombre del 15
Monte ? ¿ El hombre a quien tantos temían ? ... ¡ Bah ! ...
Eso no era un hombre, sino un vejete sucio e insignificante.

Contra la costumbre de los hombres de su raza, Chimán
Puma nos miró con fijeza y de frente, y en seguida fué res-
pondiendo en pocas palabras a mis preguntas. 20

— Buenas tardes.

— Buenas.

— Estamos perdidos.

— ¿ Sí ? ...

— ¿ Podríamos dormir esta noche en tu rancho ? 25

— A saber, a saber ...

— ¿ Nos quisieras enseñar mañana el buen camino ?

— Todos los caminos son buenos ...

En realidad nada había en Chimán Puma que revelara la
misteriosa importancia que se le atribuía, y sin embargo, se 30
sentía la presencia de una fuerza extraña e invencible en la
inmovilidad de su rostro de piedra.

Poco a poco fué deponiendo [39] su actitud hermética,[40] y

35. grassy plain.   36. wrinkled.   37. bristly.   38. whispered.   39. cast-
ing aside.   40. impenetrable.

hasta nos ofreció una taza de café. Pero cuando le hablé de la mina que yo buscaba con afán, ya no fué posible sacarle ni una palabra precisa.

— ¿ Hay azogue por aquí ?

5 — A saber, a saber . . .

— Lo venden en Huehuetenango. De seguro existe por aquí una fuente.

— Tal vez sí hay, en el monte . . .

— Yo le daré mucho oro si me dice dónde está.

10 — ¿ Oro ? . . . ¿ Y para qué ? . . . Si lo adquiere un indio, los blancos se lo quitan. Ya no tenemos nada. Todo lo hemos perdido. Pero el indio calla y espera . . .

Entró la noche, y como el frío era muy intenso en aquellas alturas de la sierra, decidí dejar para el día siguiente mis in-
15 vestigaciones, y le pedí a Chimán Puma que nos dejara dormir en su rancho.

— Bueno, si gusta — me dijo señalando la puerta.

El rancho era una miserable choza de paja, como todas las de la región. Las paredes, de caña y cubiertas de lodo, eran
20 muy bajas. Tenía dos compartimientos. En el de la derecha había un fogón de piedras, una mesita y un cañizo.⁴¹ En el de la izquierda, donde íbamos a dormir Ramos y yo, había otro cañizo, un poco de maíz, varios *metates* y algunas plantas secas que colgaban de las vigas.⁴² Eso era todo. Pero, al
25 sentarme en el cañizo, oí un ruido muy peculiar. Me levanté y me asomé al compartimiento vecino, estremeciéndome: en el fondo de una tinaja ⁴³ renegrecida ⁴⁴ por el humo había varias serpientes de cascabel . . .

Me volví a acostar. A eso de la media noche desperté
30 sobresaltado ⁴⁵ al oír, como en sueños y muy cerca de mí, el tun-tún de la montaña. Ya no pude dormir más, y en espera del nuevo día me puse a pensar en la mina: allí, muy cerca quizás, estaría la fuente de azogue, vivo y brillante al fulgor de la luna. Mi fantasía, desbordada ⁴⁶ por el insomnio,

41. reed bunk. 42. beams. 43. large earthen jar. 44. badly blackened. 45. startled. 46. given free rein.

252

me daba la imagen seductora de un arroyo de metal, que brotaba silenciosamente de la oquedad [47] del monte.

¿ Y Chimán Puma ?... ¡ Bah ! Al día siguiente yo obligaría al viejo a salir de su cubil,[48] y a mostrarme la fuente prodigiosa.

Di una vuelta en el cañizo que me servía de cama: ¡ En el compartimiento vecino brillaban varias luces, y se oía el suave murmullo rítmico de un rezo !

Mi sorpresa y mi curiosidad eran inmensas. Me levanté de un salto. En el centro vi la mesita, y en ella una botella, un cesto de maíz negro, varias velas, el sombrero de Ramos, y la imagen de piedra de ese dios de dos cabezas que se ve en las esculturas mayas. Junto a la mesita, y humillado en el suelo, estaba rezando Chimán Puma, en lengua mayance-jacalteca [49]:

> *Pecukum ya kepola*
> *guïnik up y kena*
> *icik tok-up la diva*
> *k'in daviva tuskaren u*
> . . . .
> Quiero apoderarme de una alma,
> dioses de la Tierra,
> Madres de la Tierra,
> ahora mismo
> y con su permiso.
> Necesito el alma de un hombre.
> Aquí está mi *copal pom*.[50]
> Padres del encantamiento,
> traedme el alma de ese hombre
> de mi raza.
> Grande Hombre y Grande Mujer
> de todo lo creado.
> Dioses de todo encantamiento
> y del Sudeste Viento,
> Espíritus mágicos. Amén.

47. hollowness.   48. den.   49. Indian dialect.   50. incense.

En seguida, encorvado [51] como una araña [52] en su tela, el brujo quedó sumido en una especie de éxtasis, entre las nubes de *copal pom*. Los crótalos [53] de las serpientes rayaron [54] el tenso silencio de la noche, y a pocos momentos un grito horri-
5 ble penetró el corazón mismo de la tierra.

Retrocedí lleno de terror, y a tientas [55] busqué mi lámpara eléctrica y mi revólver 38. Hice luz: en el centro del círculo luminoso Ramos se retorcía [56] como si luchara con un enemigo invisible, en las mallas [57] de una pesadilla. De pronto abrió
10 los labios y articuló en lengua maya estas palabras:

> Iba yo por mi camino.
> Por el camino de la noche.
> Bajo mis patas, la tierra
> era suave, elástica y buena.
15 > La húmeda selva
> se llenaba de fulgores
> a la luz de la luna en creciente.[58]
> Y una voz me dijo,
> en lo más íntimo del alma:
20 > « ¡ Cuidado tú, *mapache*,[59]
> el puma está cerca !
> Está cerca el enemigo de tu gente.
> ¡ Guárdate, *mapache* ! »
> Loco de miedo di saltos
25 > que de nada me sirvieron.
> Oí el ruido de mis carnes
> desgarradas por los colmillos [60]
> y las uñas del puma sanguinario ...

Y Ramos calló, dando un suspiro. ¿ Estaba ebrio,[61] o el
30 terror le había alterado la razón ?

Un momento después, como hipnotizado, se rasgó [62] la camisa y me mostró la espalda desnuda: del hombro derecho

---

51. bent over.   52. spider.   53. rattles.   54. cut into.   55. groping.
56. was writhing.   57. clutches (lit. 'meshes').   58. waxing.   59. raccoon.
60. fangs.   61. inebriated.   62. he tore off.

le corrían varios hilos de sangre, de unos agujeros que parecían dentelladas [63] de alguna bestia feroz.

Lo sacudí vigorosamente, gritando:

— ¡ Ramos, Ramos ! ¿ Qué te pasa ?

El muchacho despertó, quejándose y respirando muy agitadamente.

Sin soltar mi revólver 38, busqué con la lámpara. Las paredes del rancho estaban intactas, la puerta y las ventanas cerradas por dentro. Las velas se habían apagado, y Chimán Puma había desaparecido como por encanto.

Ramos y yo nos volvimos a acostar. Yo velaba, y él parecía presa de silenciosa angustia. Dos horas después oí el mismo grito de antes. Hice luz. Ramos luchaba otra vez con su invisible adversario: gruesas gotas de sudor le corrían por la frente, y de una pierna le manaba [64] sangre, porque lo habían mordido.

La mañana que siguió era honda, trémula, transparente. De los árboles vecinos pendían [65] las lianas,[66] cargadas de rocío, y entre sus follajes verdes los cenzontles [67] modulaban el oro musical de sus canciones.

Yo noté el mal estado en que se hallaba Ramos. Como había perdido mucha sangre, se sentía cansado. El sueño lo vencía. Yo lo recosté en el cañizo, salí del rancho y me senté precisamente en la piedra donde por primera vez habíamos visto al brujo de Chitzajay. Una extraña inquietud se había apoderado de mi corazón, porque sabía que algo iba a suceder.

De pronto, por un sendero que corría a un lado de la plazoleta, apareció un *mapache*. Sus movimientos, precisos y graciosos, me llamaron la atención. El animalito, a galope corto, salió a lo limpio,[68] y después de hacer algunas cabriolas,[69] irguió su cabeza triangular, lleno de sospecha. Yo lo miraba extasiado, cuando oí que silbaron las ramas a la

63. bites.   64. was flowing.   65. hung down.   66. climbing plants.
67. songbirds.   68. into an open place.   69. nimble leaps.

orilla de la selva, y vi a un puma enorme que, en cuatro saltos, se le acercó al *mapache*, lo tumbó [70] de un zarpazo, mordiéndolo luego rabiosamente en la cabeza. A mis espaldas oí un grito, el mismo de siempre, y en seguida varios quejidos
5 lastimeros.[71]

El cañón de mi 38 especial brilló un segundo al sol, y mi disparo resonó por las selvas y se extendió en ecos siniestros en montes y cañadas. En medio de una atmósfera de humo azul y de oro rojizo yo vi al puma dar un salto formidable y
10 desaparecer. Sin duda alguna le había herido de muerte.

Rápidamente corrí hacia el *mapache*, a ver si podía ayudarlo, pero . . . ¿ qué había sucedido ? . . . En vez del *mapache* hallé a Ramos, tendido en el suelo. Lo sacudí fuertemente, y logré que abriera los ojos. Me miró como si no me conociera.
15 Luego dejó escapar en lengua maya una queja casi infantil y se llevó las manos a la cabeza. La tenía llena de hondas mordeduras, y la sangre le corría por la cara, que parecía una máscara de indescriptible espanto.

¡ Y esto sucedía a pleno día,[72] y cerca de Huehuetenango !
20 ¡ No, *esto* era imposible ! . . . Y sin embargo, ahí estaba Ramos a mis pies, con la cabeza llena de mordeduras.

— Efraín, ¿ no te lo dije, pues ? . . . ¿ No te lo dije ? — exclamó al fin el pobre muchacho. Yo lo alcé en mis brazos, lo llevé a una fuentecilla, le lavé las heridas con mucho cui-
25 dado, le hice beber luego una taza de café, y resolví volver a Huehuetenango, sin preocuparme ya más ni de Chimán Puma ni de la mina de azogue que tanto me interesaba. En otra ocasión volvería a buscarla. No podía sacrificar entonces a mi amigo herido. Yo quería volver al mundo civilizado, y
30 alejarme de aquellas tierras increíbles y fantásticas . . .

Al pasar de regreso por el pueblo de Todos Santos, encontramos a los indios inquietos, amotinados,[73] quejumbrosos.[74] De los ranchos, de los montes, de las *milpas*,[75] de todas partes,

---

70. knocked it down.   71. pitiful moans.   72. in broad daylight.   73. rebellious.   74. moaning.   75. corn patches.

habían llegado los indios, y se hallaban reunidos frente a la iglesia, a la sombra de la ceiba gigantesca.

— ¡ Ay !... ¡ Ayayay ! ¡ Ay !— gritaban en coro hombres y mujeres — ¡ Lo mataron, lo mataron !... ¡ Ayayay !...

Movido por la curiosidad, rompí el círculo que formaban 5 los indios, y allí, tendido en el suelo, vi a un vejete arrugado, negruzco, de nariz aguileña, de cabellos hirsutos, y de ojos ya muertos: ¡ ERA ÉL, CHIMÁN PUMA !

Me agaché para verlo mejor. ¡ Sus negros cabellos estaban manchados de sangre, y en la frente tenía el orificio,[76] redondo 10 y preciso, de una bala de revólver 38 especial !

[DE « El brujo de Chitzajay », DE *Carlos Samayoa Chinchilla*]

EJERCICIOS

I. *Contéstense en español:* 1. ¿ En qué vendían azogue los indios de Huehuetenango ? 2. ¿ Sabía Efraín de dónde lo sacaban ? 3. ¿ Por qué quería saber dónde estaba la fuente ? 4. ¿ A dónde se dirigieron Efraín y Ramos ? 5. ¿ Qué hizo Efraín durante el viaje ? 6. ¿ Qué dijo Ramos acerca del hombre que cuidaba la mina ? 7. ¿ Creía Efraín en los brujos de Guatemala ? 8. ¿ A qué hora llegaron los viajeros a Todos Santos ? 9. ¿ Dónde durmió Efraín esa noche ? ¿ Por qué ? 10. ¿ Cómo eran los indios con quienes charló la mañana siguiente ? 11. ¿ Revelaron el secreto de la mina ? 12. ¿ Cuánto tiempo estuvieron en Todos Santos Efraín y su guía ? 13. ¿ A dónde fueron después ? 14. ¿ Qué le pasaba a Ramos a medida que los dos se acercaban a Chitzajay ? 15. ¿ Por qué no quería Ramos pasar adelante ? 16. ¿ Qué es un *nahual* según los Mayas ? 17. ¿ Por qué gritó Ramos al ver al puma ? 18. ¿ Qué se oía tras la maleza ? 19. ¿ Dónde se detuvieron Efraín y su guía ? 20. ¿ A dónde llegaron al caer la tarde ? 21. ¿ A quién vieron a la puerta del rancho ? 22. ¿ Por qué sufrió Efraín una desilusión al ver al brujo ? 23. ¿ Qué les ofreció Chimán Puma a los viajeros ? 24. ¿ Les permitió dormir en su rancho ? 25. ¿ Qué vió Efraín en el fondo de una tinaja ? 26. ¿ Qué oyó a eso de la media noche ?

76. hole.

27. ¿Qué vió en el compartimiento vecino? 28. ¿Qué hacía Chimán Puma? 29. ¿Qué observó Efraín al hacer luz? 30. ¿Qué tenía Ramos en la espalda? 31. ¿Qué vió Efraín en el sendero la mañana siguiente? 32. ¿Qué hizo el puma? 33. ¿Qué halló Efraín en vez del mapache? 34. ¿Por qué volvió Efraín a Huehuetenango? 35. ¿Por qué lloraban los indios de Todos Santos? 36. ¿A quién vió Efraín en el suelo?

II. *Verdad o mentira que:* 1. Los indios de Huehuetenango vendían el azogue en tubitos. 2. Efraín quería descubrir la mina con la esperanza de hacerse rico. 3. Ramos sabía dónde estaba la fuente. 4. Un *chimán* cuidaba la mina. 5. Los indios de Todos Santos le dieron posada a Efraín. 6. Efraín no quiso charlar con los moradores del pueblo. 7. Ramos se sentía muy tranquilo yendo a Chitzalay. 8. Ramos decía que un puma era el *nahual* del brujo. 9. En el potrero donde descansaron los viajeros el ganado estaba muy inquieto. 10. Chimán Puma era un viejo muy impresionante. 11. El chimán le ofreció revelarle el secreto a Efraín a cambio de oro. 12. Esa noche no le sucedió nada a Ramos. 13. Al día siguiente un mapache atacó al puma. 14. Efraín mató a Chimán Puma.

III. *Estudio de palabras.* Escoja usted de las columnas A y B las palabras de sentido semejante:

A	B
callar	disparar
expirar	cama
hacer fuego	comprar
lecho	morir
lugar	azogue
mercar	guardar silencio
mercurio	sitio
porvenir	subir
serpiente	futuro
trepar	culebra

258

Por más de un siglo los gobiernos del Hemisferio Occidental han hecho esfuerzos tan inteligentes y tenaces por mejorar sus relaciones, que han logrado ya formar el sistema llamado *Organización de Estados Americanos*, destinado a desempeñar un papel decisivo en la Historia. 5

Este sistema, complejo y admirable, carece de precedentes: no es una alianza militar transitoria, sino la asociación voluntaria de veintiuna repúblicas, cada día más ricas y poderosas, que ocupan un territorio cuatro veces mayor que el de Europa y tienen una población de cerca de trescientos millones de 10 gentes de origen y culturas diversos.

La Organización de Estados Americanos — O A S — persigue dos fines: mantener el orden y la paz entre las naciones del Hemisferio, hallando soluciones adecuadas y justas a sus problemas jurídicos y políticos, y fomentar la cooperación 15 amistosa [1] de todos para desarrollar la vida económica, social y cultural de todas y de cada una de ellas.

Para cumplir esos fines, la O A S se vale de seis órganos principales: (1) la *Conferencia Interamericana;* (2) el *Concejo* [2]; (3) la *Unión Panamericana;* (4) las *Organizaciones* 20 *Especiales;* (5) las *Reuniones de Ministros de Relaciones Exteriores*, y (6) las *Reuniones Especiales.*

En todos y en cada uno de estos seis órganos están representadas todas las repúblicas americanas, y su representación tiene como base la absoluta igualdad jurídica: cada una tiene 25 un voto, cualquiera que sea su tamaño, su población y su poder: allí el voto de Costa Rica vale tanto como el de los Estados Unidos, y el de Haití vale tanto como el del Brasil.

La Conferencia Interamericana es la autoridad suprema de la O A S. De ella emana [3] su política, y dependen su 30 estructura y sus funciones. La Conferencia se reúne normalmente cada cinco años, en el lugar designado en la última, y

1. friendly.   2. Council.   3. emanates.

en sus deliberaciones tienen parte las delegaciones de cada país
con entera independencia de pensamiento y de acción.
El Concejo es el órgano consultivo, central y permanente.
Tiene su sede en Wáshington, D.C., y lo componen el Secre-
5 tario de Estado de los Estados Unidos y los Embajadores de
las demás repúblicas.
La Unión Panamericana, o Secretaría General, es órgano
central y permanente también. Tiene su sede en Wáshington, y su Director es elegido cada diez años por la Conferencia
10 Interamericana. La Unión Panamericana tiene la responsabilidad de mantener los Archivos de la O A S, dirigir su
administración y fomentar las relaciones económicas, sociales
y culturales de sus miembros.
Las Organizaciones Especiales — tales como « El Instituto
15 Internacional Americano para la Protección del Niño », el
« Instituto Interamericano del Indio », el « Instituto Pan-
americano de Geografía e Historia », el « Instituto Interamericano de Ciencias Agrícolas », etc., etc. — son perma-
nentes, tienen su sede en distintos lugares del Hemisferio, y
20 desempeñan funciones muy variadas y de gran utilidad.
Las Reuniones de Ministros de Relaciones Exteriores y las
Reuniones Especiales tienen lugar en sitios distintos y en casos
de emergencia. Son de carácter transitorio.
La idea de organizar a los pueblos americanos la concibió
25 Simón Bolívar hacia 1818, mientras luchaba por la emanci-
pación de las colonias hispanoamericanas. Ya victorioso, y
como Presidente de la *Gran Colombia* (Colombia, el Ecuador,
Panamá y Venezuela) la propuso oficialmente al invitar a
todos los países independientes del Hemisferio al Congreso de
30 Panamá (1826), con la esperanza de que la América toda se
presentase ante la Historia « con un aspecto de majestad y de
grandeza ejemplares », no sólo « como la madre de repúblicas
libres », sino como « un núcleo central para la organización
federal de todas las naciones del mundo ».
35 La visión de Bolívar ha inspirado a los grandes patriotas

del Sur y del Norte. Varios países hispanoamericanos enviaron delegados, primero al Congreso de Panamá, y luego al de Santiago de Chile (1856) y a los de Lima, Perú (1848 y 1856), en los cuales se tomaron medidas para la defensa de sus intereses. En el Norte, esa visión fué acogida con entusiasmo, primero por Henry Clay, y años más tarde por James G. Blaine, quien, como Secretario de Estado, organizó y presidió la primera Conferencia Interamericana (1889–1890), clausurando [4] sus sesiones con estas palabras memorables:

"If, in the closing hour, the Conference had but one deed to celebrate, we would dare call the world's attention to the deliberate, confident, solemn dedication of two great continents to peace, and the prosperity which has peace for its foundation. We hold up this Magna Charta, which abolishes war, and substitutes arbitration between the American Republics, as the first and great fruit of the International American Conference."

Se instaló entonces la « Unión Internacional de Repúblicas Americanas », con el propósito de fomentar y facilitar el intercambio comercial y postal del Hemisferio, y se dispuso que la Unión durase diez años, pudiendo renovarse y modificarse según las circunstancias.

Esa Unión, modesta en apariencia, fué adquiriendo alcance y fuerza, para convertirse primero en la Unión Panamericana, que tanto ha hecho por la paz y el progreso del Hemisferio, y luego en la *Organización de Estados Americanos*, que tanto hace y quiere hacer por la paz y el progreso del mundo.

En 1910, al dedicar el hermoso edificio que ocupa en Wáshington la Unión Panamericana, pudo decir el gran internacionalista Elihu Root:

"Here will be fostered the growth of that sympathy born of similarity in good impulses and noble purposes, which draws men of different races and countries together into a community of nations, and counteracts the tendency of

4. closing.

261

selfish interests to array nations against each other as enemies . . .

"May this structure stand for many generations to come as the visible evidence of mutual respect, esteem, appreciation, and kindly feeling between the peoples of all the Republics; may pleasant memories of hospitality and friendship gather about it, and may all the Americas come to feel that for them this place is home, for it is theirs, the product of a common effort and the instrument of a common purpose."

Venciendo dificultades, la Unión Panamericana fué extendiendo sus actividades y servicios hasta crear un sistema que, en la Conferencia Interamericana de Bogotá, Colombia (1948), adquirió mejor forma y mayor alcance, con la Organización de Estados Americanos, la cual puede explicarse así: es *Organización*, porque sus miembros se han asociado voluntariamente y según los principios de su propia Carta, que no por la imposición de la fuerza; de *Estados*, porque sus miembros son organismos jurídicos independientes y soberanos; y *Americanos*, no sólo porque lo son las repúblicas del Hemisferio, sino porque este término encarna [5] en sí el espíritu libre, progresista y democrático que las anima.

La Carta de la O A S se funda en bases de gran solidez: acepta el derecho, el orden y la buena fe como principios reguladores de la vida internacional; reconoce la soberanía absoluta de los Estados; establece la defensa solidaria del Hemisferio, considerando que la agresión contra uno de ellos es agresión contra los demás; afirma la voluntad de resolver todos los conflictos internacionales por medio de las negociaciones diplomáticas, las consultas o el arbitraje,[6] que no por medio de la fuerza; y defiende el concepto de que la paz, el progreso y la justicia podrán conseguirse sólo por medio de la democracia política, que respeta la dignidad de la persona humana, sin distinciones de sexo, ni de raza, ni de origen, ni de religión, ni de posición social o económica.

5. embodies.   6. arbitration.

Ningún problema americano queda fuera del sistema de la
O A S: organizados para la paz, el progreso y la cultura, los
países americanos no quieren descuidar nada de lo que en
manera alguna se relacione con la vida material y espiritual.
La O A S no es un sistema aislado ni exclusivista: aspira 5
también a cooperar con el resto del mundo, y con sobrada [7]
razón y derecho: las veintiuna repúblicas americanas ocupan ya una posición privilegiada, por sus riquezas, su poder
y sus grandes posibilidades. Entre sí ellas se complementan,
y todas pueden complementar la vida de otras naciones 10
del mundo. Si entre ellas hay alguna rivalidad, es la rivalidad sana y legítima que caracteriza la existencia misma de las
Américas.

Si la O A S continúa sus sabias labores constructivas, y los
pueblos de América no traicionan su tradición ni se apartan 15
del rumbo que les han señalado sus grandes hombres, de seguro
podrán realizar el ensueño del Libertador Simón Bolívar:
mostrarle al mundo que la América no es sólo la madre de
repúblicas libres, sino el núcleo para organizarlo en un sistema
racional, dinámico, progresista, democrático y justo, que 20
garantice la marcha pacífica y ascendente de la Humanidad
hacia sus más altos destinos.

EJERCICIOS

I. *Contéstense en español:* 1. ¿Han tratado de mejorar sus
relaciones los gobiernos americanos? 2. ¿Qué es la Organización
de Estados Americanos? 3. ¿Qué fines persigue la O A S?
4. ¿Cuántos órganos principales componen el sistema de la
O A S? 5. ¿Quiénes están representados en tales órganos? 6. ¿Cuál
es la autoridad suprema de la O A S? 7. ¿Quiénes componen el
Concejo? 8. ¿Qué es la Unión Panamericana? 9. ¿Quién concibió la idea de organizar a los pueblos americanos? 10. ¿Quién
fué Simón Bolívar? 11. ¿Qué grandes estadistas norte-americanos
se han interesado mucho en la organización? 12. ¿Cuándo tuvo

7. abundant.

263

lugar la primera Conferencia Interamericana? 13. ¿Por qué se dice *Estados* y no naciones al hablar de la O A S? 14. ¿Reconoce la O A S la soberanía de los Estados americanos? 15. ¿Qué conceptos defiende la O A S? 16. ¿Son constructivas las labores del sistema interamericano? 17. ¿Qué grandes ideales persiguen los países del Hemisferio Occidental? 18. ¿Es bueno organizar el mundo para la paz, la justicia y la democracia? ¿Por qué?

II. *Verdad o mentira que:* 1. La Organización de Estados Americanos es una alianza militar y transitoria. 2. La Unión Panamericana es la Secretaría General de la O A S. 3. La Unión Panamericana ha luchado mucho por el bienestar de las Américas. 4. Los Estados Unidos son la autoridad suprema del sistema interamericano. 5. En los seis órganos principales de la O A S están representados todos los países independientes de las Américas. 6. La justicia es base del bienestar de los pueblos.

III. *Traduzca usted estos modismos y empléelos en frases originales:* a eso de; camino de; con dirección a; con todo; de cuando en cuando; de modo que; dejar caer; déjate de ...; hacía dos horas; hacía frío; irse a la francesa; no cabe duda; oír hablar de; ojalá que ...; se trata de; ser amigo de.

VOCABULARY

NOTE

Omitted from the vocabulary are common pronouns, words of identical spelling and meaning in Spanish and English, words ending in –ción which have English equivalents in –*tion*, and a few words which the student can recognize because of their similarity to words in English.   Gender is not indicated for masculine nouns in –o nor for feminine nouns in –a.   A dash (—) indicates repetition of the key word.

The following abbreviations are used:

adj.	adjective	*p.p.*	past participle
adv.	adverb	*part.*	participle
aux.	auxiliary	*Port.*	Portuguese
dim.	diminutive	*pres.*	present
f.	feminine	*prop.*	proper
m.	masculine	*S.A.*	South American
n.	noun, name	*sub.*	substantive, noun

VOCABULARY

A

a to, at, in, on, from, over, around, after, with, for, toward, against; — **los pocos minutos** after a few minutes

abajo down, down below; **boca** — face down; **loma** — down the slope

abandonar to leave, abandon

abertura opening

abierto open, opened

abismo abyss

abogado lawyer

aborrecer to abhor, hate

abrazar to embrace; —**se** put one's arm around, clasp, grasp

abrazo hug, embrace

abrigar to shelter, harbor, have

abrir to open; —**se** open up

absolutista absolute

absoluto complete, absolute

absolver to absolve

absurdo absurd; *n.* nonsense

abuela grandmother

abuelo grandfather; —**s** ancestors

abundancia: en — abundantly

abuso abuse

acá here, over here; **por** — here, around here; **por** — **y por allá** here and there

acabado finished, perfect

acabar to finish, end; — **con** put an end to, do away with; **acababa de ir** I had just gone; **acabo de ir** I have just gone; **al** — **de** when he had finished; **se acabó** that's all, it's all over

acariciar to pet

acaso perhaps, perchance; **por si** — just in case

accidente *m.* accident; incidental feature

acción *f.* deed

aceite *m.* oil

acento accent, tone

aceptar to accept

acerca de about

acercarse to draw near, approach, go up (to), come up, come close, get closer

acero steel

aclarar to clear up

acoger to receive; —**se** take refuge, take shelter

acompañar to accompany, go with

aconsejar to advise

acontecer to happen

acordarse (de) to remember

acortar to shorten

acosar to corner, attack, overwhelm, pursue; vex

acostarse to lie down, go to bed, retire; **acostado** lying

acostumbrar(se) to be accustomed, be in the habit of

actitud *f.* attitude

activo active

acto act

acuático aquatic

acudir to hasten up, hurry, come (running), attend

acueducto aqueduct

acuerdo agreement; **de** — in agreement

acusar to accuse

adaptarse to become adapted

adecuado adequate, suitable

adelantado advanced

adelantarse to go forward, advance

adelante forward, ahead; come in!

de . . . en — from . . . on; **pasar** — to go any further

adelgazar(se) to become thin

ademán *m.* gesture, attitude

además moreover, besides; — **de** in addition to, besides; — **de que** in addition to the fact that

adentro: para — inside

adiós good-bye

adivinar to guess, foretell

adivino fortune teller

adjetivo adjective

administrar to administer

admirable surprising, excellent, splendid

admiración *f.* surprise

admirar to admire

adobe *m.* adobe, sun-dried brick

adoptar to adopt

adorado adored, beloved

adorar to adore, revere

adormecido drowsy, sleepy

adornar to adorn, cover

adorno adornment, ornament

adquirir to acquire, get

adquisitivo acquisitive

aduana customhouse

adulador *m.* fawner

adversario adversary

advertencia remark

advertir to become aware of

aéreo air

afabilidad *f.* affability

afán *m.* eagerness, anxiety; **con** — eagerly

afanoso labored

afectado affected

afeitar(se) to shave

aficionado (a) fond (of)

afirmar to assert, affirm

afligido afflicted, sad

afligir to grieve, trouble; —**se** lose heart

afortunado fortunate, lucky

afuera outside

agacharse to bend down, crouch

agarrar to grasp, grab, seize; —**se** grab each other, clinch; —**se de** hang on to

agente *m.* agent

ágil agile, light, nimble, lively, quick

agilidad *f.* nimbleness

agitadamente violently

agitado excited, upset

agitar to agitate, wave, stir up, move

agonía suffering

agonizar: estar agonizando to be dying

agosto August

agradable pleasant

agradecer to be grateful for, be thankful for; **se les agradece** it is appreciated

agradecido grateful

agradecimiento gratitude

agrario agrarian

agresión *f.* aggression

agresivo aggressive

agrícola agricultural

agricultor *m.* farmer, agriculturist

agricultura agriculture

agrio harsh; sour, disagreeable

agua *f.* water

aguantar to bear up

aguar to spoil

aguardar to wait (for)

aguardiente *m.* brandy

agudísimo very sharp, very severe

agudo sharp, acute

águila eagle

aguileño aquiline

agujero hole

Agustín Augustine

ahí there; **por** — around there, over there, out there; around here; that way

ahogar to drown out

ahora now; — **mismo** right now; **por** — for the present; — **no** not now

ahorcar to hang

ahorita: — mismo immediately
ai = ahí
aire *m.* air, wind
airoso graceful
aislado isolated
¡ ajá! aha!
ajustar to adjust
al = a + el; — ver upon seeing
ala wing; brim
alabanza praise
alabar to praise
alabastro alabaster
alacena cupboard
álamo poplar
alargarse to stretch out, reach, lengthen
Alarico Alaric (*chief of the Visigoths*)
alarido scream, shout
alarma alarm
alarmadísimo greatly alarmed
alarmante alarming
alarmar to alarm
alba dawn
albañilería masonry
alborozo joy
¡ albricias! good news! hurrah!
alcalde *m.* mayor
alcance *m.* scope, extent, reach
alcanzar to attain, reach, catch up with, overtake
alcoba bedroom
aldabonazo knocking
aldea village
alegrar to gladden; —se be glad, rejoice
alegre happy, gay
alegría happiness, joy
alejarse to leave, go away, move away
alemán German
alentar to encourage
alfombra rug, carpet
Alfonso Alphonse
Alfredo Alfred
algo something; somewhat; — así como something like; — de something; en — in some way

algodón *m.* cotton
alguien someone
alguno some, any, one; none
alhaja jewel
alianza alliance, aid
Alicia Alice
aligerar to alleviate, relieve
alimenticio feeding; food, of food; pastas alimenticias food pastes
alimento food
alistarse to enlist
aliviar to relieve, alleviate, relieve of, lighten; —se get better
alma *f.* soul; heart; de mi — my dear
almagre *m.* red ocher
almohada pillow
almohadón *m.* large pillow
almorzar to eat lunch
almuerzo lunch
alpaca *S.A. animal;* alpaca wool
alrededor around, about; —es *m. pl.* surroundings
alterar to change, disturb
alto high, tall, lofty; en — straight up, high; lo — the top; más — louder
altura height
alucinación *f.* hallucination
alumbrado street lights
alumno student
alzar to raise, lift; —se rise, grow
allá there, over there, down there; — en back in; más — beyond; más — de beyond, the other side of; por — over there
allí there
ama housekeeper
amabilidad *f.* kindness
amable kind
amado beloved
amaestrar to train
amago threat
amanecer to dawn, get light; appear; *n. m.* dawn
amante loving; *n. m. or f.* lover; love

amar to love
amargar to make bitter
amarillento yellowish
amarillo yellow
amarrar to tie
Amazonas Amazon River
ambos both
Ambrosio Ambrose
amenaza threat, menace; **de —** threatening
amenazador threatening
amenazante threatening
amenazar (con) to menace, threaten
ameno pleasant, pleasing
América del Norte North America
ametralladora machine gun
amigo friend; **ser — de** to be fond of, have a taste for
amiguito little friend
amistad *f.* friendship
amistoso friendly
amo master
amor *m.* love; **—es** love affair(s); **con —** lovingly; **de —** amorous
amorcito dear, darling
amoroso amorous
amparar to shelter, protect
Amparo *prop. n.*
amuleto amulet, charm
Ana Anna
anacronismo anachronism
Anáhuac *valley in Mexico*
anales *m. pl.* annals, records
analizar to analyze
anarquía anarchy
anca haunch
anciano old, ancient
ancho wide, broad
andar *m.* gait, waddle
andar to go (around), walk, wander, prowl, start, leave; be; ¡ andando! let's get going! no anda en he doesn't get mixed up in
Andes *mountain range in S.A.*
andino Andean
Andújar *city in Spain*

anécdota anecdote
ángel: estar con los **—es** to be in the seventh heaven
angelito little angel
anglosajón Anglo-Saxon
angustia anguish, distress
angustiado distressed
angustiarse to become distressed
animación: con **—** lively
animado animated
animalito small animal, creature
animar to animate, encourage; **—se** become lively
ánimo courage, spirit; sentirse con **—** to have the heart to
aniquilarse to waste away
anoche last night
anochecer *m.* nightfall
anonadar to crush, annihilate
anónimo anonymous
ansiedad *f.* anxiety
ante before, in the presence of, in the face of, to, at, with
antepasado ancestor
anterior before, preceding, former; **— a** prior to, earlier than
antes before, formerly, first; **— de (que)** before
antier day before yesterday
antiguo old, ancient; los **—s** ancient people
Antillas Antilles
antimonio antimony
antojársele to take a fancy
Antonio Anthony
anual annual
anunciar to announce, advertise
anuncio advertisement
añadir to add
añejo old
añil indigo
año year; **— de** in the year; los **—s que tengo** my age in years; tener ... **—s** to be ... years of age
apacible peaceful, gentle, placid

apagar to extinguish; —se go out

aparecer(se) to appear, be seen; turn up

aparición *f.* apparition, ghost; appearance

apariencia appearance

apartar to push aside, push away, drive away; —se withdraw, turn aside; ¡ aparta! to one side!

apenas scarcely, hardly, no sooner

aperito small riding outfit

aplastar to squash, flatten out

aplicar to apply

aplomo self-possession

apoderarse de to seize, take possession of

apostar to wager, bet

apóstol *m.* apostle

apoyar to support, lean; apoyado leaning

apoyo aid, support

apreciar to esteem, appreciate

aprender to learn

aprendiz *m.* apprentice

aprensión *f.* apprehension, baseless idea

apresurarse to hasten, hurry

apretar to press, squeeze, clench

aprobación *f.* approval

aprovechar(se) (de) to take advantage of

apuntar to aim (at)

apurarse to worry

aquel that; aquél *pron.* that one, the former

aquello that, that thing, all that

aquí here; por — this way; here, around here; por — y por allá here and there, back and forth

aquietar to quiet, calm

árabe Arabic

arada plowed field; campo de — plowed field

arado plow

arañazo scratch, blow with the claw

arar to plow

arbitraje *m.* arbitration

árbol *m.* tree

arboleda grove

arca chest

archivo archive

arder to burn

arena sand

arenoso sandy

argentino Argentine, Argentinian

argüir to argue

arisco churlish

aritmética arithmetic

arma weapon

armador *m.* builder and equipper of ships

armar to arm; mount, set up, equip, outfit; —se set up, equip

armario wardrobe

armiño ermine

armonía harmony

aroma *m.* fragrance

arqueólogo archeologist

arquero archer

arrancar to tear away, take from

arrastrar to drag; —se drag oneself along

¡ arre! get up!

arreciar to become stronger

arreglar to arrange, fix, adjust, get ready

arreglo arrangement

arremeter to attack

arrepentido repentant

arrepentirse to repent

arrestar to arrest

arriba up; up with you; calle — up the street

arrodillarse to kneel

arrojar to throw (away), cast, hurl

arroyo brook, creek, stream; sacar del — to take out of the gutter

arroz *m.* rice

arrugado wrinkled

arrullar to lull

arte *m. or f.* art; profession; galería de — art gallery

artesano artisan, mechanic
articular to utter
artículo article
artillería artillery
artista artistic; *n. m.* artist
artístico artistic
asar to roast
ascendente ascendant
ascender (a) to reach, ascend
ascenso ascent, climb
ascético ascetic
asegurar to assure, insure
asentir to agree
aseo neatness
asesinar to assassinate, murder
asesinato murder
asesino murderer
así so, thus, like this; this big; — como just as; — ... como both ... and; — no más just like that, as easy as that
asiento seat, chair; site
asilo asylum, refuge
asimilar to assimilate
asistir to attend
asociar to associate; —se become associated, associate
asomar(se) (a) to look out, peer into
asombrar to astonish, cause surprise; —se be surprised
asombro surprise, astonishment
asombroso astonishing, astounding
aspecto appearance, aspect
aspereza harshness; con — harshly
áspero rough, hard, harsh, difficult; wild
aspirar to aspire, covet; inhale
astrónomo astronomer
astucia cunning
astuto clever, sly, crafty
asumir to assume
asunto matter, affair; point
asustar to frighten, scare
atacar to attack
ataque *m.* attack
atar to tie (up)

ataúd *m.* coffin
atención *f.* care; llamar la — to call one's attention
atender to attend (to), wait on
atlético athletic
atmósfera atmosphere
atómico atomic
atontado dazed, stunned
atraer to attract, draw
atrás back; ¡ —! get back!
atraso backwardness
atravesar to cross; pierce
atrayente attractive
atreverse to dare, take a chance, go so far as; — a tanto go so far
atrevido bold, daring (person)
atribuir to attribute
audacia audacity
audaz audacious, bold
aullido howling
aumentar to augment, increase
aumento increase
aun even, yet, still, although
aunque even if, although
ausencia absence
autómata *m.* automaton
autónomo autonomous
autor *m.* author, writer; cause
autoridad *f.* authority
auxilio help, aid
avance *m.* advance
avanzar to advance, go on
ave *f.* bird
avemaría Hail Mary (*a prayer*); ¡ Ave María! goodness!
avenida avenue
aventura adventure
aventurero adventurer
averiguar to ascertain, find out
avicultura rearing of birds
Ávila *city in Spain*
avión *m.* airplane
avisar to inform, warn
aviso advertisement
¡ ay! alas! ah! oh! ¡ — de ti! woe is you!

Ayacucho *city in Peru*
ayer yesterday
ayllu *basic Inca group*
ayuda help, aid
ayudar to help
ayunar to fast
azogue *m.* quicksilver
azteca Aztec
azúcar *m.* sugar; caña de — sugar cane
azucena lily
azufre *m.* sulphur
azul blue

B

babear to drivel, slobber
bailar to dance
baile *m.* dance
Baja California Lower California
bajar to go down, climb down, come down, get off, fall, lower, lay low, bring down
bajío sandbank
bajo under, beneath; *adj.* low, lowered, down
bala bullet
balazo shot; bullet wound
balcón *m.* balcony
Baleares Balearic Islands
bálsamo balsam
ballesta crossbow
bananito small banana
banano banana
banco bench
bandeirantes (*Port.*) *pl.* pioneers
bandera flag, banner
bandido bandit
banquillo small bench, stool
banquito small bench
bañar to bathe; soak
bañista bather
barato inexpensive, cheap
barba beard
barca boat
barraca cabin

barrer to sweep
barrigón big-bellied
barril *m.* barrel
barrio district, suburb, neighborhood
barro clay
Bartolomé Bartholomew
basar to base
base *f.* foundation, basis
básico basic
bastante enough
bastar to be enough; ¡ basta! enough!
Basuto *prop. n.*
batalla battle
batir to beat, move
baúl *m.* trunk
beata very religious woman
beber to drink; —se drink down; dar de — give one a drink
bellaco sly, cunning; *n.* knave; el muy — the big knave
belleza beauty
bellísimo very beautiful
bello beautiful
bendito blessed, holy; (*derogatory*) confounded
beneficio benefit, profit
Benito *prop. n.*
besar to kiss
Beseroles *prop. n.*
beso kiss
bestia beast, animal, wild animal
Betina *prop. n.*
Biblia Bible
biblioteca library
bien *m.* welfare, good; —es property
bien well, nicely, very well; está — very well; lo — que the good way in which; más — rather; más — que rather than; pues — well then
bienestar *m.* comfort, well-being, sense of well-being
bigote *m.* moustache
bigotillo small moustache

273

billete *m.* ticket; bill; — de banco banknote
billón *m.* billion
bizarría: con — flashily
Blancaflor *prop. n.*
blanco white, fair, pure; en — blank; *n.* white man
blancura whiteness
blanquísimo very white
blasfemia blasphemy
boca mouth; — abajo face down
bocacalle *f.* street intersection
bocado mouthful
bocina receiver
boda(s) wedding
bodega wine cellar
bola ball
boleador *m.* cowboy
Bolívar, Simón (1783–1830) *S. A. hero*
bolsa purse, moneybag
bolsillo pocket
bomba bomb
bondad *f.* kindness, act of kindness, goodness; tenga la — de please
bondadoso kindly
bonito pretty; bien — very nicely
boquilla cigarette holder
boquita tiny mouth
borracho drunk; *n.* drunkard
borrica small donkey
bosque *m.* forest, woods
bostezar to yawn
bota boot
botella bottle
botica drugstore
boticario druggist
botija large jar, jug
botón *m.* button
bramar to roar
bramido roar, cry
Brasil (el) Brazil
brasileño Brazilian
¡ bravo ! hurrah !
brazo arm; del — by the arm
brea tar, pitch
breve short

breviario breviary, prayer book
bribón *m.* rascal, vixen
brillante bright, gleaming, magnificent
brillar to shine, flash, gleam
brillo flash, gleam, brilliancy, brightness
brincar to jump
briosamente vigorously
brisa breeze
Británico British
broma joke, jest
bronce *m.* bronze
brotar to gush, break forth, come out, flow
bruja witch
brujo wizard, magician
brusco brusque, abrupt
bruto crude, beastly; *n.* brute, beast; el — de ... that blockhead of a ...
bucle *m.* curl
bueno good, well, very well; ¿ a dónde —? where are you going ? buenas good afternoon; como — as far as being good is concerned
bufar to snort
bufido snort, bellow
bullicioso lively
buque *m.* boat, ship
burbuja bubble
burla joke, jeer, mockery; hacer una — to play a joke *or* trick
burlarse to make fun
burlón mocking, scoffing
burrito little donkey
burro donkey
busca search; en — de in search of; en mi — after me
buscar to search (for), look for; mandar — send them to look for

C

cabalgar to ride
caballar: ganado — horses

274

caballero gentleman; knight; horseman, rider

caballo horse

cabecera: médico de — doctor in charge

cabellera head of hair

cabello(s) hair

caber to be room for; no cabe duda there is no doubt

cabestro halter; de — by the halter

cabeza head; estar a la — to lead; volver la — look around

cabezazo stroke with the head

cabildo town hall

cabina cabin

cabo end; al — finally, at last; al — de after

cabra goat

cabrón m. he-goat

cacao cocoa

cacería hunt

caco sneak thief; Cacus (a mythological figure slain by Hercules for stealing)

cada each, every

cadáver m. corpse

Cadereita prop. n.

caer(se) to fall (down), fall down on; al — la tarde at dusk; dejar — drop; no cae it doesn't get caught

café m. coffee

caja box; cash register

cajetilla package

calar to soak; calado hasta los huesos soaked to the skin

Calaveras a town

calculador calculating

calcular to estimate, calculate

caldo broth

calentar to heat, warm; —se get warm

calidad f. quality

cálido warm, hot

caliente warm, hot

calma calmness; be calm; con — calmly

calmar to calm; —se become calm

calor m. heat, warmth

calzado footwear

calzones m. pl. trousers

callado silent

callar to become silent, keep silent

calle f. street

calleja alley

callejero street, of the streets

callejuela narrow street

cama bed

cámara chamber

camarada m. comrade

cambiar to change, exchange

cambio change, exchange; a — de in exchange for; en — on the other hand

caminar to travel, go, walk (along)

camino road, way, highway; — de on the way to, for

camión m. bus, truck

camisa shirt

campamento encampment

campana bell

campanilla small bell

campechano plain; cheerful

campión m. champion

campo field, country

Canarias Canary Islands

canario canary

canasta basket

canción f. song

candela candle; live coal

canoa canoe

cansado tired

cansancio weariness

cansarse to get tired

cantar to sing; crow

cántaro pitcher, jug; llover a —s to pour down rain, rain pitchforks

cantidad f. quantity, amount

canto song, singing

caña cane, reed, rush

275

cañada ravine, dell
cañizo reed bunk
cañón *m.* barrel
caos *m.* chaos
capa cape, cloak
capaz capable, able; — **de** able to
capilla chapel, small church
capitán *m.* captain
capricho caprice, whim
caprichoso capricious, whimsical
capturar to capture
cara face; **darle la** — to look straight at him; **echar en** — accuse
carabela caravel
carabina carbine, rifle
caracol *m.* snail; ¡ —**es!** the deuce!
característica characteristic
caracterizar to characterize
carcajada burst of laughter; **a** —**s** boisterously; **soltar una** — to burst into laughter
carecer (**de**) to lack, be lacking in
carga load, burden; **volver a la** — to keep at it
cargar to load (on); carry; charge; — (**con**) carry; — **de** load with; **cargado de** loaded with, full of
Caribe Caribbean
caridad *f.* charity
cariño affection; **con** — affectionately, affably; kindly; **hacer** —**s** to be nice to
cariñoso affectionate, affable, endearing
Carlos Charles
Carmela Carmen; Carmelite Order
Carmelina dear Carmen
carne *f.* meat, flesh; —**s** flesh
carnero mutton, sheep; *district of a city*
carpintería carpentry
Carrara *city in Italy*
carrera career
carta letter; card; chart; charter
cartera wallet; portfolio
cartucho cartridge

casa house, home; **a** — home, to my house, to the house; **a** — **de** to the home of; **en** — in the house, at home
casado married
Casares, El *name of a bandit*
casarse (**con**) to get married (to), marry
Casas, Bartolomé de las *Spanish missionary of the 16th century*
cascabel *m.* bell; **víbora de** — rattlesnake; **serpiente de** — rattlesnake
caserón *m.* large house
casi almost, nearly
casita small house
caso case, matter, affair; **en todo** — at all events; anyway; **hacer** — **a** (*or* **de**) to pay attention to; **poner un** — take a case
casona mansion
casta caste
castaño brown, hazel
castellano Castilian
castigar to punish
castigo punishment
Castilla Castile
castillo castle
casualidad *f.* chance; **por** — by chance
Catalina Kathleen
¡ **cataplum!** bang!
catedral *f.* cathedral
categoría category, rank
Catica *prop. n.*
católico Catholic
catorce fourteen
caucho rubber
caudillo commander
causa cause; **a** — **de** because of
causar to cause
cavar to dig
caza hunt, chase; **estando de** — while hunting
cazador *m.* hunter
cazar to hunt
cds. = **cuadrados**

cebada barley
cebado on the prowl; animal that has tasted human flesh
cebolla onion
cebollita small onion
ceiba silk-cotton tree
ceja eyebrow
celda cell
celebrar to celebrate, hold; rejoice over; say
celos *pl.* jealousy; **causar** — to make one jealous
celoso jealous
cementerio cemetery
cemento cement
cena supper
cenar to have supper
ceniza(s) ashes
centavo cent
centeno rye
central *f.* center, establishment
centro central; *n.* center, downtown
ceñir to surround, put around
cepillar to brush
cerámica pottery
cerca close, near; — **de** near, close to, about; **de** — from a short distance, closely
cercanías *pl.* vicinity
cercano near, close
Cerdavo *an island*
cerdo pig
cerebro brain
cerradura lock
cerrar to close
cerveza beer
cesar to stop; **sin** — endlessly
cesto basket
ciego blind
cielito little heaven
cielo sky, heaven; **mi** — my dear; **parecer un** — to seem heavenly, be as nice as can be
ciencia science
ciento (one) hundred
cierto certain, true; a certain

ciervo deer
cigarrillo cigarette
cigarro cigar
cima top
cimientos *pl.* foundation
cinco five
cincuenta fifty
cinema *m.* movies
cínico cynical
cinta ribbon
cintura waist; **a la** — around his waist
circular to spread
círculo circle
circunstancia circumstance
cirio taper
cirujano surgeon
cita date, appointment
ciudad *f.* city; — **estado** city-state
ciudadano citizen
civilizador civilizing
civilizar to civilize
claridad *f.* brightness, light
claro clear; of course; — **está** of course; ¡ — **que sí!** of course!
clase *f.* kind
clasificar to classify
claustro cloister; monastic life
clausurar to close
clavar to nail, fasten, fix (on), force in, drive; —se be fixed
clave *f.* clue
clavel *m.* carnation
cliente *m.* client
clínica clinic
coartada alibi; trap
cobalto cobalt (blue)
cobijar to cover
cobrar to collect, receive
cobre *m.* copper; **de** — copper-colored, red
cocina kitchen
coco coconut
coche *m.* coach, car
codicia greed, greediness
codicioso greedy, covetous

277

código code of law
codo elbow
cofre *m.* coffer
coger to grasp, seize, take hold of, catch, pick up, gather, take; — de take by; cogidos de las manos hand in hand; dejarse — let oneself be caught
col *f.* cabbage
cola tail; glue
colectivismo collectivism
colectivo collective
colega *m.* colleague
colegio academy, boarding school
cólera anger; *m.* cholera
colérico angry
colgaduras *pl.* tapestry
colgar to hang (up), hang down
cólico colic
colmo height, limit; — de los —s absolute limit
colocar to put, place
Colón Columbus
colonia colony
colono colonist
coloquio talk
color: de — colored
columna column
collar *m.* necklace
comando command
comedor *m.* dining room
comentar to comment, remark
comentario remark, commentary; hacer —s to comment
comenzar to begin
comer to eat; —se eat (up); no tendrá qué — she will have nothing to eat
comerciante *m.* merchant
comercio commerce, trade
cometer to commit
comida meal
comienzo beginning
como as, like, how, as if, just as, such as, since; — si as if; así — just like, just as; tan ... —

as ... as; ¿cómo? what? what do you mean? ¿cómo de ...? what do you mean by ...? ¡cómo no! of course! indeed! why not?
compadecerse (de) to feel sorry (for), pity
compadre *m.* bosom friend, dear friend; old chap
compadrito my dear fellow
compañero companion, associate
compañía company
comparar to compare
compartimiento section
competir to compete
complacer to please, grant one's wish; —se take pleasure
complejo complex
complementar to complement
completar to complete
completo complete; por — completely
complicado complicated
cómplice *m.* accomplice
componer to compose, make (up); —se compose; —se de consist of
comprar to buy
comprender to understand, realize; comprise
compuesto *p.p. of* componer
comulgar to receive communion
común common
comunidad *f.* community
con with, toward, against; ¿—...? am I talking to ...? —... you are talking to ...
concebir to conceive
conceder to grant
concejo council
concentrar to concentrate
concertar to agree (on), arrange; —se come to an agreement
conciencia conscience, consciousness
concierto concert
concluir to end, finish, conclude, be over

concubina concubine
concha shell
conde *m.* count
condenado condemned, damned, confounded; confound you!
condenar to condemn
condesa countess
conducir to lead, conduct, take; drive
conferencia conference; talk
conferenciar to confer
confesar to confess (one's sins), go to confession
confesor *m.* confessor
confianza confidence, trust; muchacho de — right-hand man
confiar to confide, trust
confidencia confidential information, confidential remarks
confirmar to confirm
conflicto conflict
conforme in agreement; — a depending on, in agreement with
conformidad *f.* resignation; be patient
confundido confused, taken aback
confundir to confuse; —se mix, intermingle
confuso confused, blurred
congreso congress
conmover to move
cono cone, mountain
conocedor familiar (with); *n. m.* connoisseur, expert
conocer to know, be acquainted with, know about; meet
conocimiento acquaintance, knowledge; consciousness
conque and so; well, then
conquista conquest
conquistador *m.* conqueror
conquistar to conquer, win
consagrar to consecrate, devote
consecuencia result; a — de because of
consecutivos in succession

conseguir to obtain, get, achieve
consejero adviser
consejo counsel, advice; council
consentir to permit
conservar to keep, preserve
considerar to bear in mind, think over
consiguiente: por — consequently
consistir (en) to consist (of)
consolar to comfort
consonante *f.* consonant
constancia constancy
Constanza *prop. n.*
consternar to terrify
constituir to constitute, form, establish
constructivo constructive
constructor *m.* builder
construir to construct, build
consuelo consolation
consulta consultation, conference
consultar to consult (with)
consultivo consultative, advisory
consumir to consume; afflict
consumo consumption
contacto touch, contact; entrar en — to come in contact; tomar — make contact
contagio contagion
contaos = contados
contar to count; tell, relate
contemplar to look at
contendiente *m.* adversary
contener to hold; —se restrain oneself
contenido contents
contentarse to be satisfied
contento satisfied, pleased; *n.* contentment
contestar to answer
continente *m.* continent
continuar to continue, go on
contra against, contrary to; at
contraer to contract
contrario opposite; al — on the contrary; lo — the opposite;

todo lo — very much to the contrary

contrastar to contrast

contrato contract

contribuir to help

controlar to control

convencer to persuade, convince

convenido agreed

convenir to be suitable, be fitting, be proper; agree

convento convent, monastery

conversar to talk

convertir to change; **—se** change, become

convidar to invite

convocar to convoke, summon

cooperar to cooperate

coordinar to coordinate

copa goblet, glass; drink; top

copal pom *m.* incense

copita small glass; drink

coqueta coquettish

corazón *m.* heart; **de —** sincerely; **el — es** one's heart is

cordero lamb

cordialmente cordially

Córdoba *city in Spain*

cordón *m.* cord

coro chorus; **en —** together

corona crown; ring

coronar to crown

coronel *m.* colonel

coronilla tonsure

corral *m.* yard, enclosure; **aves de —** domestic fowl

correcto irreproachable

corredor *m.* corridor, hall

correr to run, run on, speed on, run over; undergo

corresponder to return (a favor), correspond, return one's love

correspondiente corresponding

corresponsal *m.* reporter

corriente *f.* current

cortada cut, gash

cortar to cut, cut off, cut out

cortejo cortege, procession

cortés courteous, polite

cortesía courtesy

corto short

corzo roe deer

cosa thing; matter, affair; **otra —** nothing else; **poca —** a trifle; **una —** something

cosecha harvest, crop

cosita little thing, trifle

cósmico cosmic

cosmopolita cosmopolitan

cosquilleo tickling sensation, urge

costa coast

costar to cost

costumbre *f.* habit, custom; **—s** ways; **como de —** as usual

coto goiter

Coyaima *a town*

crear to create, start; **todo lo creado** all creation

crecer to increase, grow, get big

creciente increasing

crecimiento growth, increase

crédito credit; **documento de —** security, collateral

credulidad *f.* credulity

creencia belief

creer to believe; **¡ya lo creo!** I should say so! indeed!

crema cream

cría raising

criada maid, servant

criadero bed

criado servant

criar to raise, bring up

crimen *m.* crime

criollo Creole; Latin American; *person of Spanish descent born in America*

cristal *m.* glass, crystal

cristianismo Christianity

cristiano Christian

Cristo Christ

Cristóbal Christopher

crítico critic

crónica chronicle, story, report
crudo raw
crueldad *f.* cruelty; mirar con —
to have a cruel look
crujir to creak
cruz *f.* cross, sign of the cross
cruzar to cross, go; —se con meet
cuadra block
cuadrado square
cuadrarse to stand at attention
cuadro picture, scene; chart
cual: el — which; *adv.* like
¿ cuál? which ? which one ?
cualquiera any, any at all, any one
at all; — cosa anything at all;
something unforeseen; — que
sea whatever may be; un idioma
— any language
¡ cuán! how!
cuando when; de — en — from
time to time
cuanto as much as, how much, all
that; en — a as for; unos —s
several, a few; ¿cuánto? how long ?
cuarenta forty
cuartel *m.* quarters, barracks
cuartillo quart measure
cuarto room; quarter; las . . .
menos — a quarter to . . .; y —
a quarter past
cuatro four; a few
cubierto covered
cubrir (de) to cover (with)
cucharadita teaspoonful
cuchillo knife
cuello neck; collar; al — around
one's neck
cuenta account, accounting; dar
— de to make a report on; darse
— de realize; por su — for himself
cuento story, tale
cuero leather, hide; un — a piece
of leather
cuerpo body; de — in body
cuesta hill; way; a —s on one's back,
over one's shoulder

cuestión *f.* matter, problem
cueva cave, nest
cuidado care, attention; ¡ —! be
careful! take care! con — carefully
cuidadosamente carefully
cuidar (de) to care for, take care of,
look after
culebra snake
culpa fault, blame, guilt
culpabilidad *f.* guilt
culpable guilty, guilty one
cultivar to cultivate, till, raise
cultivo cultivation, raising
culto cultured, elegant; *n.* cult
cultura culture
culturalmente culturally
cumbre *f.* summit
cumplir (con) to fulfil, keep, carry
out
cuna cradle, origin, source
cuñado brother-in-law
cúpula dome
cura *m.* priest
curación *f.* cure, healing; hacer las
curaciones to apply the remedies
curar to cure (of), alleviate
Curi *prop. n.*
curiosear to pry
curiosidad *f.* curiosity, rare object;
con — curiously
curiosísimo very strange
curioso strange; lo — the strange
thing
curita *m.* little priest
Curro *dim. of* Francisco
curso course
curva curve
curvar to curve, bend
cuyo whose
Cuzco *city in Peru*

Ch

chalán *m.* horsedealer
chapear to inlay

chaqueta jacket
chaquetín *m.* short jacket
charlar to chat, talk
charlatán *m.* quack
charro cowboy
che hey, eh
Chemal *a village*
Chepe *prop. n.*
Chiantla *a town*
Chibcha *Indian group in Colombia*
chica young girl
chico young boy, young fellow
chicuela young girl
Chiflas *prop. n.*
chileno Chilean
chimán *m.* sorcerer
chino Chinese
chiquillo youngster
chiquito tiny; *n.* small boy, young fellow
chisme *m.* gossip
chispa spark, flash
chispita small spark
Chitzajay *a town*
chocar to collide; smash
chofer *m.* driver, chauffeur
cholo half-breed
chorlito linnet
chorrear to drip
choza hut, hovel
chupar to suck (on), drain

D

daga dagger
dama dame, lady
damajuana demijohn
danzar to dance, whirl
daño damage, harm; hacer — to hurt, harm
dar to give, give out, put out; hit, strike; take; give vent to; — con find, hit upon; — en start to; — que beber give something to drink; —se give oneself over,

dedicate oneself; —se a take to; —se por consider oneself (as)
Darío *prop. n.*
datos *pl.* data, facts
de of, from, about, in, with, as, by, for, to; ... — a diez dólares ten-dollar ...; más — more than
debajo under (it); — de under, beneath
deber *m.* duty
deber to owe, ought, should, must; deberá will; debido a due to, because of
debido due
débil weak
debilidad *f.* weakness
decadencia decadence
decaer to decay, decline
decididamente decidedly
decidir(se) to decide
décimo tenth part of a lottery ticket
decir to say, tell, speak up; es — that is to say; querer — mean; dicho aforesaid, above-mentioned; se dice it is said, one says
decisivo decisive
declarar to declare
decorar to decorate
dedicar to dedicate, devote
dedo finger
deducir to deduce
defecto defect
defender to defend
defensa defense
definir to make stand out
definitivo definitive
degollar to behead, decapitate, cut one's throat
dejar to allow, let, leave, leave for; abandon; — de stop, cease; fail; déjese de ... stop your ..., never mind your ...
delante de in front of, at the head of
delegado delegate
deleite *m.* delight, pleasure
deletrear to spell

delgado thin, slender
delicadeza delicacy, daintiness
delicado delicate
delicia delight, joy
delicioso delightful, delicious
delito crime
Del Mar *prop. n.*
demandar to sue
demás: lo — the rest; los — the rest, the others; other(s); por — exceedingly, most
demasiado too, too much
Demetrio *prop. n.*
democracia democracy
democrático democratic
demonio demon, devil; ¡ qué —s! what in the deuce!
demostrar to demonstrate, show
denso dense
dentro (de) within, inside; por — from within
denunciar to denounce, accuse; proclaim
departamento department
depender (de) to depend (on), rely (on)
dependiente *m.* clerk
deponer to depose
derechazo blow with the right fist
derecho right; straight; a la derecha to the right; *n.* law, equity; right
derivar to derive
derramar to shed
derredor: en — de around
derretir(se) to melt (away)
derrumbe *m.* landslide
desacreditar to discredit
desalentar to discourage
desaliento discouragement; tener — to be discouraged
desamparado needy
desaparecer to disappear
desarrollar to develop
desarrollo development
desarrugar to smooth out

desastre *m.* disaster; nuisance
desatar to untie
desayunarse to eat breakfast
desayuno breakfast
descansar to rest
descanso rest
descarga volley of shots; — cerrada volley
descargo discharge; satisfaction; penance
descender to go down, descend
descendiente *m.* descendant
descolgar to take down; —se slip down, descend
descolorido discolored, faded
desconcertante disconcerting
desconfiado mistrusting
desconfianza distrust, lack of confidence, suspicious fear
desconocer to fail to recognize
desconocido unknown
descorazonado discouraged
descorazonarse to become discouraged
describir to describe
descrito *p.p. of* describir
descubierto *p.p. of* descubrir
descubridor *m.* discoverer
descubrimiento discovery
descubrir to discover, disclose; find out
descuidar to be careless, neglect, overlook
desde from, since; — que since; — hace (hacía) for
desdén *m.* disdain
desdeñoso disdainful
deseable desirable
desear to desire, wish, want
desempeñar to perform
desencadenarse to break out
desenojar to pacify, placate, appease
deseo desire, wish
desesperación *f.* despair
desesperado desperate, in despair

desesperar(se) to lose hope, despair, become desperate, fret
desfallecer to faint, grow weak
desgarrar to claw to pieces, tear
desgracia misfortune; por — unfortunately
desgraciado unfortunate, unhappy
deshacer to undo; break; —se de get rid of
deshecho broken
deshonra dishonor
deshonrar to dishonor
desierto deserted; n. desert
designar to designate, name
desilusión f. disillusion
desintegrarse to disintegrate
deslizarse to slip by, glide by
desmantelado dismantled
desmayo fainting fit, swoon
desmesuradamente excessively
desmontarse to dismount
desnudarse to undress
desnudo bare, naked
desobedecer to disobey
desocupado idler
desolado desolate, disconsolate
despacio slowly
despacho office; — de billetes ticket office
despedida farewell; hacer señas de — to wave good-bye
despedirse (de) to take leave (of), say good-bye (to)
despertar to awaken, arouse; wake up
desplegar to spread
despreciar to scorn, despise, slight
después afterward, later; next, then; — de (que) after; poco — a little later, shortly after
destapar to open, uncork
destinar to destine, intend, set aside
destino destiny
destronar to dethrone
destruir to destroy
desvalido destitute

desventura misfortune, mishap
desvergonzado shameless
detallado detailed
detalle m. detail
detener to stop, detain; arrest; —se stop
detrás behind; — de behind, in back of; me le fuí — I went behind you
devoción: con — devotedly
devolver to return, give back
devorar to devour, take in
devoto devout
día m. day; —s life; buenos —s good morning; de — by day, in the daylight; ocho —s a week; todos los —s every day; un — d'éstos one of these fine days
diablo devil; ¡ — ! good gracious! cosas del — the Devil's work; de todos los —s terrible; del — confounded; ¿ dónde —s? where in the deuce? pobre — poor dupe; ¡ qué —s! what in the deuce!
diabólico diabolical
dialecto dialect
diálogo dialogue
diamante m. diamond
¡ diande! the deuce!
diario daily; n. daily paper; diary
diccionario dictionary
dictar to dictate
dicha happiness
dichoso lucky, happy; — usted happy are you
dieciséis sixteen
diente m. tooth; murmurar entre —s to mutter
diez ten; de — en — in groups of ten
diferencia difference
diferenciarse to differ
diferente different
difícil difficult, hard
dificultad f. difficulty
difundir to diffuse, spread, scatter

difunto defunct; *n.* dead man
dignarse to deign
dignidad *f.* dignity
digno worthy, deserving
dilatar to dilate, make large
diligencia care; errand
diligente careful
dimitir to resign
dinámico dynamic
dinamita dynamite
dinerito: algún — a little money
dinero(s) money
Dionís *prop. n.*
Dios God; **con** — minding one's own business; **de** — blessed; **¡ por** —**!** in the name of Heaven! for the sake of the Lord! **¡ Santo** —**!** good heavens! **todo sea por** — God's will be done
diplomacia diplomacy
diplomático diplomatic
dirección: con — a toward, for
director *m.* editor
dirigir to direct, control; say; —**se** go, make one's way; address
discípulo disciple
discreto prudent, clever
disculpar to pardon, forgive
discurso discourse, speech
discutir to discuss
disecado stuffed
disgusto annoyance, displeasure
disimular to dissimulate, hide one's feelings
disimulo dissimulation, deception; **con mucho** — very slyly
disipar to dissipate
disminuir to diminish
disparar to shoot, fire
disparo shot; **hacer** —**s** to fire shots
disperso dispersed, scattered
disponer to dispose, prepare, arrange; order, resolve; direct; —**se** get ready; —**se de** have at one's disposal
disposición *f.* aptitude

disputar to argue, question; fight for; —**se ...** fight among themselves over ...
distancia distance
distar to be distant
distinción *f.* distinction
distinguir to distinguish, tell; —**se** be distinguished, be esteemed
distinto different, distinct, distinctly
diversificar to diversify
diverso diverse, varied
divertido entertaining
divertirse to enjoy oneself, have a good time
dividir to divide
divino divine
divulgar to divulge, reveal
doblar(se) to double, fold, bend (over)
doble double, twofold
doce twelve
doctrina doctrine
documento document; collateral
dólar *m.* dollar
doler to pain, hurt; grieve
doliente sorrowful
dolor *m.* pain; sorrow
Dolores *prop. n.*
dolorido doleful
domesticar to domesticate
doméstico domestic
dominante dominating, domineering
dominar to dominate, master, rule; control; overpower, keep under control
domingo Sunday
dominico Dominican
dominio domination, control, rule, authority
don *a title used only when Christian name is given*
don *m.* gift
doncella maiden, young lady; **Santa Ana de las** —**s** *a town*
donde where; which, place in which;

285

por — through which, through the place where

doña *a title used only when Christian name is given*

dorado golden

dorar to gild

dormido asleep

dormir to sleep; —se fall asleep

Dorotea Dorothy

dorso back

dos two, a couple of; en un — por tres in a jiffy

dramatizar to dramatize

droga drug

dubitativamente doubtfully

duda doubt; no cabe — there is no doubt; sin — no doubt; of course

duende *m.* hobgoblin

dueño owner, master

dulce sweet, gentle, pleasant

dulce *m.* candy

dulzura sweetness, gentleness; con — gently

durante during, for

durao = durado

durar to last

duro hard, harsh, severe

duro *coin worth 5 pesetas*

E

e and

¡ea! come now!

ebrio drunk

eco echo

economía economy

económico economic

economista *m.* economist

economizar to save

echar to throw, throw out, throw around, cast, lay, turn out, turn loose, put out; knock; establish; give; blow out; deal; start; — a start to; throw around; —se put; throw oneself; lie down; —se a start to; —se encima bring upon oneself; echado lying

down; llevar echado be wearing, have on

edad *f.* age

edificar to build

edificio building

educación *f.* training

educar to educate, train, raise

efectivamente in fact

efecto effect; en — in fact

eficacia efficacy; no tener — to have no power

efímero ephemeral

Efraín *prop. n.*

efusivamente effusively

egipcio Egyptian

Egipto Egypt

ejecutar to execute, carry out

ejemplar exemplary

ejemplo example; por — for example

ejercer to exercise, perform

ejercicio exercise

ejército army

elástico elastic

Eleá *prop. n.*

elegancia neatness

elegante stylish, fashionable; graceful

elegir to elect

elemental elementary

elemento element; resource

elevar to elevate, raise

Elías *prop. n.*

Elisa *prop. n.*; El Santa — *name of a ship*

elocuencia eloquence

elocuente eloquent

elogio praise

ello it; that; — fué the fact was that

Ema Emma

emanar to emanate, arise

embajador *m.* ambassador

embarcarse to embark, get in

embargo: sin — yet, nevertheless

embolsarse to put in one's pocket

embozado muffled
embudo funnel
emergencia emergency
emigrar to emigrate, migrate
emisario emissary
Emita *dim. of* Ema
emocionado thrilled, moved
emocionante thrilling
emocionar to touch
empedrador *m.* stone paver
empedrar to pave
empeñarse to insist, persist
empeño determination
empezar to begin
empleado employee
emplear to use, employ
empleo job, position
emprendedor enterprising
emprender to undertake, engage in
empresa undertaking, enterprise
empujar to push, shove, drive
empuje *m.* push, pressure
en in, into, on, around, about, with, by, from, at, near
enamorado in love, enamored, smitten; — de in love with
enamorado lover
enamorar to enamor, win the affections of; —se (de) fall in love (with)
encaje *m.* lace
encaminarse to go, make one's way
encantado charmed, thrilled; enchanted, in a spell
encantador charming
encantamiento enchantment
encantar to charm
encanto charm, spell; delight, joy; por — by magic; ¡ qué —! how charming!
encararse con to face
encargarse to take charge
encarnar to incarnate, embody
encender to light, turn on, burn
encendido burning, lit
encerrar to enclose, shut (up), lock

(up), put under lock and key; contain; —se lock oneself up
encima on top, above; — de on top of; echarse — to bring on oneself; ponérselo — put it on him; quitar de — take from one
encogerse to shrink
encomienda estate granted by the king
encontrar to meet, find; —se find oneself, be; meet by chance; —se con meet with, run across
endulzar to sweeten
enemigo enemy
energía energy; con — forcefully
enérgico energetic
enfáticamente emphatically
enfermera nurse
enfermo ill, sick
enfrentarse to face
enfrente: — de facing, across the way (from); de — across the way
enfurecerse to rage
enfurecido enraged, angrily
engañar to deceive
engañoso deceptive
Engracia Grace
enigmático enigmatic
enjuto dried, skinny, lean
ennegrecer to blacken, darken
enojar to anger
enojo anger; con — angrily
enorgullecerse to be proud
enorme enormous, large
enredarse to become entangled
enredo plot
enriquecer to enrich
ensaladilla hodgepodge
ensangrentado covered with blood
ensayo essay
Ensenada *town in Mexico*
enseñanza education, teaching, instruction
enseñar to show, teach
ensombrecer to darken
ensueño dream, longing

entender to understand, catch on; — **de** know about; be versed in; **se entiende, sí** it is understood; of course

entendido able, posted

enterarse (de) to find out (about)

entero entire, whole, all, complete, completely

enterrar to inter, bury

entonces then, at that time, that time

entornar to half close

entrada entrance

entraña(s) heart; **tener mala —** to be mean

entrar to enter, come in, come on, go in; break through; **—se** get into

entre between, among, in the midst of; from among; **por —** among

entregar to deliver, hand over; **—se** give oneself over

entretanto meanwhile

entretener to entertain, amuse

entristecer to sadden

entusiasmo enthusiasm

entusiasta enthusiastic

enviar to send

envidia envy

envidioso envious, jealous

envoltura covering

envolver to wrap, envelop; **—se** wrap up

envuelto wrapped, cloaked, covered, surrounded, involved

equilibrado well-balanced

equivalente equal

equivaler to be equivalent

equivocarse to be mistaken

erguir to raise; **—se** straighten up, stand up, rise, arise

erigir to erect

ermita hermitage

esbelto slender, svelte

escala ladder

escalante *m.* climber; *prop. n.*

escalar to scale, climb up

escalera stairway, stairs

escándalo scandal

escandinavo Scandinavian

escapar(se) to escape, get away, run away

escena scene, stage

escepticismo scepticism

esclavizar to enslave

esclavo slave

escoba broom

escoger to choose, select; **escogida** chosen one

escolta escort

escoltar to escort

esconder to hide

escribano notary

escribir to write; **por escrito** written

escritorio desk

escuchar to listen (to), hear

escuela school

escultura sculpture, carving

escupir to spit

ese that; **ése** *pron.* that one; **ésos** those fellows

esencia essence

esfuerzo effort, strength

esmeralda emerald

esmero care

eso that; **a — de** about; **— de** the matter of; **— que** thus, even if; **nada de —** none of that; **por —** for that reason; over that

espacio space, blank

espacioso spacious, large

espada sword; spade

espalda(s) shoulder, back; **a mis —s** behind me; **volver la —** to turn one's back

espantar to frighten; drive away

espanto fright, fear, terror

espantoso frightful

España Spain

español Spanish

esparcir to scatter, spread

especial special

especialmente especially
especie *f.* species, kind, sort
espectáculo sight
espectador *m.* spectator
espera waiting; en — de waiting for
esperanza hope
esperar to wait (for), hope, expect;
—se wait; era de — was to be
expected
espeso thick; lo más — the thickest
part
espía *m.* spy
espiar to spy on
Espil *prop. n.*
espina thorn; sácame esta — don't
keep me on edge
espirar to die
espíritu *m.* spirit; Espíritu Santo
Holy Ghost
espiritual spiritual
espléndido magnificent, luxurious,
splendid
esplendor *m.* splendor
espontáneo spontaneous
esposa wife
esposo husband, spouse
espuela spur; poner las —s to spur
espuma foam
esqueleto skeleton
establecer to establish; —se settle
estación *f.* station
estadista *m.* statesman
estado state, condition; de — state;
Estados Unidos United States
estafador *m.* swindler
estafar to swindle
estallar to explode, burst
estancia farm
estante *m.* bookcase
estaño tin
estar to be; look; taste; —se keep
estatua statue
estatura stature
este *m.* east
este this; éste *pron.* this one; the
latter

Esteban Stephen
estilo style, fashion, mode
estima esteem
estimar to esteem, like, hold in esteem
estimular to stimulate
estirado stuck up
esto this, this thing, this much;
en — just then
estrangular to strangle, choke
estrecho narrow, tight
estrella star
estrellar(se) to smash
estremecer to shake, make tremble; —se tremble, shake, shud-
der
estrepitoso noisy
estridente strident
estructura structure
estuco stucco
estudiante *m.* student
estudiar to study
estudio study
estufa stove
estupendo stupendous
estupidez *f.* stupidity
estúpido stupid
eterno eternal
etnológico ethnologic
Eudoro *prop. n.*
Eulogio *prop. n.*
Europa Europe
europeo European
evangelio Gospel
evaporar(se) to evaporate
evasivo evasive
evitar to avoid
exactamente exactly
exagerar to exaggerate
exaltación *f.* elation
examinar to examine, look into
exasperado exasperated
excelencia excellency
excéntrico eccentric
excesivo excessive
exclamar to exclaim, say

exclusivista exclusive
exigir to demand, require
existencia life
existir to exist, be
éxito success; con — successfully
expedición *f.* expedition
expensa expense
experiencia experience
experimentar to experience
expirar to die, come to an end
explicación *f.* explanation
explicar to explain
explorar to explore
explosión: hacer — to explode
explotación *f.* exploitation, development
explotar to exploit
exponer to expose
exportación *f.* export; de — for export
exportador *m.* exporter
exportar to export
expresar to express
expulsar to expel
exquisito exquisite, lovely, refined
extasiado in ecstasy
éxtasis *m.* ecstasy
extender(se) to extend, reach, stretch out; broaden; spread, cast, lay
extenso extensive, large
exterior foreign
extinguir to extinguish; —se become extinguished, die away, waste away
extranjero foreign; *n.* foreigner; en el — abroad
extrañar to surprise; —se be surprised; no es de — it is not surprising
extraño strange, surprising; lo — the strangeness
extraordinario unusual, great; de — unusual
extravagante odd
extremo extreme, end

F

fábrica factory
fabricar to fabricate, make
fabuloso fabulous
fácil easy
facilitar to expedite
facón *m.* cowboy's knife
Facundo *prop. n.*
faja sash
falda skirt; lap; slope
faldero: perrillo — lap dog
falso false
falta lack; le hace — he needs; sin — without fail
faltar to be missing, be lacking; fail, be remiss; al —les when they were deprived of
fama reputation; rumor; tener — de to be reputed to be
familia family
familiar member of one's household
familiarizado familiar
famoso well-known, famous
fantasía fancy, imagination
fantasma *m.* ghost
fantástico fantastic
fatal fateful
fatigar to tire; —se become tired
Fátima *prop. n.*
favor: hágame el — de please; por — please
favorito favorite
fe *f.* faith
febrero February
fecundo fertile
felicidad *f.* happiness
felino feline, cat
feliz happy
felonía felony, treachery
fenomenal phenomenal
fenómeno phenomenon
feo ugly
feria fair
Fernando Ferdinand
feroz ferocious

fétido fetid, stinking
fibra fiber
ficticio fictitious
fiel faithful
fiera wild beast
fiero fierce, wild
fiesta festival, celebration, merriment
figurar to figure; sketch; —se imagine; ¡ figúrese! just imagine!
fijamente fixedly
fijar to fix; —se (en) notice, observe
fijeza firmness; con — fixedly
fijo fixed, unmoving
Filipinas Philippine Islands
filosofía philosophy
filosóficamente philosophically
fin *m.* end, aim, purpose; a — de in order to; a —es de toward the end of; al — finally, at last; con el — de in order to; dar — to end; —es end, last part; poner — to end; por — finally, at last; tener — to end
Finita *dim. of* Serafina
fino delicate
firmar to sign
firme solid, steady, firm
físico physical
fláccido soft
flaco thin, skinny; weak, feeble
flaqueza weakness
flecha arrow
flor *f.* flower
florecer to flourish, flower, bloom
floreciente flourishing
florecilla small flower
Florín *prop. n.*
floristería florist shop
flotar to float
flotilla small fleet
fogón *m.* camp fire; cooking place
follaje *m.* foliage
fomentar to foment, promote, encourage

fondo bottom
forma shape, form; way; —s shape; de — in form
formar to form, make; —se line up; formados in formation
fortalecer to fortify, strengthen
fortaleza fortress
fortuna: hacer — to get rich; por — luckily
forzar to force open
fósforo match
fracaso failure
fragancia fragrance
fragante fragrant
fraile *m.* friar, monk
francés French; irse a la francesa to take French leave
francesita little French woman
franciscano Franciscan
frasco bottle
frase *f.* phrase, expression, sentence
fray *m.* friar
frecuencia: con más — more often
Freile *prop. n.*
frente *f.* forehead; de — from the front; facing (us); — a in front of, facing
fresco cool, fresh; tan — as unperturbed as before
frijol *m.* bean; de — with beans
frío cold; unemotional; hacer — to be cold
fruta(s) fruit
fruto fruit
fu *sound imitating the snarling of cats*
fuego fire; hacer — to fire at; start a fire
fuente *f.* fountain, spring; source, vein
fuentecilla small spring
fuera (de) outside
fuerte strong, severe
fuertemente vigorously, violently
fuerza strength, force, power; a la — by force

fulgor *m.* brilliancy, gleam, brightness

fumar to smoke

función *f.* function, functioning; en — de in harmony with

funcionar to function, work

funda slip

fundar to found, establish, base; —se be based, be built; base one's opinion

fundirse to become fused

funerales *m. pl.* funeral

furioso angry, wild

furor *m.* fury

fusilar to shoot

futuro future

G

Galana *prop. n.*

galante polished; cita — amorous appointment

galería gallery

galopar to gallop

galope *m.* gallop; a — on a gallop; a — tendido at a fast gallop

gallardía gracefulness

gallardo elegant, graceful

gallina chicken, hen

gallito little rooster

gallo rooster

gana wish; —s desire; darle a uno la — to feel like it

ganadería cattle raising

ganado cattle, livestock

ganancia gain, profit

ganar to earn, gain, win; get ahead of

ganchudo hooked

garantizar to guarantee

Garcés *prop. n.*

garganta throat

garra claw; clutch

garrote *m.* club, cudgel

gasolina gasoline

gastar to spend

gata: a —s on all fours

gatear to climb

gatico kitten

gatito kitten

gato cat

gaucho cowboy

gemido groan, wail, lamentation

Genaro *prop. n.*

general: por lo — in general

generosidad *f.* generosity

generoso generous

genio genius; disposition, temper, spirit

gente *f.* people

gentil genteel

genuino genuine

geopolítica geopolitics

geranio geranium

germinar to germinate, grow

gesto gesture, expression; grimace

gigante *m.* giant; a pasos de — with giant strides

gigantesco gigantic, enormous

girar to turn; hacer — turn

giro turn; expression

glándula gland

globo balloon

gloria honor, glory, heavenly; greatness; que Dios lo tenga en Su — God rest his soul

glorioso glorious

glotón gluttonous; *n. m.* glutton

gobernador *m.* governor

gobernar to govern, rule

gobierno government, rule, control

golfo gulf

golpe *m.* blow, stroke, whack; thud; de un — suddenly

golpear to beat, strike, pound

gordísimo very fat

gordo fat, stout, big; lo — que how fat; premio — first prize

gordura fatness

gota drop

gótico Gothic

gozar (de) to enjoy, possess

gracia charm, grace; cleverness, trick; —s thanks; **dar las** —s to thank

gracioso charming, graceful; funny, amusing

gramática grammar

grande large, big, great

grandeza greatness, grandeur

grandioso grandiose, magnificent

granito small grain

granja (agrícola) grange, farmhouse

grano grain, kernel

grato pleasant

grave serious

gravedad *f.* gravity, seriousness; **de** — seriously

griego Greek

gringo foreigner

gris gray

gritar to shout, cry (out)

grito shout, cry; **dar un** — to shout, utter a cry

grotesco clumsy

grueso thick, heavy

gruñido growl, roar

gruñir to growl, roar

grupo group

gruta grotto

guajolote *m.* turkey

Guanabe *prop. n.*

Guanahaní *an island (San Salvador)*

guapo good-looking, handsome

Guaraníes *Indian tribe*

guarda: de la — guardian

guardar to guard; keep, preserve; put away; —se watch oneself

guardavías *m.* trackwalker

guardia *m.* guard, policeman; watchman

guardián *m.* watchman

guarnición *f.* garrison

Guayas *a river*

güele = **huele**

guerra war

guerrero warrior

guía *m.* guide

guiar to guide, lead; drive

guisar to cook

guitarra guitar

gustar to please, be pleasing to, like; — **de** like, be pleased; **como guste** as you wish; ¿ **le gusta(n)** ...? do you like...? **si gusta** if you wish

gusto pleasure, joy; taste; **a** — at his pleasure; **con mucho** — gladly; **dar** — to be a joy

H

haber to have (*aux.*); — **de** be to, will; — **que** + *inf.* be necessary, one must; **había** there was, there were; **había habido** there had been; **hay** there is, there are; **lo que hay** what there is to it; **los hay** there are some; **no hay que** one must not; **puede** —**la** there can be one; ¿ **qué hay?** what is wrong? what is going on? **si los hay** if there are any

hábil clever, skillful, able

habilidad *f.* ability, cleverness, skill

habilísimo very skillful, very clever

habitación *f.* room; dwelling

habitante *m.* inhabitant

habitar to inhabit, live in

hábito habit; garment, ecclesiastical garment

hablar to speak, talk; **oír** — **de** hear spoken of

hacer to do, make, cause; do for; take; go; — **caso a** (*or* **de**) pay attention to; — **de** act as; —**se** become; —**se el** ... pretend to be ...; — **traer** have brought; **hace años** years ago; **hace un mes que** ... it has been a month since ...; **hacía dos semanas que** ... it had been two weeks since ...; **hacía una semana** a week before

hacia toward, about, around
hacienda plantation, farm, estate
hada fairy
halagar to flatter
hallar to find; —se be
hambre *f.* hunger; **tener** — to be hungry
haraposo ragged
hasta until, to, as far as, up to the point of; even; — **que** until
hazaña heroic deed
hebreo Hebrew
hechicera witch
hecho fact; **el** — **mismo** the very fact
hechura workmanship, make
helado ice cream; **tomar** —s to have some ice cream
helar to freeze; **helado** ice-cold
hemisferio hemisphere
henequén *m.* sisal hemp
Heraldo *a newspaper*
heredar to inherit
heredero heir
hereje *m.* heretic
herencia inheritance
herida wound
herir to injure, wound, strike, hit; beat (down); — **de muerte** give a death wound
hermana sister
hermano brother
hermoso beautiful; **lo** — beauty
hermosura beauty
héroe *m.* hero
heroina heroine
herrería blacksmithing
hidalgo nobleman
hidroeléctrico hydroelectric
hielo ice
hierba grass; weed
hierro iron
hija daughter, child; my dear, girlie
hijito dear child
hijo son, child; —s children
hilar to spin

hilo thread; trace
himno hymn
hinchar to swell
hipnotizar to hypnotize
hirsuto bristly
Hispania Iberian Peninsula
hispanizar to Hispaniolize
hispano Hispanic, Spanish, Iberian; *n.* Spaniard
Hispano América Spanish America
hispanoamericano Spanish American; Spanish and American
histérico hysterical
historia history, story
histórico historical
hogar *m.* hearth, home
hogaza loaf
hoja leaf, blade; sheet
¡hola! hello! indeed! well, then! hey!
holandés Dutch
hombre *m.* man; mankind; fellow; ¡—! man alive! **ser mucho** — to be a real man; **sí,** — yes, indeed
hombrecillo little man
hombro shoulder; **al** — over one's shoulder
hondo deep, low; intense, profound
honra honor, reputation
honrado honest
honrar to honor
hora hour, time; **a estas** —s right now; at this late hour; **es** — **de** it is time to; ¿**qué** —s **son?** what time is it? *sometimes =* **ahora**
horca gallows
horcajadas: a — astride
horita: es la — **de** it must be time for
horizonte *m.* horizon
horrible terrible
horror *m.* terror
horrorizado horrified
hortelano gardener
hospitalario hospitable
hostil hostile-looking

hotelero hotelkeeper
hoy today; — **día** today; — **mismo** this very day
hoyo hole, pit
Huanco Rama *prop. n.*
hueco hollow, indentation
Huehuetenango *a town in Guatemala*
huelga strike; **declararse en** — to go out on strike
huella trace
huérfano orphan
huerto orchard, fruit garden
hueso bone; flesh (*fig.*); **la sin** — tongue
huésped *m.* host; guest
huevo egg
huir to flee
humanidad *f.* humanity
humanitario humanitarian
humano human
húmedo humid, damp, dank
humilde humble, meek, lowly
humillar to humiliate, humble; lie prone
humo smoke; —s airs, conceit
humor *m.* disposition; **de buen** — good-natured; **estar de buen** — to be in a good humor; **tener mal** — have a mean disposition
hundir(se) to sink, lower, go down
huraño sly

I

Ica *town in Peru*
ida going; **de** — **y vuelta** round-trip
idealidad *f.* ideality
idealista idealistic
idéntico identical
identificar to identify
idioma *m.* language
idolatría idolatry
iglesia church
iglesita small church
igual equal, like; — **a** just like; **otro** — another like it; **sin** — unequalled

igualar to equal
igualdad *f.* equality
iluminado illuminated
ilustrado well-informed
ilustre illustrious, important
imagen *f.* image, picture, statue
imaginación *f.* fantasy
imaginarse to imagine
imitar to imitate
impaciencia impatience
impedir to prevent, hinder
imperial: la — imperial city
imperio empire; rule
imperioso imperious, overbearing
impetuoso impetuous
implacable relentless
imponer to impose
importancia importance
importar to matter, concern; import
imposible: lo — what is impossible
impregnado impregnated, full
impresionante impressing, impressive
impreso printed, stamped, fixed
imprimir to print, stamp, press; make
improvisar to improvise
impuesto impost, tax
impulso impulse
Inca *emperor of Peru*
incaico Inca
incapaz incapable
Incario Inca group
incendio fire
incienso incense; *prop. n.*
inclinar to incline, lower; —**se** bow, bend over
incluir to include
incoherente incoherent
incorporar to incorporate; —**se** join
increíble incredible, unbelievable
incremento increment, increase
indagación *f.* investigation
indagar to investigate
indagatoria questioning
independencia independence

independiente independent
independizarse to become independent
indescriptible indescribable
Indias America, New World
indicación *f.* hint
indicar to indicate, point out, show, refer to, suggest
índice *m.* index finger
indiferentemente indifferently
indígena indigenous, native
indignado indignant, angry
indigno unworthy
indio Indian
individuo individual
índole *m.* nature, kind
indolente lazy
indudable indubitable
industria industry
industrializarse to become industrialized
inesperado unexpected
inexperto inexperienced
infame infamous; *n. m.* wretch
infantil childish, childlike
infeliz unhappy; ¡— de mí! unhappy me!
infiel *m.* pagan, infidel
infierno hell
infinito infinite, great, unending; lo — infinity
inflexión *f.* inflection
influencia influence
influir to influence, have an influence
influjo influence
informar to inform
infortunado unfortunate
ingeniero engineer
ingenioso clever
Inglaterra England
inglés English
inhumano inhuman, cruel
iniciar to start
iniciativa initiative
inmediatamente immediately, at once

inmediato close
inmensidad *f.* immensity
inmenso immense, large, vast
inmigrante *m.* immigrant
inmigratorio migratory
inmóvil motionless
inmovilidad *f.* immobility, fixedness
inocente innocent
inquietante disturbing
inquietarse to become uneasy
inquieto restless, uneasy
inquietud *f.* restlessness
inquisitivo inquisitive, inquiring
insecto insect
insensato madman
insinuar to insinuate
insípido insipid
insistente persistent
insistir to insist
insólito unusual
insomnio insomnia
inspirar to inspire (in); —se be inspired
instalar to install
instante *m.* second
instintivamente instinctively
instinto instinct
instituto institute
insubordinarse to become insubordinate
insufrible insufferable, unbearable
insultar to insult
insulto insult
intacto intact
intensificar to intensify
intenso intense
intentar to endeavor, attempt; propose
intercambio interchange
interés *m.* interest
interesante interesting; lo — the interesting thing, interesting part
interesar to interest; —se become interested
interior inner; domestic; del — within, inside

VOCABULARY

interno internal, inner
interpretar to interpret
intérprete *m.* interpreter
interrogatorio questioning
interrumpir to interrupt
intervenir to intervene
íntimo intimate; lo más — the very center
intrigar to intrigue
intrincado intricate, involved; lo — intricate part
inundar to inundate, flood
inútil useless, in vain
invadir to invade, rush into, pervade
invencible invincible
inventar to invent, make up
inversión *f.* investment
investigar to investigate
inveterado inveterate
invierno winter
invitar to invite; take
invocar to invoke, appeal to
involuntario involuntary
iqueño resident of Ica
ir to go; be; —se go away, leave, get away; fué + *pres. part.* he kept on ...; idos bygone; ¡qué va! oh yeah? vamos let's go; come now; van y vienen go back and forth; vaya indeed: vaya pues very well, then; voy I am coming
ira ire, wrath, anger; con — angrily
irguiéndose *pres. part. of* erguirse
irisado rainbow-hued
irlandés Irish
ironía irony
irradiación *f.* radiation, radiance
irradiar to radiate, give off
isla island
italiano Italian
izquierdazo blow with the left fist
izquierdo left; a la izquierda to the left

J

ja *sound of laughter*
jabón *m.* soap
jamás never, ever
Japón *m.* Japan
japonés Japanese
jardín *m.* garden
jazmín *m.* jasmine
jefe *m.* chief, leader
jeo = feo
Jerusalén Jerusalem
Jesucristo Jesus Christ
jesuíta *m.* Jesuit
¡Jesús! goodness!
ji *sound of laughter*
Jordán *prop. n.*
José Joseph
joven young; *n. m.* young man
joya jewel
Juan John
júbilo joy
juego game; gambling; trick, scheme
jueves *m.* Thursday
juez *m.* judge
jugador *m.* player; gambler
jugar to play; gamble, risk
juguetón playful
juicio judgment, reason
Julio Julius
juntar to join; gather, amass; —se press together
junto: — a close to, beside; — con along with; —s together
juramento oath, vow
jurar to swear, vow
jurídico juridical, legal
justicia justice; police
justo just; exact, exactly
Juvencio: fuente de — Fountain of Youth
juvenil juvenile
juventud *f.* youth
juzgar to judge; a — por judging by

297

L

la the; her, it; — tenían they had one; — de that of, the one of; — que that which
labio lip
laboratorio laboratory
laborioso hardworking
labrador m. farmer
labrar to work, elaborate; till; cut
lado side; al — de beside; a mi — close to me, beside me; a uno y otro — to one side and the other
ladrar to bark (at)
ladrón m. thief, robber
lago lake
lágrima tear
lamentar(se) to bewail, complain; regret
lámpara lamp; — eléctrica flashlight
lana wool
lanar: ganado — sheep
lanza lance
lanzar to throw, cast, launch; utter; —se rush, throw oneself
La Paz *town in Lower California*
largamente for a long time
largarse to go away, get out, leave hurriedly, "beat it"
largo long; a lo — de along, throughout; lo — the length; pasar de — to pass by without stopping
las: a —... at ... o'clock
lástima pity; tener — to feel sorry
lastimero pitiful
lateral side
latinista *n. m. or f.* one learned in Latin, Latinist
latino Latin
lavar to wash, lave, bathe
lazo rope, lasso
leal loyal
lealtad *f.* loyalty
lección *f.* lesson; dar una — to teach a lesson

lector *m.* reader
lectura reading; varias —s wide reading
lecho bed; — de muerte deathbed
leer to read
legítimo legitimate
legua league
legumbre *f.* vegetable
lejano distant
lejos far (off), far away, in the distance; a lo — in the distance; desde — from afar, from a distance
lengua language, tongue
lenguaje *m.* language
lento slow
leña firewood
león *m.* lion
letra letter; al pie de la — to the letter
letrado learned man
levantar to raise, lift; build, set up; hold; —se rise, get up, stand up; levantado up, turned-up
ley *f.* law; —es legal matters
leyenda legend; de — legendary
libertad *f.* liberty, freedom; en — free
libertador *m.* liberator
libertar to free
libre free
libro book
licencia license, permission
ligereza swiftness; con — swiftly
ligero light, slight; nimble
límite *m.* limit, end
limón *m.* lime, lemon
limosna alms
limosnero beggar
limpiar to clean, wipe off, wipe away; clear
limpio clean
linaza flax
lindo pretty, nice
lino linen
linterna lantern, flashlight

lío imbroglio, scrape
lirio lily
lista list
listo ready; clever
literario literary
lo him, you, it; the; so; any, one; — **de** the matter of, affair of; — **que** what; — (*adj.*) **que** how; **no siéndolo** not being one
lobo wolf
localizar to localize, locate
loco mad, crazy, wild
locomotora locomotive
lodo mud
lógica logic
lógico logical
lograr to succeed (in), manage to; win, get, obtain, gain, accomplish, achieve, attain; **logré que** ... I got him to ...
Lolita *dim. of* **Dolores**
loma slope, hillside
lomo back
Londres London
longaniza sausage
Lope *prop. n.*
lotería lottery
loza pottery
Lucas Luke
lucha struggle, fight
luchar to fight, struggle
luego then, next
lueguito: hasta — I'll see you very soon
lugar *m.* place; village; stead; **tener** — to take place, be held
Luis Louis
lujo luxury; **con** — lavishly
luminoso bright
luna moon; **noche de** — moonlit night
lunes *m.* Monday
lustroso lustrous, shiny
luz *f.* light; **hacer** — to turn on *or* flash on the light, make a light; **lleno de** — bright

Ll

llama flame; *S.A. animal;* **echar** —**s** to give off flashes
llamamiento call, appeal
llamar to call, name; knock; ¿ **cómo se llama** ...? what is the name of ...?
llano level; *n.* plain
llanura plain
llave *f.* key; **ama de** —**s** housekeeper
llegada arrival
llegar to arrive, reach, come up, go; amount (to); — **a ser** come to be
llenar to fill; —**se** become filled
llenito quite full
lleno full, filled; — **de** filled with, covered with; **de** — with all its power
llevar to take, bring, carry; wear, have; raise; put up; lead; —**se** take along, take with one; raise; put
llorar to cry, weep
llover to rain
lluvia rain; **de** — rainy
lluvioso rainy

M

macizo massive
machetazo cut with a machete
machete *m.* machete (*long curved knife*)
madera wood, lumber
madre *f.* mother; — **patria** motherland
maestro great; *n.* master; teacher
mágico magic, magical
magnífico splendid, fine, magnificent
maíz *m.* maize, corn
majestad *f.* majesty
majestuoso majestic
majo dandy

mal *m.* ailment; evil; *adv.* poorly, badly; **venir** — to seem bad, be bad

maldición *f.* curse, curses

maldito cursed, accursed, haunted; confounded; **el** — accursed thing

malear to cast a spell

maleficio spell

malévolo malevolent, malignant

maleza underbrush

malicioso suspicious, malicious

maligno malignant, evil

malísimo very bad

malo ill, sick; bad, evil, wicked; **lo** — **es** the trouble is

malta malt

mamá mother

mamacita mother dear

mamita: **por mi** — on my dear mother's soul

maná *m.* manna

manada flock, herd

mancha spot, stain

manchar to stain, blemish; **el manchado** spotted one

manchita small spot

mandar to order, command; send; — **hacer** have made

mando command

manera manner, way; **a su** — in his own way

manganesio manganese

mano *f.* hand; paw; ¡ —**s a la obra!** get busy! **coger de la** — to grasp one's hand; **ligero de** —**s** quick with his hands; light-fingered

manojo bunch

manotazo cuff, blow with the hand

mansera handle

manso gentle, mild, soft

manta blanket

mantener(se) to maintain, keep

manteo long cloak

mantón *m.* large cloak; — **de Manila** mantilla

manufacturero manufacturing

mañana morning; *adv.* tomorrow; **por las** —**s** in the morning

mañanero early morning

mapa *m.* map

mapache *m.* raccoon

mar *m.* sea; . . . **del** — a sea . . .

maravilla marvel, wonder; **a la** — marvelously; ¡ **qué** —! how wonderful! how marvelous!

maravilloso marvelous

marcar to mark, designate, indicate; press

Marcela *prop. n.*

marcha march, way, progress, travel; **ponerse en** — to start out

marchante *m.* dealer

marcharse to go away, leave

marchitarse to fade, wither

marchito faded, withered

marfil *m.* ivory

margen *f.* margin, edge

Margot *name of a store*

María Mary; ¡ **Ave** —! goodness!

marido husband

marina navy

Marineda *a town*

marinero mariner, sailor

marino mariner, sailor; — **entre** —**s** a real sailor

Mario *prop. n.*

marítimo maritime

mármol *m.* marble

marqués *m.* marquis

martes *m.* Tuesday

mártir *m.* martyr

mas but

más more, most, very; besides; **así no** — **es** just like that; **cuando** — at most; — **de** more than; **nada** — nothing else; only; **no** — just, right; only; other; **ni** — **ni menos** exactly; **nunca** — never again; any more; **por** — **que** however much; however; ¡ **qué** . . . —! what a very . . . ! **sin** — **ni** — with no more ado

masa mass

máscara mask

matar to kill; —se commit suicide, kill oneself

matemático mathematician

materia material

matrona matron

maya Mayan

Mayas *Indian group in Yucatan, Mexico*

mayor greater, larger, older; major; greatest, largest, oldest; *n. m.* major

mayordomo manager

mayoría majority; la — de most

mecer(se) to swing, sway

mediados the middle

medicina medicine

médico doctor

medida measure; a — que as

medio half, a half; a las ... y media at half-past ...; a medias half, halfway; a — vestir half dressed; *n.* middle; means; way; medium; en — de in the midst of; por — de by means of; in the middle of

mediodía *m.* noon

medir to measure

meditar to meditate, think (over)

Meis, Santa María de *a town*

mejicano Mexican

Méjico (*also* México) Mexico; ciudad de — Mexico City

mejor better, best; decir — to say rather; lo — the best thing, best part; por — as the best

mejora improvement

mejoramiento improvement

mejorar to improve, get better

melancólico sad

melodioso melodious

memoria memory; de — by heart

mencionar to mention

mendigo beggar

menor lesser, least

menos less, least; except; a — que

unless; las ... — cuarto a quarter to ...; — de less than; no pude — de I couldn't help but

mensaje *m.* message

mentalmente mentally

mente *f.* mind

mentir to lie

mentira lie, falsehood, falsity

Mentirola, de la *prop. n.*

menudo: a — often

mercado market

mercar to buy

Mercedes *an automobile*

mercurio mercury

merecer to merit, deserve, be worthy of

mérito excellence, merit

mes *m.* month; tener tres —es to be three months old

mesa table

meseta tableland

mesita small table; — de noche night stand

mestizo *person of mixed blood*

meta goal, aim

metate *m.* grinding stone

meteoro meteor

meter to put (into), stick in; —se get into, go into; get involved; become; get oneself; intrude, interfere; ¿ dónde te metes? where are you keeping yourself?

método method

metrópoli *f.* metropolis

mezcla mixture, intermingling

mezclar to mix, intermingle; —se intermingle; intermarry; get involved; —se con have anything to do with; todo mezcladito a little bit of everything; mezclado de mixed with

m'hijo = mi hijo

Micaela *prop. n.*

Michín *prop. n.*

miedo fear, terror; darle — to be afraid; me da — I am afraid;

que daba — terribly, in a frightful way; tener — (a) be afraid (of)

miel *f.* honey; luna de — honeymoon

miembro member, limb

mientras (que) while, as long as; — más ... más the more ... the more

miércoles *m.* Wednesday

mil (a) thousand

milagro miracle

milagroso miraculous

militar military; *n. m.* soldier

milla mile

millón *m.* million

mina mine

minería mining

minero mining

mínimo least; en lo más — in the least; más — very least

ministerio ministry

ministro minister

minuto minute

mío mine, of mine, my; salirme con la mía to have my own way

mirada glance, look; echar una — to cast a glance

mirador *m.* observatory

mirar to look (at), watch; mira see here

mirón *m.* snooper

misa Mass

miserable wretched; *n. m. or f.* wretch

miseria misery, privation

misión *f.* mission

misionero missionary

mismo same, self, very; ahora — right now; el — que the same as; lo — the same (thing); por lo — for that very reason

misterio mystery, secrecy; con — mysteriously

mitad *f.* half

mito myth

mitológico mythological

moda mode, fashion

modales *m. pl.* manners, habits

modernizar to modernize

moderno modern

modesto modest

modificar to change

modismo idiom

modo way; de — que so that

modular to modulate

mohán *m.* medicine man

molestar to bother, disturb

molino mill

molusco mollusk

Mollendo *a town*

momentáneamente momentarily

momento moment, instant; de un — para otro at any moment; en esos —s just then; en estos —s at the present time; por —s at any moment

monarquía monarchy

monárquico monarchical

Moncayo *region in northwest Spain*

mondar to peel

moneda coin

monedita small coin

mono pretty, cute; *n.* monkey

monótono monotonous

monstruo monster

montaña mountain

montañés *m.* highlander

montar (a) to mount, ride; — a caballo ride horseback, get on one's horse

monte *m.* mountain; forest, woods; *a card game*

Monterde *prop. n.*

montero hunter, beater

Monteros *prop. n.*

Montes *prop. n.*

Montevideo *capital of Uruguay*

montón *m.* pile, heap

montura saddle

morador *m.* dweller, inhabitant, resident

moral *f.* ethics, morality

morar to dwell, inhabit
mordedura bite
morder to bite
moreno dark, swarthy, brunette
morir to die; bien — die in peace;
—se be dying; muerto de...
half dead from . . .
mortal terrible
mosca fly
mosqueteril musketeerish
mosquetero musketeer
mostrador m. counter, display shelf
mostrar to show; —se prove to be
motivo reason
mover to move; cause, drive; —se
move around
movilizar to mobilize
movimiento motion, movement
moza girl
mozo young man, young person; —s
young people
muchacha girl
muchacho boy, young man
muchedumbre f. crowd
muchísimo a great deal, very much
mucho much, very much, a lot,
great; very; for a long time; —s
many; ¿ es —? is it a big one ?
mudo mute, silent
mueble m. piece of furniture; —s
furniture
muela molar, tooth
muerte f. death; a — to the death
muerto dead; killed; — de dying
from; half dead from; n. dead
man
mujer f. woman, wife
mujerona big woman
mula mule
mundial world
mundo world; de mucho — experienced; el otro — the next
world; todo el — everyone
muñeca puppet; wrist
murmullo murmur
murmuración f. gossip

murmurar to murmur, gossip, whisper
muro wall
músculo muscle
museo museum
música music; de — music
musitar to whisper
muslo thigh
muy very, very much, greatly, quite

N

na = nada
nacer to be born
naciente growing; very recent
nacimiento birth
nada nothing, anything; no estoy
para — I don't feel like doing anything; no servir de — to be of no
help; pero — but to no avail
nadie no one, anyone
nahual m. guardian animal spirit
naide = nadie
naranja orange
naranjo orange tree
narciso narcissus
nariz f. nose; reírse en la — to
laugh in one's face
natal native
nativo native
natural: es — of course; lo — what
is usual
naturaleza nature, character
navegación f. navigation, sailing;
sea voyage
navegante m. sailor, navigator
navegar to sail
necesario: lo — the necessary
amount, what was necessary
necesidad f. need
necesitado needy person
necesitar to need, must
necio silly, stupid
negar to deny, refuse, negate; —se
a refuse
negociante m. dealer, trader

negociar to negotiate, deal, go into business

negocio trade, business, affair

negro black; gloomy, sad

negruzco blackish, dark brown

nene *m.* baby

Nepo *prop. n.*

nervio nerve

nervioso nervous

neutralizar to neutralize, counteract

nevado covered with snow

ni neither, nor, or; even, not even, not; — ... — neither ... nor

Nicanor *prop. n.*

nicho niche

nido nest

niebla fog, mist

nieto grandson

nieve *f.* snow

ninguno none, no, any; no one; como — as no one else

niña girl; de — a girl's

niñez *f.* childhood

niño child, boy; de — as a boy; childhood; desde muy — from the time he was very young

níquel *m.* nickel

nitrato nitrate

nivel *m.* level

no no, not; los que — those who didn't; que — and not; ¡ sí que —! indeed not!

no. = **número**

noble lofty

nocturno nocturnal, nightly

noche *f.* night, evening; de — at night, during the night; de la — a la mañana overnight; esta — tonight; media — midnight

Nolón *prop. n.*

nomás = **no más** only

nombrar to name, mention, appoint

nombre *m.* name

Nono *name of a bear*

norma norm, standard

norte *m.* north

norteño northerly

notar to note, notice, observe

noticia(s) news

novedad *f.* trouble; recent happening, anything new

novia sweetheart, fiancée, girl friend; bride

novio fiancé, lover; groom; —s bride and groom

nube *f.* cloud

nubecilla small cloud

nublarse to become clouded

nuca nape of the neck

núcleo nucleus

nuevas *pl.* news

nueve nine; a las — at nine o'clock

nuevo new; de — again

nuez *f.* nut, walnut

número number; edition

nunca never, ever

O

o or; — ... — either ... or

Oaxaca *Mexican state; city in Mexico*

obedecer to obey

obediente obedient

obispo bishop

objeto object, purpose; article

oblicuo oblique, slanting

obligación *f.* duty

obligar to oblige, compel

obligatorio compulsory

obra work, deed; — maestra masterpiece; ¡ manos a la —! get busy!

obrar to work, act

obrero workman

observar to notice, watch; study, go over

obstáculo obstacle

obstante: no — nevertheless

obtener to obtain, get

ocasión *f.* opportunity, occasion, time

occidental western
Occidente *m.* Occident, West
Oceanía *group of Pacific islands*
octavo eighth
octubre October
ocultar to hide
ocultista fortuneteller
oculto hidden, secret
ocupado busy
ocupar to occupy; —se devote one-self
ocurrencia strange idea
ocurrir to happen, take place; ocurrírsele a uno take into one's head, occur to one, think of
ochenta eighty
ocho eight; — días a week
odio hatred, odium
oeste *m.* west
oficial *m.* officer
oficialmente officially
oficina office
oficio trade; de — by trade
ofrecer to offer; hand; —se volunteer (to serve); ¿ qué se le ofrece? what do you want ?
oído (inner) ear; a mi — in my ear; decir *or* murmurar al — to whisper
oír to hear, listen
ojalá if only; I hope
ojillo small eye
ojo eye; alzar los —s to look up; bajar los —s look down; con buenos —s in a nice way; dirigir los —s look; fijar los —s notice; mandar sacar los —s have one's eyes taken out; sacar los —s scratch out one's eyes; ver con buen — look with satisfaction on; volver los —s look around
ola wave
oleada wave
oler (a) to smell (of)
olivo olive tree
oloroso fragrant

olvidar to forget; —se (de) forget; olvidársele a uno forget
olvido forgetfulness
olla pot
once eleven
ondina water sprite
ondulado undulating
ondulante undulating
onza ounce
opalino opaline, iridescent
operaciones: abrir — to start in
operar to operate (on)
opinar to think
oponerse to oppose, be opposed
oportunidad *f.* opportunity; en mejor — at a more opportune moment
optar (por) to choose
opuesto opposite
oración *f.* sentence; prayer
orden *f.* order, command; *m.* order, system
ordenar to order
oreja ear
orfebrería goldwork, silverwork
organismo body; organization
organizador *m.* organizer
organizar to organize
órgano organ
orgullo pride
orgulloso proud
oriental eastern
oriente *m.* luster; East
origen *m.* origin, source
orilla bank, edge
oro gold; de — gold-colored
orquídea orchid
oscuridad *f.* obscurity; darkness
oscuro dark; a oscuras in the darkness; lo — the darkness
oso bear
ostentar to display
ostra oyster
otoño autumn
otro other, another, any other; the next; a uno y — at both

oveja sheep
ovillo skein of yarn
oyente *m. or f.* listener

P

pa = para
paciencia patience
pacífico peaceful
Paco *dim. of* Francisco
pacto agreement
pachaca *Inca social group; prop. n.*
padecer to suffer
padre *m.* father; priest; —s parents
padrecito dear little father
padrenuestro Lord's Prayer
padrino godfather
paga pay
pagar to pay (for)
página page
pago payment
país *m.* country
paisaje *m.* landscape
paisano countryman
paja straw
pajarito little bird
pájaro bird
palabra word, promise; dirigir la — to speak
palacio palace, sumptuous home; en — in the palace
Palermo *name of a park*
palidecer to grow pale
palidez *f.* paleness, pallor
pálido pale, pallid
palma palm (of the hand), palm leaf
palo stick
pampa plain, prairie, flat land
pan *m.* bread
Paniaga *prop. n.*
Paniagua *prop. n.*
pantalones *m. pl.* trousers
pantano marsh, mire, stagnant pool
pañuelo handkerchief
papa potato

papá *m.* father
papel *m.* paper; part, rôle
paquete *m.* package, bundle
par *m.* pair, couple
para for, to, in order to; by, at; — que in order that, so that
paraguas *m.* umbrella
paralelo parallel
parálisis *f.* stop
paralizar to paralyze
Paraná *river in S.A.*
parar(se) to stop, end; line up; stand (on); mal parado second best
parásito parasite; — de ave bird parasite
parecer to seem, seem like, look like, seem to be; —se resemble each other; —se a resemble, look like, be like; al — apparently; ¿no le parece? don't you think so? ¿qué le parece? what do you think? what do you say? how does it seem to you?
parecido resemblance
pared *f.* wall
parentesco relationship
pariente *m.* relative
parque *m.* park
parroquiano customer
parte *f.* part; measure; party; a todas —s everywhere; de todas —s from all sides; en cualquier — anywhere at all; en ninguna — nowhere; en — in part, partly; en todas —s everywhere, on all sides; la mayor — most; por su — for his part; por todas —s everywhere; por una — on the one hand; tener — to take part
participar to share
partida departure; band
partidario partisan
partir to leave; break, divide
pasado past

pasajero passenger

pasar to pass, go, go over to, go by; enter, come in; be wrong with; happen, go on; spend; endure; hand; — de go past; hacer — por have one pass as, be considered as; ¿ qué te pasa? what is wrong with you? —se spend, pass; pasársela spend one's time; pasado ... after ...

pasearse to walk, stroll

pasillo passageway

pasión f. violent feeling

paso step, footstep, stride, pace; abrirse — to make one's way through; cortar el — block one's way; dar un — take a step; seguir los —s trail

pasta paste

pastel m. cake

pastor m. shepherd

pata foot, leg; póngase en cuatro —s get down on all fours

patada kick; dar una — to kick

pataleta convulsion, fit

patata potato

paternalista paternalistic

patio courtyard

pato duck

patria country

patriota patriotic; n. m. patriot

patrón m. boss, master

pausa pause

paz f. peace; de — peaceful

pecado sin

pecador m. sinner; yo — a prayer

pecar to sin

pecho chest, breast

pedacito small piece

pedazo piece, bit; parcel; hacer —s to smash to pieces; hecho —s smashed to pieces

pedir to ask (for), request

Pedro Peter

pegajoso sticky

pegar to stick, fasten; take; fire;

de tanto —se from hitting each other so much

peinar(se) to comb one's hair

peldaño step

pelear to fight

película film

peligro danger

peligroso dangerous

pelo hair, whisker

pelota ball

pelotica small bump

peludo hairy

pellejo skin

pena pain, sorrow

penacho tuft

pendiente f. slope

péndulo pendulum

penetrar to enter, penetrate, pierce

penitencia penitence, penance

penitente penitent

penoso painful, arduous

pensamiento thought

pensar to think (of), think about; intend; — en think of

penumbra darkness, semi-darkness, shadows

peña rock

peñón m. large rock

peón m. day laborer

peor worse, worst; lo — the worst part

Pepe Joe

Pepita dim. of Josefa

Pepito dim. of Pepe

pequeñito quite small, tiny

pequeño small, slight

perder to lose; miss, overlook; —se become lost, disappear; be wasted; echar a — ruin, spoil

pérdida loss

perdón m. pardon, forgiveness

perdonar to pardon, forgive; perdone pardon me

perecer to perish, die

peregrino strange, odd; sub. Pilgrim

pereza laziness

perezoso lazy
perfecto perfect
perfidia perfidy
pérfido treacherous
perfumar to scent
periódico newspaper
periodista *m.* journalist
período period
perla pearl
permanecer to remain, stay
permanencia permanence
permiso permission
permitir to allow
pernicioso pernicious
pero but
perpetuo perpetual
perplejo perplexed
perrillo small dog; — faldero lap
  dog
perro dog
perseguir to pursue, chase, follow,
  go after, aim at, seek
persona character, being; —s people; todas las —s everyone
personaje *m.* personage, character
personalmente in person
perspectiva perspective
persuasivo persuasive
pertenecer to belong
peruano Peruvian
pesadilla nightmare
pesado heavy
pesar *m.* grief, trouble; a — de in
  spite of
pesar to weigh
pesca fishing
pescador *m.* fisherman
pescar to fish (for); pick up, get
peseta *Spanish coin*
peso weight; *a coin*
pesquisa investigation
pétalo petal
petrificado petrified
petróleo petroleum
Petronila *prop. n.*
petulante petulant

piadoso merciful
picadura puncture, bite
picante piquant, spicy
picar to sting, bite; chop; spur one's
  mount; pique; —se get mad
picardía: con — roguishly
picaresco roguish, "off-color"
pico beak, mouth; peak
pie *m.* foot; a — on foot; de —
  standing; ligero de —s quick on
  his feet; ponerse de — to stand
  up
piedad *f.* mercy
piedra stone, rock
piel *f.* skin, hide
pierna leg
Pilar *prop. n.*
píldora pill
piloto pilot
Pin *prop. n.*
Pinito dear Pin
pino pine tree
pin pin *words of a jingle*
pintar to paint, describe
pintor *m.* painter
pintura painting, paint
piquete *m.* picket
pirámide *f.* pyramid
pisar to tread (on), step on; — el
  rastro follow one's trail
piso floor
pisotear to trample
pista trail, track; clew
pistola pistol
Pizarro *conqueror of Peru*
placer *m.* pleasure
planta plant
plata silver; money; de — silvery
plataforma platform
platicar to chat
platino platinum
playa beach
plaza square
plazoleta small square
pleito lawsuit
plenamente fully, completely

308

plomo lead

¡ plosh! bang!

pluma pen; plume, feather(s), plumage; — fuente fountain pen

plumaje *m.* plumage

población *f.* population

poblador *m.* settler

poblar to populate, inhabit

pobre poor; *n. m.* poor fellow

pobrecita poor little girl

pobrecito poor fellow, poor boy, poor little thing

pobreza poverty

poco little, a little, little bit; short; not at all; —s a few, very few; — a — little by little, slowly; — después shortly after; a — soon after; a — de shortly after; es poca cosa it's not much; hace — a short time ago; un — a little, somewhat, rather

poder *m.* power

poder to be able, can; no podía con ... he couldn't do anything with ...; si se puede if it's possible to do it; ¿ se puede? may I come in ?

poderoso powerful

podrido rotten

poema *m.* poem

poesía poetry, poem

poeta *m.* poet

poético poetic

polaco Polish

policía police

política policy

político political; *n.* politician

polvo dust; oro en — gold dust

pollo chicken

pompa pomp, ostentation

poncho cloak

¿ pónde? = ¿ para dónde? where ?

poner to put, place, put on, put up, put down, lay, set; —se put on; become; reach; —se a start to, begin to; —se de pie stand up

poniente setting

poquitín *m.* tiny bit

poquito little (bit)

por for, for the sake of, because of, by, through, along, over, to, in order to, as, during, in, out, around, about, from, by, on; — ello for that reason

porcino: ganado — swine

Porfirio Porfirio Díaz (1830–1915) (*president of Mexico*)

porque because

portal *m.* vestibule, entrance, portico

portarse to act, behave

portería gatekeeper's lodge

portero doorkeeper

portugués Portuguese

porvenir *m.* future

posada lodging

poseer to possess; poseído de endowed with, possessed by

posibilidad *f.* possibility

positivo: lo único — the only thing that is certain

posterior: — a later than, after

postigo postern door

potencia power

potrero pasture

potrillo colt, small colt; loco de — colt-crazy

potro colt

pozo well

práctica practice

practicar to practice

práctico practical, experienced

precario precarious

precedente *m.* precedent

preceder to precede

precio price

precioso nice, precious, pretty, beautiful

preciso necessary; precise, exact

predicador *m.* preacher

predicar to preach

predominar to predominate

preferir to prefer

prefijo prefix

pregunta question; **hacer —s** to ask questions

preguntar to ask

prehispánico pre-Hispanic

prejuicio prejudice

premiar to reward

premio prize, reward

prenda article; **— de vestir** article of clothing

prendarse (de) to take a great liking (to)

prender to seize, arrest, catch; fasten; **prendido a** or **de** stuck to

prensa press; *a newspaper*

preocupado worried

preocuparse to worry, bother oneself

preparar to prepare, make, get ready; **—se** get ready

presa prey, booty, catch; **— de** seized by

presagio omen

presencia presence; **a — de** before

presenciar to witness

presentar to present, show, offer; **—se** present oneself, appear (before)

presente: **los —s** those present

presidir to preside over

preso (*p.p. of* **prender**) caught

prestar to lend, render; **—se** volunteer, offer oneself; **pedir prestado** borrow

presteza: **con —** hurriedly

pretencioso pretentious

prevalecer to prevail

primavera spring

primero first, at first; **— a ti que ...** to you before ...; **de primera** first class

primitivo primitive

primo cousin

primo first; **materias primas** raw materials

primor: **con —** nicely; **—es** nice things

primoroso beautiful

princesa princess

principal main, large, chief, important

príncipe *m.* prince

principiar to begin

principio beginning; principle; **a —s de** at or toward the beginning of; **al —** at first

prisa speed, hurry, haste; **a toda —** as fast as possible; with all haste; **de —** quickly, rapidly, in a hurry; **darse —** to hurry; **traer —** be in a hurry

prisionero imprisoned; *n.* prisoner

privado private; *n.* private counselor

privilegiado privileged

privilegio right

probar to test, try (out); prove

proceder to proceed, come from

proceso process, progress

proclamar to proclaim

procurar to try

prodigioso prodigious

producir to cause, produce

producto product

productor *m.* producer

profesar to profess, take vows

profundo profound, deep, great

progresar to progress

progresista progressive

progreso progress

prole *f.* progeny

prolongado prolonged

promesa promise

prometedor promising

prometer to promise

pronto quickly, soon; quick; **de —** suddenly, all of a sudden; **tan — como** as soon as

pronunciar to pronounce, deliver

propiedad *f.* property

propietario landowner

propio own, his own

proponer to propose; —se plan, intend

proporcionar to provide

proposición *f.* proposal

propósito purpose, aim, intention; a — by the way; a — de apropos of, with regard to

prosperar to prosper

prosperidad *f.* prosperity

próspero prosperous

proteger to protect

protestar to protest

provecho profit; de — useful

provincia province

provocar to provoke, cause

proximidad *f.* nearness

proyectar to plan

proyecto project, plan

Prudencio *prop. n.*

prueba proof

psicoanalista *m.* psychoanalyst

psicológico psychological

publicar to publish

público public

pudrir to rot

pue = pues

pueblito small village

pueblo village, small town; people, nation; common people, lower classes

puente *m.* bridge

puerta door, gate; — principal front door

puerto port, harbor

pues well, well then; for, since

puesta: — del sol sunset

puestecito insignificant little job

puesto place, stand, booth; position, job

pulga flea

pulgar: dedo — thumb

pulpería grocery store

punta point, end, tip

puntapié *m.* kick

puntito small point, dot

punto point, dot; place; a — de about to; al — at once; en — sharp; — de vista point of view

puñal *m.* dagger

pureza purity

purísimo most pure

puro pure; sheer

Q

que who, whom, which, that; than; as; for; a — for; I'll bet that; el — he who, the one who; lo — what; how much; lo — es as for; más — more than; rather than; para — so that, in order that; si — indeed

¿qué? what? ¿ — ...? and so ...? ¿a —? why? for what purpose? ¿de —? for what? ¿en —? in what way? how? ¿para —? why? ¿por —? why?

¡qué! what! what a! how! for! but!

Queco *prop. n.*

quedar to remain, be left (over); be; become; —se remain, stay, be; remain behind; keep; become; stand; —se con keep; le quedan ... he has ... left

quedito softly

queja complaint; moan

quejarse to complain, lament, moan, groan

quejido groan, moan

quemar to burn; tomarlo por donde quema take it in the wrong way

querer to wish, want, be willing, would; like, love, be in love with; no quiso he refused; ¿quieres? will you? quisiera I should like; quiso he tried; querido de liked by

querido dear, my dear, beloved

quesadilla cheesecake

qu'ia = que a

Quico *prop. n.*

quien who, he who, the one who, whom; — ...if only I ...; would that...; — pudiera if I could only; como — dice as they say

quienquiera anyone

quietecito very silently

quieto quiet, peaceful; quietly

quince fifteen

quinientos five hundred

quinto fifth

Quinto *prop. n.*

Quiroga, Vasco de *colonizer and humanitarian in Mexico, 16th century*

quitar to take away, take off, remove; deprive; —se take off; get away

quizá(s) perhaps

R

rabia rage, fury

rabioso mad, furious

rabo tail

rabón *m.* long tail; el — Devil

radicalmente radically

raído worn out

rajá *m.* Rajah

rama branch; *prop. n.*

ramaje *m.* foliage

ramillete *m.* bouquet

ramo bunch

Ramos *prop. n.*

rancho hut; ranch

rango rank

rapaz *m.* young fellow

rapidez *f.* rapidity, speed; con — quickly, hurriedly

rápido quick, fast

rarísimo very rare

raro rare, strange, unusual

rascar to scratch

rastrero groveling

rastro trail, trace, track, scent, sign

ratico short time

rato while, short time; a —s from time to time; un — divertido an entertaining few minutes

ratón *m.* mouse

raya line

rayar to cut into

rayita short line

rayo ray; flash of lightning; thunderbolt; cayó un — lightning struck

raza race, lineage

razón *f.* reason; con — rightly; tener — to be right

real real; royal; *n. m.* camp, encampment

realidad *f.* reality; en — in fact

realización *f.* fulfilment

realizar to realize, bring about, carry out

rebaño flock, herd

receta prescription

recibimiento reception

recibir to receive

recio strong, vigorous

recobrar to regain

recoger to gather (in), collect, pick up, get; —se withdraw, retire; go home

recomendar to recommend

recompensa reward

reconocer to recognize; admit

recordar to recall, remember; remind of; — a remind of

recorrer to run over; look over, go over

recostar to lay, lean; —se recline, rest

rector *m.* rector, priest

recuerdo recollection, memory; remembrance, token, memento

recurso resource

rechazar to reject; push away, drive back

red *f.* net, snare

redil *m.* fold

redondo round; a la redonda roundabout

reducir to reduce; persuade; subjugate; **reducidos** under control
reestablecer to re-establish
referir to relate, tell
refinado refined
refinamiento refinement
reformar to reform
refrescar to refresh, cool, cool off
refrigeradora refrigerator
refugiarse to take refuge
refugio refuge, shelter
regadío irrigation
regalar to give, present
regalito small gift
regalo present, gift
regar to water
regiamente royally
régimen *m.* regime
regir to rule, govern
registrar to search, inspect, examine
registro: caja de — cash register
reglamentar to regulate
regresar to return, go back
regreso return; **al pasar de —** on my way back; **de —** return
regulador regulating, governing
rehusar to refuse
reina queen
reinado reign
reino kingdom
reír to laugh; **—se (de)** laugh (at); **dar que — con** make a laughing-stock of; **es para —se** that is enough to make one laugh
reja barred window, grill; plowshare
relación *f.* account, report; affair
relacionado related
relacionarse to be related
relamerse to lick one's lips, gloat
relámpago lightning flash
relativamente relatively
relieve *m.* relief, raised work
religioso religious; *n.* monk
relinchar to neigh
reliquia relic, vestige
remanso backwater

remedio remedy; **no tiene —** there is no hope for him; **¡ santo —!** that did it! **sin —** inevitably
remilgos *pl.* airs
reminiscencia reminiscence, reminder
remoto distant, remote
renacer to be reborn, be revived
rendirse to surrender
renovar to renew
renunciar to renounce, give up, give up the right
reojo: de — from the corner of one's eye
repartir to divide
repasar to review
repaso review
repente: de — suddenly
repetir to repeat
replantar to replant
replicar to reply, answer
reponerse to regain one's composure
reportero reporter
reposar to repose, rest
representar to represent
república republic
republicano republican
repugnante repulsive
rescatar to recover, rescue
reseco very dry
reservar to reserve
resfriado cold
resignación *f.* uncomplaining submission
resignado resigned
resignarse to become resigned
resina resin
resistencia resistance
resistir(se) to resist, remain firm
resolver to decide, settle
resonancia resonance
resonar to resound, be heard
resorte *m.* spring
respectivamente respectively
respecto: — a in regard to
respetable respectable; reliable

respetar to respect
respeto respect
respiración *f.* breathing, breath
respirar to breathe, inhale
resplandecer to shine, gleam
responder to respond, answer, reply;
bc responsible
respondón saucy
responsabilidad *f.* responsibility
respuesta answer, reply; de — in
reply
resto rest; —s remains
resuelto resolved, determined
resultado result
resultar to result, happen, turn out,
develop
retener to retain
retirarse to retire, withdraw, leave
retraído retiring
retrato portrait
retroceder to withdraw, draw back
reunión *f.* meeting, session
reunirse to meet, gather, assemble;
— con join
revelar to reveal, disclose, discover
reventar to break *or* tear (open)
reverente reverent
revivir to revive
Revocata *prop. n.*
revolotear to fly around, flutter
revolucionario revolutionary
revolver to revolve, turn over
rey *m.* king
rezar to pray, say (a prayer); tell
rezo prayer
riachuelo small stream
rico rich; nice, choice; para —s
to be rich
ridículo absurd
rígido stiff, rigid, inflexible
rima rhyme
rincón *m.* corner
rinconcito small corner
riña fight
río river
riqueza richness, wealth

risa(s) laugh, laughter
rítmico rhythmic
ritmo rhythm
ritual ceremonial
rival: sin — unequalled
rivalidad *f.* rivalry
robar to steal (from), rob; steal
away; —se steal
robo theft
robusto sturdy
roca rock; *prop. n.*
rocío dew
rocoso rocky
rodar to roll
rodear to surround
rodilla knee; a la — upon her knees;
de —s on one's knees; ponerse
de —s to kneel
rogar to ask, beseech
rojizo reddish
rojo red; ponerse — to blush
rollito small roll
rollo roll
romance Romance, Romanic
romántico romantic
romper to break, tear, break
through, break open; — en break
forth into
ron *m.* rum
Roncador *a mountain*
roncar to snore
ronda patrol
ronquido snort
ropa clothes, clothing
ropero wardrobe
rosa rose
rosario rosary; *a town*
rosedal *m.* field of roses
rostro face
roto *p.p. of* romper
rubicundo ruddy
rubio blond, fair
rueda wheel
Rufino *prop. n.*
rugido roar; lanzar un — to roar
rugir to roar

ruido noise, sound

ruina ruin

ruinoso ruinous, in ruins

Ruíz *prop. n.*

rumbo course, direction; con — a for

runrunear to purr

ruso Russian

rústico peasant

ruta route

rutilante sparkling

S

sábado Saturday

sábana sheet

saber to know, know how, be able; find out, learn; a — who knows? ¿ sabes? do you see? supe I learned, found out; was able to

sabio wise, learned

sabor *m.* taste, flavor

saborear to enjoy

sabroso tasty, delightful

sacar to take out, pull out, draw (out), take away, stretch out, get (out); win; — los ojos scratch out one's eyes

sacerdote *m.* priest

saco sack, bag; coat; echar en — roto to forget

sacrificar to sacrifice

sacrificio sacrifice

sacro sacred

sacudir to shake, shake out, shake off; beat

sagrado sacred

sala room, living room; hall; — principal living room

salida way out, exit

saliente salient, projecting

salir to leave, come out, go out, set out, turn out, come forth, exit; rise; —se get out, come out, leave; — a go out after; — de leave; —se con la suya have one's own way

Salnes *region in northwest Spain*

saltar to jump, spring

saltito short jump, hop; dar un — to take a little jump, jump a little

salto jump, leap; dar —s to jump, leap; dar un — jump, take a leap; de un — in one jump

saltón protruding

salud *f.* health; to your health

saludar to greet, salute

saludo greeting, salute

salvaje savage

salvar to save

salvoconducto safe-conduct

San Martín (1778-1850) *S.A. hero*

sanar to recover, get better

sandalia sandal

sangre *f.* blood; sin — bloodless

sangriento bloody, bloodthirsty

sanguinario sanguinary, bloodthirsty

sano sound

Santa Ana *a town*

santiguarse to cross oneself

santísimo most holy

santito beloved saint

san(to) holy, blessed, saintly, consecrated; *n.* saint

sapo toad

sargento sergeant

sastre *m.* tailor

Satanás Satan

satisfacer to satisfy

secar to dry

seco dry, withered; a secas merely, only

secretaría secretary's office

secretario secretary

secreto secret; en — secret, secretly

sed *f.* thirst; con — thirsty; tener — to be thirsty

seda silk

sedoso silky

seductor seductive, enticing

segar to cut off

seguida: en — at once

seguir to continue, keep on, go on,

follow; — **malo** be still ill; — **por** go along; **seguido de** followed by

según according to, as, in accordance with, depending on

segundo second

seguridad *f.* security, certainty; **con** — with absolute certainty; it is certain

seguro sure, certain; **de** — surely, certainly

seis six

seiscientos six hundred

selva tropical forest

sellar to seal

sello seal, stamp

semana week

sembrar to sow, plant

semejante similar, like; such a

semejanza similarity

semibárbaro semibarbarous

semilla seed

seminario seminary

semioscuro half-darkened

sencillo simple; single; one-way

sendero path

seno bosom, heart

sentar to establish; —**se** sit down; **sentado** seated, sitting

sentenciar to conclude, decide, pass judgment

sentencioso sententious

sentido sense, meaning; direction; **sin** — unconscious

sentimiento sentiment, feeling

sentir to regret, feel, feel sorry; perceive, sense, hear; —**se** feel (oneself)

seña sign; —**s** address

señal *f.* sign, token; **en** — **de** as a sign of

señalado distinguished, noted, great

señalar to point (out), point to, indicate, mark

señor Mr., sir; gentleman; Lord, master

señora madame, lady

señorío domain

señorita young lady, miss

señorito young man; master; (*derogatory*) — **bien** good-for-nothing dude

separado separate

separar to separate; —**se** withdraw, leave

sepultar to bury

ser to be; take place; — **de** become of, happen to; **a no** — **que** unless; ¿ **cómo era...?** what was... like? ¿ **eres tú?** is it you? **es que** the fact is that, well, you see; **fuese lo que fuese** be that as it may; **lo que sea** whatever it may be; **puede** — it is possible; ¡ **sea!** so be it! **soy yo** it is I, I am he

sereno calm

serio serious

serpiente *f.* serpent

Serra, Junípero (1713–84) *Spanish missionary to California*

servicio service

servidor *m.* servant

servilleta napkin

servir to serve, be good for; work; hold; perform (the functions of); ¿ **de qué sirve?** what good is it? ¿ **en qué puedo** —**les?** what can I do for you? — **de** serve as; — **de algo** do some good; — **de mucho** be of great use; **no** — **de nada** be of no avail; be of no value; **no** — **para...** be no good for...; **no** — **para nada** be no good, be of no use; —**se de** make use of

sesenta sixty

setenta seventy

severidad *f.* severity

severo severe

sexo sex

si if, why, indeed; **como** — as if; **por** — just in case, to see whether; **que** — whether

sí yes; indeed, why; *pron.* himself, itself, *etc.*; — **mismo** himself; **de** — **mismo** of itself; **para** — to himself

sibila sibyl

sicológico psychological

siempre always, forever, continuously; **de** — habitual, usual; **lo de** — the same old story; **para** — forever, permanently

sien *f.* temple

sierra mountain ridge

siervo servant, slave

siesta afternoon nap; hottest part of the day

siete seven

siglo century

significado meaning

significar to mean

significativo significant

siguiente next, following

sílaba syllable

silbar to whistle, hiss, rustle

silbido whistle

silencio silence; **de** — with silence; **en** — silent; **guardar** — to keep silent, become silent

silencioso silent, silently

silueta silhouette

silvestre wild

silla chair

simbólico symbolic

símbolo symbol

simple *m.* foolish fellow, fool

simultáneamente simultaneously

sin (que) without

sinceridad *f.* sincerity

singular great

siniestro sinister

sino but; — **que** but; except that; **no** . . . — only, nothing but

sínodo synod, church council

síntesis *f.* synthesis

siquiera even, at least; **ni** — not even, even

sirena siren

sisal *m.* hemp

sistema *m.* system

sitio site, place; **poner** — to lay siege

situado situated, located

situarse to station oneself

soberanía sovereignty

soberano sovereign

sobrado abundant

sobrar to be more than enough, be left over; **me sobran diez** I have ten left over

sobre over, on, upon, above, about, at; *n. m.* envelope

sobrecogido seized

sobrenatural supernatural

sobresalto dread, fear, surprise

sobretodo overcoat

sobrina niece

sobrino nephew

sociedad *f.* society

socio partner

socorro help

sofocado suffocated, out of breath

soga halter, rope

sol *m.* sun; **al caer el** — at sunset; **al** — in the sun, in the sunlight; **día de** — sunny day

soldadito little soldier

soldado soldier

soledad *f.* solitude; lonely place; **Virgen de la** — *patron saint of Mexico*

solemne solemn

soler to be wont

solicitud *f.* care

solidario solidary, jointly liable

solidez *f.* solidity, strength

sólido solid

solitario lonely

solo alone, single; **a solas** alone; **tan** — so lonely, so much alone

sólo only; **no** — . . . **sino** not only . . . but; **tan** — only, just

soltar to release, let go (of), turn loose; utter, burst into, give vent to; —**se** let go

soltero bachelor
sollozar to sob
sollozo sob
sombra shade, shadow, darkness; dark figure; spirit
sombrear to shade
sombrero hat
sombrío somber
someter to subject, subdue; submit
sonar to sound, ring, be heard
soneto sonnet
Sonora *state in Mexico*
sonoro sonorous
sonreír to smile (at)
sonriente smiling
sonrisa smile; lleno de —s all smiles
soñar to dream
soplar to blow
sordo dull
sorprendente surprising
sorprender to surprise, cause surprise
sorpresa surprise
sosegado calm
sospecha suspicion; tener —s to suspect
sospechar to suspect; — de be suspicious of
sospechoso suspicious, suspicious-looking
sostener to sustain, support, maintain, keep up
sota jack
suave soft, gentle, delicate, smooth, mellow
suavísimo very delicate, very gentle
súbdito subject
subir to go up, rise, climb (up), get on, raise, increase; —se climb up (on)
subsistir to subsist, live on
subterráneo subway
subversivo subversive
suceder to happen, go on; lo sucedido what has (had) happened

sucesivamente successively, in succession
sucesivo successive; en lo — thereafter
suceso incident, event
sucio dirty
sud south
sudamericano South American
sudar to sweat
sudeste *m.* southeast
sudoeste *m.* southwest
sudor *m.* sweat, perspiration
sudoroso perspiring
suegra mother-in-law
suelo floor, ground
suelto released, loose
sueño sleep, dream; en —s in one's sleep, in one's dreams; tener — to be sleepy
suerte *f.* luck, good luck
suficiente enough
sufijo suffix
sufrido long-suffering
sufrimiento suffering
sufrir to suffer, endure, undergo
suicidarse to commit suicide
sujetar to hold
sujeto fastened; tener — to hold fast; *n.* subject
sumergir to submerge, sink
sumir to sink; —se sink, be overwhelmed
sumiso submissive, meek
superar to overcome, surpass
superficie *f.* surface
superior upper, higher
supersticioso superstitious
súplica entreaty
suplicante supplicant, entreating(ly)
suplicar to beg, implore
suponer to suppose
supremo supreme
suprimir to do away with
supuesto: por — of course
sur *m.* south; mar del — South Sea, Pacific Ocean

VOCABULARY

surco furrow
suspender to stop
suspicaz suspicious, distrustful
suspirar to sigh; whisper
suspiro sigh; **dar un —** to sigh
susto fright; **dar un —** to frighten
susurrar to whisper
sutil subtle, keen
suversivo subversive
suyo his, hers, *etc.*, of his, of hers, *etc.*, his own, *etc.*; **el — propio** his own; **hacer de las suyas** to be up to one's old tricks; **los —s** his companions; **salirse con la suya** have one's own way

T

tabaco tobacco
taberna tavern
tabla board
taco *tortilla wrapped around a filling*
tajo cut, thrust
tal such, such a; **¿ qué —?** how goes it? what kind of? how? **un — a certain**
talanquera picket fence
talego bag
talón *m.* heel; **andarle a los talones** to follow him closely
talonazo blow with the heel
talle *m.* figure; waist
taller *m.* shop
tamaño size
también also, too
tambor *m.* drum
tampoco neither, either
tan so, so much; such; **— ... como** as ... as; **— sólo** only; **¡ qué ... — ...!** what a very ...! **¿ qué —?** how?
tanto so much, such; so long; so much so; great, so great; **entre — meanwhile; ni — así** not even this much; **¡ no —!** I wouldn't put it that strong! **por lo —** for

that reason; **— como** as much as; **—s** so many; **un —** somewhat
tapa lid, cover
tapar to cover
tardar to delay, waste time; take; be long; **—se** delay; **¿ cuánto tardó en ...?** how long did it take him to ... ?
tarde *f.* afternoon, night; **al caer la — at nightfall; buenas —s** good afternoon; **caía la —** night was coming on
tarde late, too late; **hacerse —** to get late; **más —** later
tarrito small jar
tartamudear to stammer
tasa rule
taza cup
té *m.* tea
tea torch
teatro theater
técnica technique
técnico technician
techo roof; ceiling
teja tile
tejado roof
Tejas Texas
tejer to weave
tejido fabric
Tejón *prop. n.*
tela cloth, web, canvas
telar *m.* loom; **— de mano** hand loom; **— de pedal** foot loom
teléfono: llamar por — to phone
telón *m.* curtain
tema *m.* theme
temblar to tremble, shake, shiver
temblor *m.* tremor, quivering
tembloroso tremulous, trembling
temer to fear, be afraid
temible fearful, redoubtable, terrible
temido greatly feared
temor *m.* fear
tempestad *f.* storm
tempestuoso stormy
templo temple, church

319

tempranito very early

temprano early

tenacidad *f.* tenacity

tenaz tenacious, persevering

tendencia tendency

tender to hold out, stretch out; —se stretch out, lie down; tendido lying, stretched out

tener to have, hold; keep; ahí tiene ... there are ...; aquí me tiene usted here I am; aquí tiene ... here is ...; como tengo la mano how my hand is; nada tienes de ... there is nothing of a ... about you; ¿ qué tiene? what is wrong with him ? — que + *inf.* have to, must; —se consider oneself

tenso tense

tentar to tempt

teólogo theologian

Teotihuacán *valley in Mexico*

tequila *m. alcoholic drink*

tercero third

terciar to intervene

terciopelo velvet

terminar to terminate, end, finish; — de finish; — por end up by

término term

ternura tenderness, affection

terraza terrace

terreno terrain

terrestre land

territorio territory

tesoro treasure

testigo witness

texto text

tez *f.* complexion

tiempo time; weather; a — on time; a — que just when; a un mismo — at one and the same time; a un — together, at the same time; en esos —s in those days; hace mal — the weather is bad; mucho — a long time; —s times, days; —s buenos good old days

tienda store, shop

tierno tender, affectionate

tierra land, region, earth, ground, soil; en estas —s around here; ir a — to go ashore; —s parts, region

tiesto flowerpot

tigre *m.* tiger; jaguar

timbre *m.* bell

timidez *f.* timidity; con — timidly

tímido timid

timorato timorous, full of fear, timid

tinaja large jar, jug

tinieblas *pl.* darkness

tío uncle

tipo type, class

tirar to throw, throw away, throw up; shoot (at), strike; pull; — (de) pull (on); —se stretch out; tirado lying

tiritar to shiver

tiro shot; a — de in range of; de dos —s double-barreled; pegar un — to fire a shot at

tiroides *m.* thyroid

titubear to hesitate

título title

toc *a knock*

tocador *m.* dressing table

tocar to touch; ring; le toca it's his turn

todavía yet, still; — no not yet

todo all, every, everything; con — withal, nevertheless; del — completely; sobre — above all, especially; — el ... the whole ...; — un ... for a whole ...; —s all of them

Todos Santos *a village*

toldo awning

tolerar to tolerate

Tolón *prop. n.*

Tolteca Toltec

tomar to take; eat, drink; have; — por grasp by

Tomás Thomas

tono tone, tone of voice
tontería nonsense, foolishness, foolish thing
tonto silly, foolish; *n.* fool
too = **todo**
topar to run across, find
torcido winding
torno: en — a *or* de around; en — suyo around him
toro bull
tortilla pancake
tortuoso tortuous, winding
torturar to torture
toser to cough
trabajador hard-working
trabajar to work, labor
trabajo work
tradición *f. a type of story*
traducir to translate
traer to bring, bring back, bring in, bring about; carry; have; — que ... have something to ...; **traídos los tres** when the three had been brought
tragar to swallow; —**se** swallow (down)
trágico tragic
traguito small drink
traición *f.* treason
traicionar to betray
traidor treacherous; *n. m.* traitor
traje *m.* suit, dress, apparel, garb
trampa trap
tramposo swindler
tranquilidad *f.* peace, quiet; **con** — calmly
tranquilizar to calm
tranquilo tranquil, calm; **dejar** — to calm
transcurrir to pass, elapse
transfigurado transfigured
transformar to change; —**se** be changed, be a different person
transitorio transitory
transmitir to transmit
transparencia transparency

transparente clear
transponer to transpose
transporte *m.* transportation
tranvía *m.* streetcar
trapo rag
tras (de) after, behind
trasmitir to transmit
tratar to treat, deal (with); — de try to; deal with; **se trata de** it's a matter of, it's a question of
trato deal
través: a — de across, through; de — crosswise
trazar to trace, draw
treinta thirty
tremendo tremendous
trémulo tremulous, trembling
tren *m.* train
trepar to climb
tres three
trescientos three hundred
triángulo triangle
tribu *f.* tribe
tribunal *m.* court
tributo tribute
trigo wheat
Trinidad *prop. n.*
triplicar to treble
triste sad, unhappy, sorrowful
tristeza sadness, sorrow
triunfante triumphantly
triunfo triumph
trocha short cut, trail
tronar to thunder
tronco trunk
trono throne
tropa troop
tropel *m.* band, crowd; confusion, confused group
tropezar to stumble; — **con** stumble over
trotar to trot
trote *m.* trot; **al** — at a trot
trueno thunderclap
tubito small tube
tubo tube

tumba tomb, grave
tun-tun boom-boom
Tupac *an Inca emperor*
turbante *m.* turban
turbio muddy, turbid
turismo tourism; centro de — tourist center
turista *m.* tourist
turno turn; le toca el — it's his turn
tuvo he got, received

U

u or
últimamente finally
último last, latest; por — finally; —s last few
undina water sprite
único unique, rare, only, only one, sole; el — the only one; lo — the only thing
unidad *f.* unity, unit
unir to unite, join; —se join
universalidad *f.* universality
universidad *f.* university
uno a, an, one; de —s a otros from some to others; el — de one's own; la una one o'clock; —s some, a few, a couple of; about
uña nail, fingernail, claw
urgente urgent, special
urgentísimo very urgent
usar to use; — de make use of
uso use, usage
usté = usted
usurero usurer
utensilio utensil
útil useful
utilidad *f.* utility, usefulness
utilizar to utilize, use
uva grape
¡ uy! *exclamation of surprise*

V

vaca cow
vacilar to vacillate, hesitate

vacuno: ganado — cattle
vagar to roam, wander
vago vague
vaho vapor, breath
vaina scabbard
Valencia *city in Spain*
valenciano Valencian
valer to be worth; —se de take advantage of, make use of; ¡ válgame Dios! heaven help me!
valeroso brave, valiant
valiente brave
valija valise
valor *m.* bravery, courage; value, worth
valle *m.* valley
vanidad *f.* vanity
vano vain; en — in vain
vara yard
variadísimo highly varied
variado varied, variegated
variar to vary
variedad *f.* variety
varios several, various, many, varied; several people
vasallo vassal
Vasco *prop. n.*
vaso glass, vase
vasto vast
vecindad *f.* neighborhood
vecino neighboring, next; *n.* neighbor, citizen
vegetal vegetable
vehemencia: con — vehemently
veinte twenty
veintidós twenty-two
veintiuno twenty-one
vejete *m.* ridiculous old man
vela candle; en — without sleep
velar to watch (over), keep watch
velo veil
velocidad *f.* speed
vena vein
vencer to vanquish, overcome, overpower, conquer, surpass
vendedor *m.* seller

322

VOCABULARY

vender to sell
veneno poison
venenoso poisonous
venezolano Venezuelan
venganza vengeance, revenge
vengar to avenge; —**se de** get revenge on
venir to come, come along; be; —**se** come along, come down; **bien venido** welcome
ventaja advantage
ventajoso advantageous
ventana window
ventanilla small window
ventanita small window
ventear to sniff
ventolera sudden urge
ventrílocuo ventriloquist
ver to see, look at; **a** — let's see; ¿ **a** —? yes? **bien se ve** it's quite evident; ¡ **lo veremos!** we'll see about that! **tener que** — **con** have to do with; —**se** find oneself; —**se con** see; have a talk with
verano summer
veras: de — really, truly, indeed
verbo verb
verdad *f.* truth; true; **a la** — in truth; **en** — in truth, in fact; **la** — in truth; ¿ —? isn't it so? won't we? *etc.*; ¿ — **que...?** isn't it true that...?
verdadero true, real
verde green
vereda path
vergüenza shame; **sin** — shameless
verso verse, rhyme, line of poetry
vértice *m.* vertex
vestido dress, garb
vestir to dress, get dressed, wear; **vestido de** dressed in, wearing; — **de** dress in, wear, dress as; —**se** get dressed
vez *f.* (*pl.* **veces**) time; **a veces** at times; **cada** — **más** more and

more; **de una** — at once, right away; **de** — **en cuando** from time to time; **en** — **de** instead of; **otra** — again, once more; **por primera** — for the first time; **rara** — rarely; **tal** — perhaps; **una** — once
vía right-of-way, way, route
viajar to travel
viaje *m.* trip, voyage; **hacer un** — to take a trip
viajero traveler
víbora viper, snake; — **de cascabel** rattlesnake
vibrante vibrant
vibrar to vibrate
víctima victim
victoria victory
victorioso victorious
vida life, way of life, living; **en** — while living; **en su** — ever, never; **ganarse la** — to earn one's living; **quitar la** — kill
vidrio glass
vidrioso glassy
viejecillo little old man
viejecitillo very tiny old man
viejo old; *n.* old man; **después de** — after he is an old man
Viena Vienna
viento wind; **hacer** — to be windy
vientre *m.* abdomen, belly
viernes *m.* Friday
vigilar to watch (over)
vigor: con — vigorously
vigoroso vigorous, active
villa town
vínculo tie, bond
vino wine
violencia violence; **con** — violently
violento violent
Virgen Virgin; ¡ — **Santísima!** Most Blessed Virgin!
virtud *f.* virtue, power
virtuoso virtuous

viscoso viscous, sticky
visionario visionary
visitar to visit
vista sight, vision, view; **dirigir la** — to look; **perder de** — lose sight of, let out of one's sight; **tender la** — look, cast a glance
vistazo: **echar un** — to take a glance
vitalidad *f.* vitality
viuda widow
víveres *m. pl.* provisions
vivir to live
vivo alive, live, living, lively; vivid, intense, bright; quickly
vocabulario vocabulary
volar to fly
volcán *m.* volcano
voluntad *f.* will
voluntario voluntary
volver to return, turn (around), come back, go back; **— a** + *inf.* to ... again; **— los ojos** look around; **—se** become, turn into; go, return, turn (around), go back
voto vote
voz *f.* voice, cry; **a media** — softly; **en alta** — in a loud voice
vuelta turn, return; **a la** — around the turn; **dar una** — to turn, give a turn; **dar —s** turn, twist, go around, wind
vulgar commonplace

Y

y and
ya already, now, soon, presently; just; then; **— no** no longer; **— más** any longer
yacer to lie; **— muerto** die
yegua mare
yerba herb; **— mate** Paraguay tea
yerno son-in-law
yuca cassava

Z

zabullirse to dive
zagal *m.* shepherd; young man
zaguán *m.* entrance hall.
zambo mulatto
Zapata *Mexican general*
zapatero shoemaker
zapatilla slipper
zapatista follower of General Zapata
zapato shoe
zarco light blue
zarpa paw
zarpazo blow with the paw
zumbar to buzz, hum; flutter
zurdo left-handed